朝廷 藩镇 土豪

唐后期江淮地域政治与社会秩序

蔡 帆◎著

浙江大学出版社
ZHEJIANG UNIVERSITY PRESS

目　录

绪 论

一、概念界定

(一)本书所论"江淮"的界定

"江淮"连称的地域概念起源颇早,在西汉以前的古文献中常指淮水。[①] 但至汉末三国之际,江淮一词的地域指称范围逐渐固定下来,即指淮南江北地区。延至唐代承袭了这一观念,就地理层面而言仍主要是指淮南江北地区。[②]

安史之乱后,随着广大南方地区成为唐朝廷主要的财赋来源地,"江淮"一词的经济区域指向日益凸显,其指称重点也由"淮"向"江"转移,所指称区域由淮南江北地区扩展延及长江以南地区。[③] 时人谈到唐朝廷对广大南方地区的财赋依赖时常以

① 石泉:《古文献中的"江"不是长江的专称》,《古代荆楚地理新探》,武汉:武汉大学出版社,2013 年,第 58 页。

② 张邻、周殿杰:《唐代江淮地域概念试析》,《学术月刊》1986 年第 2 期,第62—64 页。

③ 张邻、周殿杰:《唐代江淮地域概念试析》,《学术月刊》1986 年第 2 期,第64—65 页。

"江淮"称之,如第五琦言:"方今之急在兵,兵之强弱在赋,赋之所出,江淮居多。"权德舆言:"赋取所资,漕挽所出,军国大计,仰于江淮。"陆贽言:"国家赋税,多出江淮。"杜牧言:"江淮赋税,国用根本。"①此处"江淮"所指显然并非狭义的淮南江北地区,而是广大的长江以南地区,其指称类似韩愈所言:"当今赋出于天下,江南居十九。"吕温所言:"天下经赋,首于东南。"白居易所言:"当今国用,多出江南。"②总之,至唐后期"江淮"一词已成为安史之乱后唐朝廷南方财赋区的主要代称。元和时,李吉甫撰《元和国计簿》指出:"每岁赋入倚办,止于浙江东西、宣歙、淮南、江西、鄂岳、福建、湖南等八道。"③此八道即为唐朝廷在南方的主要财赋区,由此便可把唐后期以来"江淮"一词的经济区域指向具体落实到这八道。

综上,本书所论江淮并非狭义地理概念上的淮南江北地区,而是指安史之乱后成为唐朝廷主要赋税区的广大南方地区,具体而言即指浙东、浙西、宣歙、淮南、江西、鄂岳、福建、湖南八道。此外,本书所论唐后期也主要是指安史之乱后至唐亡这一段时间,当然出于叙事需要,在具体论述中也会有适当扩展。

---

① (后晋)刘昫等:《旧唐书》卷123《第五琦传》,北京:中华书局,1975年,第3517页;(唐)权德舆撰,郭光伟校点:《权德舆诗文集》卷47《论江淮水灾上疏》,上海:上海古籍出版社,2008年,第739页;(唐)陆贽撰,王素点校:《陆贽集》卷14《奉天论解萧复状》,北京:中华书局,2006年,第429页;(唐)杜牧:《樊川文集》卷11《上李太尉论江贼书》,上海:上海古籍出版社,1978年,第168页。

② (唐)韩愈撰,马其昶校注,马茂元整理:《韩昌黎文集校注》卷4《送陆歙州诗序》,上海:上海古籍出版社,1986年,第231页;(唐)吕温撰:《吕衡州文集》卷4《代文武百僚贺放浙西租赋表》,北京:中华书局,1985年,第42页;(唐)白居易撰,顾学颉校点:《白居易集》卷68《苏州刺史谢上表》,北京:中华书局,1979年,第1434页。

③ 《旧唐书》卷14《宪宗纪》,第424页。

（二）"土豪"概念的考察

随着中古以来商品经济的发展和土地兼并的加剧，农民层内部出现贫富分化，土地和财富逐渐向一部分人集中，一个新兴的大土地所有者阶层开始出现，这一现象在商品经济发达和大土地所有制广泛展开的南方地区尤为明显，受到学者的关注。[①]延至唐宋，特别是均田制崩溃后的"田制不立""不抑兼并"的土地私有产权制度转变，[②]更加速了这一阶层在唐宋社会的普遍出现。对这一阶层国内学界以往一般称之为"庶族地主"，近年林文勋等人则提出"富民"概念来指称这一阶层，并做了一系列研究。[③]

对唐宋社会的这一新兴阶层，日本学者通常称之为"土豪"，并已经积累了相当丰富的成果。日本学者对土豪层的关注应是受到了内藤湖南"唐宋变革论"中关于"民众地位变化"观点的影响，这一观点使他们热衷于关注唐宋变革中租佃关系的变化并以农民层分解理论来解释唐宋间新型社会的结合原理。[④] 在此背景下，新型租佃关系下由农民层分解而来的富商、土豪层和破

---

① 唐长孺：《南朝寒人的兴起》，《魏晋南北朝史论丛续编》，石家庄：河北教育出版社，2000 年，第 543—577 页；戴建国：《南朝庶族地主的发展及其社会影响》，《张其凡教授荣开六秩纪念文集》，上海：上海人民出版社，2009 年，第 459—474 页。

② 林文勋、谷更有：《唐宋乡村社会力量与基层控制》，昆明：云南大学出版社，2005 年，第 10—29 页。

③ 就专著而言，除上引书外尚有林文勋等《中国古代"富民"阶层研究》，昆明：云南大学出版社，2008 年；谷更有：《唐宋时期的乡村控制与基层社会》，天津：天津古籍出版社，2013 年。

④ 谷川道雄撰，马彪译：《二十世纪唐研究·序二》，胡戟等主编《二十世纪唐研究》，北京：中国社会科学出版社，2002 年，第 11—14 页；谷川道雄著，马彪译：《中国中世社会与共同体》，北京：中华书局，2002 年，第 89—101 页；堀敏一「唐末の变革と農民層の分解」『歴史評論』88 号，1957、2—12 頁。

产农民等所谓"新型的民众"及由此带来的社会阶层结构变化就成为他们研究的重点,关于唐宋土豪层的研究成果自20世纪五六十年代起便不断涌现。[1] 就日本学者对"土豪层"的定义来看,其最核心者仍主要是指大土地所有制展开背景下,由农民层分解而出的新兴大土地所有者,[2]当然在此基础上经日本学者多年的研究积累,其概念已具备了相当丰富的内涵和外延,典型者如因这一阶层多有参与商业活动或者由经商致富转而经营土地,使得日本学者经常将土豪层与富商层并称,或将土豪层作为地主和富商的结合体加以理解。[3]

当然,"庶族地主""富民""土豪"等概念虽都主要围绕中古以来因商品经济发展及土地制度变化而产生的新兴大土地所有者展开,但由于研究出发点和取径的不同,其概念的内涵和外延仍有相当程度的不同。我无意于去统一且明晰地界定这一阶层的所有面相,有时过于明晰的界定往往反而限制了对问题的探讨。以下仅就学者的研究及我个人的理解,归纳出所谓土豪层的几个重要特征,以保证虽无明晰的概念界定但对相关问题的讨论亦不致离题太远:

一是土豪层一般在地方占有大量的土地和社会财富,在经营土地的同时可能还从事各种商业活动或者有些土豪便是商人经营土地转化而来,两者间的界限较为模糊,可作为一个整体加

---

① 详见下文的研究史回顾。

② 松井秀一「唐代後半期の江淮について——江賊及び康全泰・裘甫の叛亂を中心として」『史学雑誌』66編2号、1957、94—122頁;堀敏一「唐末の変革と農民層の分解」『歴史評論』88号、1957、2—12頁。

③ 大澤正昭「唐末・五代の在地有力者について」『柳田節子先生古稀記念 中国の伝統社会と家族』汲古書院、1993、129—149頁;堀敏一「唐末の変革と農民層の分解」『歴史評論』88号、1957、2—12頁。

以理解。二是土豪层并没有法定的政治特权,这是土豪层与凭借政治特权同样占有大量土地和社会财富的士族或官僚层的最大区别。三是土豪层往往能够凭借对经济力量的掌握形成一定的地方势力,部分影响甚至主导地方社会秩序。结合二、三两点,需要指出的是,尽管土豪层能够在一定程度上控制地方社会甚或能够在州县乡层面谋取一些具有政治权力的职役,但其权力来源仍在于其在地方上所拥有的经济力量及其所造就的影响力,也就是说土豪权力来源的根基仍在于地方,他们的利益与地方社会紧密联系在一起,并使他们很大程度上局限于地方。四是土豪层内部存在一定程度的分化和流动,一方面土豪层内部会因土地和财富占有的相对多少而形成天然分层,同时由于掌控土地和财富的多少及个人能力、取向等的不同,部分土豪能够借助经济力量形成势要进而实现对地方社会的主导,部分土豪则仅局限于或满足于对土地和财富的占有而对地方社会的影响力相对有限。另一方面由于土地和商业经营的风险性和激烈性,再加之缺乏政治特权的保障,土豪层对土地和财富的占有并不是固定不变的,而使土豪层本身具有相当的不稳定性或者说流动性。五是整体而言土豪层缺乏一定的文化积累和素质,这主要是由于土豪层的出身及以土地和财富占有为依归的特征决定的,同时其不稳定性导致部分土豪层很难实现需要长时期或几代人投入的文化积累和转向。

通过以上对"土豪"概念的考察和特征的归纳,相信已大致说明了本书所论"土豪"的主要指称对象。

二、研究旨趣

陈寅恪曾据引李吉甫所撰《元和国计簿》指出:"唐代自安史

乱后,长安政权之得以继续维持,除文化势力外,仅恃东南八道财赋之供给。至黄巢起义既将此东南区域之经济几全加破坏,复断绝汴路、运河之交通,而奉长安文化为中心、仰东南财赋以存立之政治集团,遂不得不土崩瓦解。大唐帝国之形式及实质,均于是告终矣。"①安史之乱后,江淮地区成为唐朝廷的主要财赋地,对江淮地区的控制成为唐朝廷存立的关键。在此局面下,唐朝廷如何实现对江淮藩镇的有效控制以保证其财赋供给,而在其建构下江淮藩镇又最终形成了怎样的格局?这无疑构成了安史之乱后江淮地域政治的主要内容。

唐代是江淮地区土豪层持续发展的时期,江淮土豪的崛起给唐朝廷的江淮治理带来了新的内容。如果说安史之乱前江淮土豪尚因唐朝廷的统治重心并未在江淮地区且正处于早期发展阶段而处于隐而不发状态,那么随着安史之乱后唐朝廷因财赋需求而将目光更多投向江淮,掌握了江淮地区大量社会资源,甚至主导了江淮地方社会秩序的土豪层就成了唐朝廷经营江淮时重点关注和互动的人群。两者间就江淮地方利益分配与社会资源的控制展开了博弈,或明或暗地影响着江淮地域的政治与社会秩序。

安史之乱后唐朝廷通过重构包括江淮藩镇在内的帝国藩镇空间结构和权力结构,成功度过了安史之乱造就的危机。② 时间延至唐末,当包括黄巢之乱在内的唐末乱事冲击打破其结构后,唐朝廷再次迎来了它的危机。此危机下,在唐朝廷控制下经历

---

① 陈寅恪:《唐代政治史述论稿》,北京:生活·读书·新知三联书店,2001年,第204页。
② 李碧妍:《危机与重构:唐帝国及其地方诸侯》,北京:北京师范大学出版社,2015年。

了长久"平静时代"①的江淮地区迎来了它的变局,本书重点讨论的江淮藩镇和土豪也走到了交汇的关键节点,最终呈现出来的面貌是唐朝廷控制下的江淮藩镇走向崩溃,以土豪武装为主的江淮在地势力填补了唐朝廷势力退出江淮后的权力空间,形成了广泛的武装割据。这一变化意味着江淮实现了地方权力结构的新旧更替,江淮地域政治和社会秩序在此更替后呈现出新的面貌。

基于以上梳理,不难发现江淮藩镇与土豪的变迁脉络及唐朝廷与他们间的互动构成了唐后期江淮地域政治和社会秩序的主要内容,因此本书将以江淮藩镇和土豪两者为中心,以唐朝廷与两者间的关系为重点,对以下关涉唐后期江淮地域政治与社会秩序的问题展开讨论。

在第一章中,我将首先分析安史之乱后唐朝廷对江淮财赋依赖的形成,然后再对唐朝廷为保持江淮财赋供给而在江淮采取的限制兵力策略和藩帅的文儒化选任特点展开讨论。再结合唐德宗、唐宪宗时期的具体政治事件和相关改革,阐明基于财赋供给这一主要目标的江淮财源型藩镇格局于宪宗时期最终稳固的历史进程。最后则对唐朝廷为弥补此格局形成后,江淮藩镇因兵力寡弱等问题难以有效应对乱事的缺陷而建立的江淮维稳机制进行说明。

第二章讨论江淮土豪问题。由于受到学者"中国历史的南方脉络"②观点影响,在具体探讨唐后期江淮土豪前,我有意在第

---

① 松井秀一「唐代後半期の江淮について——江賊及び康全泰・裴甫の叛亂を中心として」『史学雑誌』66 編 2 号、1957、94 頁。

② 鲁西奇:《中国历史的南方脉络》,《人群・聚落・地域社会:中古南方史地初探》,厦门:厦门大学出版社,2012 年,第 1—22 页。

一节、第二节将时间线提前,勾勒出一条汉魏六朝至隋唐的南方土豪脉络。在接下四节中则针对江淮土豪就利益分配与社会资源的控制与唐朝廷在江淮地方展开博弈的几个重要方面进行了分析,包括土豪与肃代德之际江淮民乱的关系、土豪与江淮县乡吏治的豪吏化问题、土豪与江淮的盐茶之政、以宣歙康全泰之乱为中心展开的对土豪与地方政治及社会秩序关系的考察等,涵盖了土豪与江淮地域政治和社会秩序关系的多个层面。

第三、第四章则将时间点放到了唐末,其原因在于唐末正是江淮地域政治与社会秩序在乱事冲击下急剧变化的时期,同时也是本书所论江淮藩镇与土豪两条脉络最终交织,实现江淮地方权力结构新旧更替的时代。就此层面而言,两章论述主体虽然不同,但讨论的却是一个一体两面的问题,即唐末变局下江淮的地方权力结构更替问题。这一权力结构的更替是以唐朝廷控制下的江淮藩镇走向崩溃,以土豪武装为主的江淮地方割据形成为面貌呈现的,第三、四章的讨论便围绕这两者展开:在第三章我将重点考察在唐末江淮政治中扮演了关键角色的高骈及其统领下的淮南镇,包括高骈镇抚江淮的事迹、高骈经营下淮南镇格局的改变、对唐末江淮政局乃至唐朝廷全局造成影响的高骈离心事件及高骈淮南镇的败亡等问题,并在此考察呈现出的唐末江淮政局变迁线索上,总结江淮藩镇在唐末走向崩溃、唐朝廷势力退出江淮的原因;在第四章我将从唐末团练武装的土豪化和土豪自卫武装的兴起两个层面阐述土豪武装在江淮的崛起,并以土豪割据为中心对唐末江淮诸地区的割据状况进行梳理和分析。

总之,本书希望通过对江淮藩镇和土豪两条脉络的考察,揭示江淮地域政治与社会秩序在唐后期的变迁。

三、研究史回顾

本书对江淮地域政治与社会秩序的研究主要是围绕江淮藩镇和土豪两条脉络展开,因此对研究史的回顾也从这两个方面展开。

(一)江淮藩镇的研究

基于藩镇在唐后期的重要地位和作用,学者关于藩镇的研究已蔚为大观。虽然相比在唐后期朝藩矛盾及诸多政治、军事事件中扮演了主要角色的北方藩镇,相对安静的江淮藩镇所受到的关注要少得多,但经过海内外学者多年探索,关于江淮藩镇的研究成果亦相当可观。

综合性的藩镇研究中多有涉及江淮藩镇者。吴廷燮所撰《唐方镇年表》是研究唐代藩镇的重要工具书,其中涉及江淮藩镇的资料可用以参考。[①] 陈寅恪在《唐代政治史述论稿》中据引《元和国计簿》指出了安史之乱后唐朝廷对江淮八道财赋的依赖,奠定了从财赋层面入手讨论江淮藩镇的基调。[②] 张国刚在《唐代藩镇研究》中提出了东南(江淮)藩镇的财源型定位,并简要指出了东南财源型藩镇的形成原因。[③] 王寿南在《唐代藩镇与中央关系之研究》中整理出了诸多藩镇相关表格,其中包括"僖宗乾符六年以前江淮藩镇任前任后情形表格"(不含福建),是对江淮藩镇信息的重要梳理,同时还在文中指出了安史之乱后中央经济对江淮的依赖,并结合此问题和前表统计指出了江淮藩

---

① 吴廷燮:《唐方镇年表》,北京:中华书局,1980 年。

② 陈寅恪:《唐代政治史述论稿》,第 204 页。

③ 张国刚:《唐代藩镇研究》(增订版),北京:中国人民大学出版社,2010 年。

帅的选任特点。① 此外,陈志坚的《唐代州郡制度研究》、张达志的《唐代后期藩镇与州之关系研究》等书在论及唐后期中央与藩镇、藩镇与州关系时,也多有涉及江淮藩镇。②

在江淮藩镇的探讨中,财赋上供与江淮藩镇间的关系是学者关注的重点之一。周殿杰探讨了安史之乱后江淮因财政负担加重引发的民乱及之后的大历财政改革。③ 齐勇锋对中晚唐赋入止于江南八道的说法提出了质疑,认为这只代表宪宗时期状况。④ 中砂明德以元和时代为切入点,讨论了唐朝廷对作为财赋来源的江淮的支配机制的形成。⑤ 在对中晚唐南方地区军事战略实施动因的探讨中,朱德军指出财政因素是其中关键。在对江淮地区军事状况的关注中,朱德军还对南方的客军、土军、土团等问题进行了探讨。⑥ 在大泽正昭对唐末藩镇军构成的讨论中,以江南为其中一例勾勒了藩镇军构成由官健与团练到佣兵与乡兵的变迁。⑦

---

① 王寿南:《唐代藩镇与中央关系之研究》,嘉新水泥公司文化基金会,1969 年。

② 陈志坚:《唐代州郡制度研究》,上海:上海古籍出版社,2005 年;张达志:《唐代后期藩镇与州之关系研究》,北京:中国社会科学出版社,2011 年。

③ 周殿杰:《肃代之际的江淮和大历财政改革》,《唐史学会论文集》,西安:陕西人民出版社,1986 年,第 235—258 页。

④ 齐勇锋:《中晚唐赋入"止于江南八道"说辨疑》,《唐史论丛》第 2 辑,1987 年,第 80—100 页。

⑤ 中砂明德「後期唐朝の江淮支配——元和時代の一側面」『東洋史研究』47 卷 1 号、1988、30—53 页。

⑥ 朱德军:《中晚唐南方地区军事战略实施动因初探》,《青海社会科学》2010 年第 4 期,第 140—145 页;朱德军:《关于唐代中期南方客军诸问题的考察》,《唐史论丛》第 11 辑,2009 年,第 1—14 页;朱德军、杜文玉:《关于唐朝中后期南方"土军"诸问题的考察》,《人文杂志》2008 年第 1 期,第 145—151 页;朱德军:《唐五代"土团"问题考论》,《江汉论坛》2014 年第 9 期,第 123—129 页。

⑦ 大澤正昭「唐末藩鎮の軍構成に關する一考察——地域差を手がかりとして」『史林』58 卷 6 号、1975、928—944 页。

尽管江淮在唐后期长期处于较为稳定的状态,但也发生过一些重要的政治事件,学者对江淮藩镇的重要政治事件和重要藩镇的探讨亦不在少。李碧妍在《危机与重构:唐帝国及其地方诸侯》中讨论了安史之乱后至宪宗元和时期的江淮地域政治史,就永王东行、刘展之乱、韩滉与镇海军、李锜叛乱等政治事件做了详细梳理和分析,是近年研究江淮地域政治史的代表作品。其硕士学位论文《唐镇海军研究》则以镇海军为个案,对镇海军由建立到覆亡的历史进行了研究。① 陆扬对浙西李锜叛乱事件进行了深入讨论,并以此揭示新的朝藩关系在宪宗时期的形成。② 曹建刚的博士学位论文同样围绕以浙西为中心的江东地域展开,对江东地域的行政区划、组织及地方政治和军事事件进行了考察。③

江淮重镇淮南也是学者关注的重点,由于对唐末江淮局势乃至全国局势造成的影响,高骈及其统领的淮南镇又成为学者关注的重中之重。周连宽的《唐高骈镇淮事迹考》是国内最早对高骈及其镇淮事迹进行考述的文章,具有开创之功。④ 孙永如的《高骈史事考辨》则对高骈诸多史事做了考辨并对史家于高骈的批评进行了维护。⑤ 黄清连则对高骈镇淮时期造成了全局性影响的纵巢渡淮事件进行了分析,指出高骈纵巢渡淮的原因是唐

① 李碧妍:《危机与重构:唐帝国及其地方诸侯》,第373—522页;李碧妍:《唐镇海军研究》,上海大学硕士学位论文,2008年。
② 陆扬:《西川和浙西事件与元和政治格局的形成》,《清流文化与唐帝国》,北京:北京大学出版社,2016年,第19—58页。
③ 曹建刚:《唐代“江东”地域政局研究》,山东大学博士学位论文,2014年。
④ 周连宽:《唐高骈镇淮事迹考》,《岭南学报》1950年第2期,第11—45页。
⑤ 孙永如:《高骈史事考辨》,《唐史论丛》第5辑,1990年,第208—222页。

末复杂的政争环境及藩镇普遍存在的自保心态。① 山根直生则把高骈淮南镇的败亡置于唐末全国军政、财政崩溃的背景下考察，并以此解释吕用之党的发迹。② 在高骈及淮南镇的研究中，高骈幕僚崔致远所撰《桂苑笔耕集》一书是重要史料。陈志坚指出了《桂苑笔耕集》在研究高骈及淮南镇时的史料价值，并以《桂苑笔耕集》的材料探讨了中和年间徐泗扬兵争的始末。③ 党银平在《桂苑笔耕集校注》所附的《崔致远〈桂苑笔耕集〉的文献价值》一文中对该书在研究高骈事迹及唐末江淮史事中的史料价值作了考论。④ 周藤吉之利用《桂苑笔耕集》的材料分析了高骈统领淮南时期的藩镇体制及其与黄巢徒党间的复杂关系。⑤ 张卉以《桂苑笔耕集》为史料考辨了高骈镇淮期间的史事。⑥ 此外邵明凡和林至轩的两篇硕士学位论文则是关于高骈的通贯性研究，关于淮南镇的通贯性研究则有朱祖德的《唐代淮南道研究》。⑦

---

① 黄清连：《高骈纵巢渡淮——唐代藩镇对黄巢叛乱的态度研究之一》，《大陆杂志》第80卷第1期，1990年，第3—22页。

② 山根直生：《唐朝军政统治的终局与五代十国割据的开端》，《浙江大学学报（人文社会科学版）》2004年第3期，第71—79页。

③ 陈志坚：《桂苑笔耕集的史料价值试析》，沈善洪主编《韩国研究》第3辑，杭州：杭州出版社，1996年，第64—79页；陈志坚：《唐末中和年间徐泗扬兵争之始末》，《鲁东大学学报（哲学社会科学版）》2008年第5期，第20—25页。

④ （新罗）崔致远撰，党银平校注：《桂苑笔耕集校注》附录，北京：中华书局，2007年，第772—808页。

⑤ 周藤吉之「唐末淮南高骈の藩鎮体制と黄巢徒党との関係について——新羅末の崔致遠の著『桂苑筆耕集』を中心として」『東洋学報』68卷3・4号合併号、1987、183—218页。

⑥ 张卉：《从〈桂苑笔耕集〉看唐末高骈镇淮史事》，中央民族大学硕士学位论文，2007年。

⑦ 邵明凡：《高骈年谱》，辽宁大学硕士学位论文，2011年；林至轩：《从能臣到叛臣——高骈与唐末政局》，台湾清华大学硕士学位论文，2013年；朱祖德：《唐代淮南道研究》，台北：花木兰文化出版社，2009年。

(二)江淮土豪的研究

关于唐后期土豪的研究,谷川道雄曾指出:"看一看唐代后半期民众的动向,就会发现那种与唐代贵族相区别的土豪层所领导的民众的地域集团在历史上明显出现。我们很容易想象出这就是宋以后那种新社会的原型,然而若欲解释贯穿于这一集团的又是怎样一种结合原理的问题,就会使人感到一种力不从心的困难。"[①]尽管有着"力不从心的困难",仍有不少学者就唐后期的土豪问题做了深入研究,其中尤以日本学者的成果最为丰富。大泽正昭是对土豪研究最为充分的学者,有多篇文章探讨唐末五代的土豪问题,他在文章中了辨析了唐末五代土豪层所具有的新兴地主、豪富、富商等内涵,梳理出了土豪层在唐末五代的各种活动和特征。[②] 伊藤正彦的「唐代後半期の土豪について」是较早对唐后期土豪层展开研究的文章,更早则有松井秀一对唐后期的江淮土豪进行的研究,他详细分析了唐后期江淮大土地所有制的展开和农民层的分解及作为大土地所有者的土豪层的崛起,并具体以江贼、康全泰及裘甫之乱等例说明土豪层崛起后的江淮形势变化。[③] 唐后期的四川土豪也是学者关注的重点之一,栗原益男以土豪韦君靖势力为例,探讨了唐末四川土豪

---

① 谷川道雄著,马彪译:《中国中世社会与共同体》,第110—111页。

② 大澤正昭「唐末·五代土豪論」『上智史学』37号、1992、139—161頁;大澤正昭「唐末·五代の在地有力者について」『柳田節子先生古稀記念 中国の伝統社会と家族』汲古書院、1993、129—149頁;大澤正昭「唐末から宋初の基層社会と在地有力者 :郷土防衛·復興とその後」『上智史学』58号(坂野良吉先生退職記念号)、2013、17—72頁。

③ 伊藤正彦「唐代後半期の土豪について」『史潮』97号、1966、39—47頁;松井秀一「唐代後半期の江淮について——江賊及び康全泰·裘甫の叛亂を中心として」『史学雑誌』66編2号、1957、94—122頁。

在地势力的崛起状况。日野开三郎在《唐末五代初自卫义军考》中同样以韦君靖的研究为主讨论了唐末四川地区的土豪、义军及藩镇间错综复杂的关系。① 唐末是江淮在地割据普遍形成的时期,而这些割据势力又与土豪层有着密切联系,因此多有学者就割据势力与土豪层的关系进行个案研究,典型者如清木场东对杨行密集团与土豪层关系的研究。② 渡边道夫、佐竹靖彦对杭州八都的研究揭示了土豪层在吴越建国中的重要作用,伊藤宏明则对唐末江西在地势力的崛起逐一进行了梳理。③ 除对唐末土豪割据导致的地方权力结构变迁个案进行考察外,也有学者就唐后期以来藩镇与土豪层的起伏兴衰造就的权力结构变迁过程进行长时段考察,菊池英夫的文章便论述了这两者由唐至宋的变迁过程,④日野开三郎的《五代镇将考》揭示了唐末五代土豪层作为镇将重要来源在藩镇权力结构中扮演的角色,⑤伊藤宏明则以淮南镇为对象概述了淮南镇自唐后期以来由贵族官僚到武

① 松井秀一「唐代後半期の四川——官僚支配と土豪層の出現を中心として」『史学雑誌』73 編 10 号、1964、46—88 頁;栗原益男「唐末の土豪的在地勢力について——四川の韋君靖の場合」『歴史学研究』243 号、1960、1—14 頁;日野開三郎『唐末五代初自衛義軍考 上篇』、1984。

② 清木場東「唐末の初期楊行密勢力の社会体系」『鹿大史学』26 号、1978、25—47 頁;清木場東「唐末・五代の土豪集団の解体——呉の土豪集団の場合」『鹿大史学』28 号、1980、58—78 頁。

③ 渡辺道夫「呉越国の建国過程」『史観』56 冊、1959、93—104 頁;佐竹靖彦「杭州八都から呉越王朝へ」『東京都立大学人文学報』127 号、1978、1—36 頁;伊藤宏明「唐末五代期における江西地域の在地勢力について」川勝義雄、礪波護編『中國貴族制社会の研究』京都大学人文科学研究所、1987、275—318 頁。

④ 菊池英夫「節度使権力といわゆる土豪層」『歴史教育』14 巻 5 号、1966、46—58 頁。

⑤ 日野开三郎:《五代镇将考》,《日本学者研究中国史论著选译》第五卷《五代宋元》,北京:中华书局,1993 年,第 72—104 页。

人势力再到在地势力的藩镇支配阶层的变化。[①]

　　相比日本学界,国内对唐后期土豪问题的关注就相对少一些或者说并未针对土豪问题作出相对概念明晰的研究,但或多或少仍有涉及。国内对类土豪问题较为系统的探讨是林文勋、谷更有对唐宋富民阶层的研究,二人的研究主要围绕唐宋富民阶层的崛起和富民阶层崛起状况下唐宋的基层社会控制展开,勾勒出了唐宋国家与富民层间的博弈状态。[②] 张泽咸《唐代的衣冠户和形势户》一文中关于唐五代形势户的研究,同样可以看作是对类土豪问题的探讨。[③] 除以上类土豪问题的通贯性研究外,专门针对江淮土豪层的研究则较为零星。周殿杰在研究肃代江淮民乱时发现了州县富人"皆去为盗贼"的现象并对唐代南方庶族地主的发展状况作了考察,李福长、李碧妍在其文基础上讨论了唐代中叶江淮县乡吏治富豪化趋势及其和江淮民乱间的关系,[④]李碧妍并在《危机与重构:唐帝国及其地方诸侯》一书中引入日本学者所论土豪概念,简略论述了江淮土豪与唐后期地方权力结构变化间的关系。[⑤] 江玮平则主要由唐末江淮的地方权力结构更替出发,详细分析了传统藩镇、以土豪层为主的在地势力、外来势力三者在淮南宣歙地区、两浙地区、江西地区的激烈

---

　　① 伊藤宏明「淮南藩鎮の成立過程——呉・南唐政権の前提」『名古屋大学東洋史研究報告』4 号、1976、99—124 頁。

　　② 林文勋、谷更有:《唐宋乡村社会力量与基层控制》。

　　③ 张泽咸:《唐代的衣冠户和形势户》,《中华文史论丛》1980 年第 3 辑,第155—174 页。

　　④ 周殿杰:《肃代之际的江淮和大历财政改革》,《唐史学会论文集》,第 235—258 页;李福长、李碧妍:《唐中叶江淮地区县乡吏治的富豪化趋势与农民起义》,严耀中、虞云国主编《中古社会文明论集》,天津:天津古籍出版社,2010 年,第 161—175 页。

　　⑤ 李碧妍:《危机与重构:唐帝国及其地方诸侯》,第 516—520 页。

政治、军事竞逐,并最终形成几大割据政权的过程。①

通过研究史的回顾,不难发现无论是在藩镇层面还是土豪层面都还缺乏专门针对唐后期江淮地域政治和社会秩序变迁脉络的综合性研究。本书有意在诸位前辈学者研究的基础上,尝试以藩镇和土豪两条脉络为中心梳理出唐后期江淮地域政治和社会秩序变迁的主要面貌。

---

① 江玮平:《唐末五代初长江流域下游的在地政治——淮、浙、江西区域的的比较研究》,台湾大学硕士学位论文,2007 年。

第一章　安史之乱后的江淮藩镇格局

　　关于安史之乱后的江淮藩镇格局,以张国刚提出的财源型藩镇最为人所知,然而他仅简略地提到江淮藩镇形成财源型格局乃是因为江淮地区"养兵少,军费低"①,并无对其中关系展开详细论述。近年,李碧妍在《危机与重构:唐帝国及其地方诸侯》一书中详细梳理了安史之乱后至宪宗时期的江淮政治史,但主要侧重于具体政治事件的辨析,对这一时期江淮藩镇格局的变迁与成型仍缺乏分析。② 显然江淮藩镇的财源型格局并非在安史之乱后马上定型,而是历经了唐朝廷多项策略及多年的经营、调适、改革方最终成型。因此本章从安史之乱后唐朝廷出于财赋上供需要对江淮藩镇实施的策略、江淮政治事件与藩镇格局变迁、德宪时期的江淮改革等方面出发,就安史之乱后至宪宗时期江淮财源型藩镇格局的形成作一论述。

---

① 张国刚:《唐代藩镇研究》(增订版),第 58 页。
② 李碧妍:《危机与重构:唐帝国及其地方诸侯》,第 373—522 页。

第一节　安史之乱后唐朝廷对江淮财赋的依赖

关于安史之乱前后唐朝财政形势变化及乱后对江淮财赋的依赖,王夫之有过简明扼要的概括:

> 自唐以上,财赋所自出,皆取之豫、兖、冀、雍而已足,未尝求足于江、淮也。恃江、淮以为资,自第五琦始。当其时,贼据幽、冀,陷两都,山东虽未尽失,而隔绝不通,蜀赋既寡,又限以剑门、栈道之险,所可资以赡军者唯江、淮,故琦请督租庸自汉水达洋州,以输于扶风,一时不获已之计也。乃自是以后,人视江、淮为腴土,刘晏因之挈东南以供西北。[①]

以下试由此出发详述这一前后变化。

六朝隋唐之际,南方经济虽然得到了长足发展,但总体而言原来基础较好的北方经济仍维持着高于南方的水平,在唐前期承平之际各地获得了有效的恢复和发展,社会经济重心仍在北方。[②] 这一点体现在财赋上就是在安史之乱前唐王朝的赋税收入并不依赖江淮。《唐会要》载开元二十五年(737)三月三日敕曰:

> 关辅庸调,所税非少,既寡蚕桑,皆资菽粟,常贱粜贵买,损费逾深。又江淮苦变造之劳,河路增转输之弊,每计其运脚,数倍加钱。今岁属和平,庶物穰贱,南亩有十千之

---

① (清)王夫之撰,舒士彦点校:《读通鉴论》卷 23《肃宗三》,北京:中华书局,1975 年,第 679 页。

② 唐长孺:《魏晋南北朝隋唐史三论》,武汉:武汉大学出版社,1992 年,第 333—345 页。

获,京师同水火之饶,均其余以减远费,顺其便使农无伤。自今已后,关内诸州庸调资课,并宜准时价变粟取米,送至京,逐要支用。其路远处,不可运送者,宜所在收贮,便充随近军粮。其河南河北,有不通水利,宜折租造绢,以代关中调课。所司仍明为条件,称朕意焉。①

从该敕可以看出,开元时期的主要租税征收地区除了唐朝廷所在关中地区外,还包括江淮、河南、河北地区。当时的一个问题是,关中人民为交纳庸调绢和资课钱而贱卖粮食,导致关中地区粮食没有得到充分利用,需从江淮地区转输补充,劳弊甚大。唐朝廷因此下令以后关中地区的庸调绢和资课钱一律按照时价"变粟取米",这样便可最大限度利用关中粮食供长安资用。唐长孺据此认为在正常年景下,关中所生产的谷物实际上是足以供应长安所需的,而江淮、河南、河北运入的粮食仅是作为补充,长安粮食"并非专赖江淮,更非专赖江南"②。同样是在开元二十五年(737),在关中连年丰收的情况下,唐朝廷甚至有停江淮漕运之举,《册府元龟》载开元二十五年(737)九月戊子敕曰:

> 今岁秋苗,远近丰熟。……所在贮掌江淮漕运,固甚烦劳,务在安人,宜令休息。其江淮间,今年所运租,停其关辅。③

据《通典》记载的天宝中计帐:

> 其租:约百九十余万丁江南郡县,折纳布约五百七十余

---

① （宋）王溥：《唐会要》卷83《租税上》,北京:中华书局,1955年,第1533页。
② 唐长孺：《魏晋南北朝隋唐史三论》,第339页。
③ （宋）王钦若等编纂,周勋初等校订：《册府元龟》卷502《邦计部·平籴》,南京:凤凰出版社,2006年,第5700页。

> 万端。二百六十余万丁江北郡县,纳粟约五百二十余
> 万石。①

同样可以看出,与北方郡县相比,南方郡县所承担的租税比重远达不到"专赖"的程度。总的来看唐前期财赋并不依赖江淮地区,其财赋来源地除唐朝廷所在关中地区外,主要包括河南河北、江淮、剑南、河陇四大经济区,②地域布局较为均衡。

安史之乱后,唐王朝的财政形势因战乱冲击发生了变化,据记载当时的情况是:

> 安、史之乱数年间,天下户口什亡八九,州县多为藩镇
> 所据,贡赋不入,朝廷府库耗竭。中国多故,戎狄每岁犯边,
> 所在宿重兵,仰给县官,所费不赀。③

安史之乱后唐朝廷面临严重的财政危机,概而言之主要有以下几点原因:一是战乱导致的经济破坏,户口凋零;二是藩镇割据导致贡赋不入;三是各种动乱及戎狄犯边等军政事务导致军费开支庞大。

就经济层面而言,原为唐朝廷重要财赋之地的北方地区沦为战场,经济遭到极大破坏。战乱所及地区主要包括河北、河南、河东、关内四道,其中尤以战前经济最为发达的河南、河北两道所受破坏最为严重,当时情形据郭子仪的描述为:

> 夫以东周之地,久陷贼中,宫室焚烧,十不存一。百曹

---

① (唐)杜佑撰,王文锦等点校:《通典》卷6《食货六·赋税下》,北京:中华书局,1988年,第110页。

② 陈明光:《唐代财政史新编》,北京:中国财政经济出版社,1999年,第44页。

③ (宋)司马光编著,(元)胡三省音注:《资治通鉴》卷226"建中元年七月"条,北京:中华书局,1956年,第7284页。

荒废,曾无尺椽,中间畿内,不满千户。井邑榛棘,豺狼所
嗥,既乏军储,又鲜人力。东至郑、汴,达于徐方,北自覃怀,
经于相土,人烟断绝,千里萧条。将何以奉万乘之牲饩,供
百官之次舍?①

之后刘晏在任转运使后写给元载的信中也提到其路途所见:

函、陕凋残,东周尤甚。过宜阳、熊耳,至武牢、成皋,五
百里中,编户千余而已。居无尺椽,人无烟爨,萧条凄惨,兽
游鬼哭。牛必赢角,舆必说辕,栈车挽漕,亦不易求。②

刘晏还把北方地区在经济及户口上的凋敝作为影响漕运的"四
病"之一。由此可见当时北方经济的萧条,唐朝廷一时亦难以于
此获得充足财赋。

当然北方经济也不是一直保持凋敝状态,在经过一段时间
的调整后获得了长足的恢复与发展,③因此经济因素并非造成战
乱后唐朝廷财政危机的决定性因素。真正对唐朝廷财赋收入造
成致命影响的是战后军政格局的改变,藩镇体制的建立和内乱
边患导致唐朝廷在以往的财赋之地难以获得稳定供赋。以下试
逐一分析唐朝廷几大财赋之地在军政格局上的变化及由此导致
的财赋难入问题。

先来看河南河北地区。两河地区在乱前被玄宗赞许为"大
河南北,人户殷繁,衣食之原,租赋尤广"④,是唐朝廷重点依赖的

① 《旧唐书》卷 120《郭子仪传》,第 3457 页。
② 《旧唐书》卷 123《刘晏传》,第 3513 页。
③ 金宝祥:《安史乱后唐代封建经济特色》,《唐史论文集》,兰州:甘肃人民出版
社,1982 年,第 253—254 页。
④ 《册府元龟》卷 487《邦计部·赋税》,第 5530 页。

赋税之地。在乱后河北地区成为安排安史降将之地,形成了以魏博、成德、卢龙三镇为核心的割据局面,这些藩镇坐拥重兵对抗唐朝廷,赋税并不上供中央。为遏制河朔藩镇,唐朝廷又在周边设置了不少防遏型藩镇,这些藩镇驻扎重兵,军费庞大,财赋基本上是当道自供。唐朝廷不但在两河地区难以取得赋税收入,反而要投入大量军费,杜牧所谓:

> 六郡之师,厥数三亿,低首仰给,横拱不为,则沿淮已北,循河之南,东尽海,西呷洛,经数千里,赤地尽取,才能应费,是天下三支财去矣。①

当时的两河地区有所谓"两河宿兵,户赋不入"②的说法,早已非当年玄宗口中的"租赋尤广"的"衣食之源"了。

再看河陇地区。安史之乱前,河陇地区曾有"自安远门西尽唐境万二千里,闾阎相望,桑麻翳野,天下称富庶者无如陇右"③的说法,可见陇右经济的繁荣。安史之乱爆发后,唐王朝大量征调河西、陇右精兵入援平叛,给了吐蕃可乘之机,代宗广德元年(763)七月,吐蕃入寇,唐朝尽失河西陇右之地。④ 与两河地区类似,为防遏吐蕃缘边而设的御边型藩镇军队数量众多,军费开支庞大,陆贽所谓:

> 闾井日耗,征求日繁,以编户倾家破产之资,兼有司榷盐税酒之利,总其所入,半以事边,制用若斯,可谓财匮于兵众矣。⑤

---

① 《樊川文集》卷5《战论》,第92页。

② (宋)李昉等编:《文苑英华》卷422《元和十四年七月二十三日上尊号赦》,北京:中华书局,1966年,第2139页。

③ 《资治通鉴》卷216"天宝十二载八月"条,第6919页。

④ 《资治通鉴》卷223"广德元年七月"条,第7146页。

⑤ 《旧唐书》卷139《陆贽传》,第3811页。

失去河陇富庶之地不但让唐朝廷失去了重要的财赋之地,同时也增加了御边的军费支出,可谓雪上加霜。

再看剑南地区。在安史之乱前,剑南就是唐朝廷重要的财赋之地,陈子昂曾盛称巴蜀之富:

> 伏以国家富有巴蜀,是天府之藏,自陇西及河西诸州,军国所资,邮驿所给,商旅莫不皆取于蜀。又京师府库,岁月珍贡,尚在其外,此诚国之珍府。[①]

安史之乱后,剑南地区一度成为唐王朝所能依赖的财赋之地。杜甫在广德元年(763)的一份上表中谈到剑南财赋在战时的贡献:

> 然河南河北,贡赋未入,江淮转输,异于曩时。唯独剑南,自用兵以来,税敛则殷,部领不绝。琼林诸库,仰给最多。是蜀之土地膏腴,物产繁富,足以供王命也。[②]

然而剑南的财赋供给也存在诸多问题,首先从经济总量上来看,剑南规模有限,社会经济系统承受压力的能力较低。[③] 同时剑南财赋的运路,无论是越过大巴山和秦岭到达关中的陆路还是沿长江而下经三峡到达长江中下游的水路都存在较大风险,"负于陆,则经青泥、大散羊肠九折之坂;航于川,则冒瞿唐、滟滪沉舟

---

① (唐)陈子昂著,徐鹏校:《陈子昂集》卷 8《上蜀川军事》,北京:中华书局,1960 年,第 175 页。

② (唐)杜甫著,谢思炜校注:《杜甫集校注》补遗卷《为阆州王使君进论巴蜀安危表》,上海:上海古籍出版社,2015 年,第 3083 页。

③ 谢元鲁:《秦汉到隋唐四川盆地经济区的能量与信息交换》,卢华语主编《古代长江上游的经济开发》,重庆:西南师范大学出版社,1989 年,第 91 页—111 页。

不测之渊"①。两者合而言之即王夫之所谓"蜀赋既寡,又限以剑门、栈道之险"。再者随着南诏、吐蕃在西南地区的军事行动,剑南战事频繁:

> 临边小郡,各举军戍,并取给于剑南。其运粮戍,以全蜀之力,兼山南佐之,而犹不举。②

剑南的军费支出随着兵数消长和边境形势的变化而上下波动,进而导致剑南的财赋供给极不稳定。③ 同时作为控扼西南的强藩,不少节度使凭恃剑南"地险兵强"的特点而据地自专,甚至出现崔宁在蜀十四年"贡赋不入,与无蜀同"④的现象。总之蜀地虽富,蜀地财赋却难以稳定供应唐朝廷。

由此唐朝廷所能依赖的财赋稳定之地,就仅剩江淮地区。关于唐朝廷对江淮财赋的依赖,时人多有言之。早在安史之乱爆发未久的至德元载(756),第五琦就已敏锐察觉到了江淮财赋的重要性,进言玄宗:"方今之急在兵,兵之强弱在赋,赋之所出,江淮居多。"⑤同样在至德元载十月,在淮南担任节度使掌书记的萧颖士致书崔圆分析江淮形势时亦特别指出当时唐朝廷"兵食所资,独江南两道耳"⑥,并以此请求朝廷加强江淮地区防务。此后像权德舆、陆贽、韩愈、杜牧等人都曾言及江淮财赋的重要性,

---

① (明)杨慎编,刘琳、王晓波点校:《全蜀艺文志》卷34吕大防《锦官楼记》,北京:线装书局,2003年,第930页。

② 《旧唐书》卷111《高适传》,第3330页。

③ 贾志刚:《唐代剑南道军费刍议:以剑南西川为中心》,《魏晋南北朝隋唐史资料》第19辑,2002年,第177—187页。

④ 《资治通鉴》卷226"大历十四年十月"条,第7270页。

⑤ 《旧唐书》卷123《第五琦传》,第3517页。

⑥ (唐)萧颖士著,黄大宏、张晓艺校笺:《萧颖士集校笺》卷3《与崔中书圆书》,北京:中华书局,2017年,第105页。

甚至在宪宗的上尊号赦文中也出现了"军国费用，取资江淮"①的表述，而被论史者称引最多的则是李吉甫所撰《元和国计簿》的统计：

> 总计天下方镇凡四十八，管州府二百九十五，县一千四百五十三，户二百四十四万二百五十四，其凤翔、鄜坊、邠宁、振武、泾原、银夏、灵盐、河东、易定、魏博、镇冀、范阳、沧景、淮西、淄青十五道，凡七十一州，不申户口。每岁赋入倚办，止于浙江东西、宣歙、淮南、江西、鄂岳、福建、湖南等八道，合四十九州，一百四十四万户。比量天宝供税之户，则四分有一。天下兵戎仰给县官者八十三万余人，比量天宝士马，则三分加一，率以两户资一兵。其他水旱所损，征科发敛，又在常役之外。②

虽然有学者指出那些李吉甫没有提及的地区并非没有赋税上供，③同时除赋税外各藩镇都还有一定程度的进奉，不能说江淮外的其他地区在财赋上对唐朝廷毫无贡献。但正如史念海指出的，李吉甫之所以未提到除江淮外的其他地区乃是因为"那一百七十五州的财政收益不十分丰富，无关全局的盈绌"④。总体上看，唐朝廷在财赋上对江淮的依赖是毋庸待言的。

---

①　《文苑英华》卷 422《元和十四年七月二十三日上尊号赦》，第 2139 页。

②　《旧唐书》卷 14《宪宗纪》，第 424 页。

③　岑仲勉：《隋唐史》，北京：中华书局，1982 年，第 377 页；齐勇锋：《中晚唐赋入"止于江南八道"说辨疑》，《唐史论丛》第 2 辑，第 80—100 页。

④　史念海：《河山集》，北京：生活·读书·新知三联书店，1963 年，第 248 页。

第二节　唐朝廷限制江淮兵力与财赋上供间的关系

　　通过上文的分析可以知道江淮地区成为唐朝廷在安史之乱后所依赖的财赋之地，最重要的原因在于安史之乱后唐朝廷在北方等地区的军政格局发生了变化，藩镇的割据自立和防遏御边带来的庞大军费支出使唐朝廷难以在这些地区获得稳定的赋税供给。与上述地区不同，安史之乱后的江淮地区既没有拥兵自专拒不贡赋的藩镇，更没有因驻有重兵而军费支出庞大，这使得江淮地区能够持续稳定的输出财赋。在此情况下，为保证江淮财赋的上供，唐朝廷的江淮控御策略便指向一个方向——限制江淮兵力，这样江淮地区就不会因拥兵而导致藩镇割据自立或因养兵费用庞大而影响财赋上供，以下具体详述这一关系。

　　安史之乱之前，江淮地区就并非军事重地。唐前期采取"举关中之众，以临四方"[1]的军事方略，据谷霁光的考释，淮南道和江南道的折冲府数分别为 10 和 5，是全国折冲府分布最少的几个道，合在一起仅占军府总数的 2.28%，[2]可见乱前江淮地区军事力量的薄弱。

　　安史之乱爆发后，江淮诸道虽陆续设置了防御、节度诸使以加强军事属性，但江淮地区的军事力量依然令人担忧。至德元载(756)，萧颖士致书崔圆分析当时江淮的形势：

　　　　楚、越之地，重山积阻，江湖浩漫。乐兴、永嘉，南通岭

---

　　① 《通典》卷 28《职官十·武官上》，第 782 页。

　　② 谷霁光：《府兵制度考释》，上海：上海人民出版社，1962 年，第 154 页。

表,北至吴会,皆境濒巨海,自古平日,常备不虞。中原或
扰,无不盗贼为患,固宜察其要害,增以兵力,擢文武良材以
镇捍之。……江淮三十余郡,仅征兵二万,已谓之劳人。将
卒不相统摄,兵士未尝训练。……比者,吴郡、晋陵之江东、
海陵诸界,已有草窃屯聚,保于洲岛,剽掠村浦,为害日
滋。……倘一朝勃寇南侵,陵蹈淮涘,冲要阙缮完之备,甲
兵无抗击之利,江海余孽因而啸聚,则长江之南亦从此而大
溃矣。[1]

萧颖士认为江淮地区在"中原或扰,不无盗贼"的情况下,应该要
增加兵力以守备要害之处,然而当时江淮兵力的情况却是数量
少且疏于训练,防卫力量薄弱。由此萧颖士认为当时江淮地区
面临两大隐患:一是江淮各地趁乱而起的"盗贼"势力;二是北方
武装力量的南侵。肃宗、代宗、德宗之际的江淮局势印证了萧颖
士的担忧不无道理。首先是地方武装动乱频繁发生。据统计,
肃、代、德三朝是唐朝民乱的高发时期,其中江淮地区就多达二
十四起,占了四成左右,[2]出现了"中原大乱,江淮多盗"[3]的局
面,其中浙东的袁晁之乱达到了"连结郡县,积众二十万,尽有浙
江之地"[4]的规模,江西、宣歙一带的方清、陈庄之乱达到了"跨据
大江",控制"七州之地"[5]的规模。其次是北方武人南下的问题。
上元元年(760),唐朝廷任命的江淮都统刘展南下江淮,面对"素

---

① 《萧颖士集校笺》卷3《与崔中书圆书》,第105—106页。
② 据张泽咸编《唐五代农民战争史料汇编》统计,北京:中华书局,1979年。
③ 《旧唐书》卷192《吴筠传》,第5129页。
① 《旧唐书》卷152《王栖曜传》,第4069页。
⑤ (唐)独孤及撰,刘鹏、李桃校注:《毗陵集校注》卷4《贺袁修破贼表》,沈阳:
辽海出版社,2006年,第78页。

有威名，御军严整"的刘展，江淮军队"望风畏之"①，刘展在一个月内横扫淮南诸州并接连攻陷浙西、宣歙诸州。南下平叛的田神功平卢军在击溃刘展后在江淮地区"大掠居人资产，鞭笞发掘略尽，商胡大食、波斯等商旅死者数千人"②，给江淮地区造成极大破坏，史称："安、史之乱，乱兵不及江、淮，至是，其民始罹荼毒矣。"③

为应对江淮乱事，唐朝廷并非没有加强过江淮藩镇的兵力，只是增加幅度有限。据《册府元龟》记载：

> 薛兼训，大历中为浙东节度、越州刺史。兼训奏曰："臣所管义胜军、静海军共九千人，请留一千人，余八千人并罢遣。"许之。初，滨海群盗乘难而起，会稽遂加置二军。兼训以寇难已平，将修抚循之政，由是有斯请也，时议美之。④

可见由于代宗时期的各种动乱，浙东兵力曾一度增至九千人。即便这与兵数动辄以"万"计的北方藩镇相比并不算多，但在"盗贼"平定后，九千人的兵力仍被削减至一千人。此后浙东在德宗贞元年间又因福建兵乱而有过增兵。据记载：

> 先是，贞元初，皇甫政镇浙东，尝福建兵乱，逐观察使吴诜。政以所镇实压闽境，请权益兵三千，俟贼平而罢。贼平向三十年，而所益兵仍旧。逊视事数日，举奏停之。⑤

这次增兵虽维持了三十年，但最后仍被奏罢。由此可见浙东虽因平乱需要而多次增兵但基本遵奉"贼平而罢"原则，并没有长

---

① 《资治通鉴》卷221"上元元年十一月"条，第7098页。
② 《旧唐书》卷110《邓景山传》，第3313页。
③ 《资治通鉴》卷222"上元二年正月"条，第7104页。
④ 《册府元龟》卷405《将帅部·识略》，第4595页。
⑤ 《旧唐书》卷155《李逊传》，第4123页。

时间维持大规模军事力量。那么为何即便在江淮面临乱事时，唐朝廷仍对增强江淮军事力量持谨慎态度并在局面稳定后着意于限制江淮兵力呢？其原因正如上文所说，限制江淮兵力，江淮地区就不会因藩镇拥兵割据而拒不贡赋，或因军费支出庞大而影响财赋上供。前者相对容易理解，后者即军费支出与财赋上供间的关系则相对复杂，以下试论之。

安史之乱后唐王朝的几大赋税之地，或由于割据，或由于防遏需要，兵数众多，军费开支庞大，其赋税基本上是拒不上供或当道自供的。这些藩镇的军费开支究竟庞大到何等程度呢？张国刚曾对几个著名藩镇的户数和兵数以及赋税收入和军费开支做过一个比较考察，得出的结论是"藩镇的全部两税收入尚不足以支付军费开支"，即便考虑到户口隐没的因素，赋税收入与军费也仅是约略相当，像淮西和宣武等户口与兵力比例极为悬殊的藩镇甚至会出现入不敷出的情况。①

如果说在安史之乱后财政收支体系呈现混乱状态，藩镇又自行其是的情况下，还难以彻底理清藩镇的军费支出究竟在多大程度上影响了唐朝廷的财政收入的话，那么在建中元年（780）两税制改革后，把这一关系放到两税制的背景下来考察的话就会清晰得多。两税法的一大贡献便是把安史之乱后二十多年中存在的中央与地方的收入分配方式制度化，确立了上供、留州、留使的三分制度。根据两税法税额的核定方法，诸州要先确定两税预算收入总额，然后再根据当州和当道的财政预算支出（包括官员的俸禄、供军的费用等）确定留州、留使的份额，剩下的便是上供的份额，用公式表达便是：

---

① 张国刚：《唐代藩镇研究》（增订版），第38—40页。

$$州两税总额-（留州额＋留使额）＝上供额^①$$

在使级（藩镇）的财政支出中，军费支出占据了最大的份额，军费支出的多少又和兵数多少密切相关。由此可推出一个颇为曲折的关系，即兵数少，军费支出就少，军费支出少，留使额就少，留使额少，上供额就多，也就是说兵数的增减会相应引起上供额的变化。就藩镇而言上供与供军形成了一对矛盾关系，"上供多，供军必少；上供少，供军必多"[②]。那么江淮藩镇的上供与供军的比例具体是怎样一个情况呢？同样可以采取张国刚的方法，从江淮藩镇的户数与兵数的比例作一窥见。同时为了更直观地反映江淮藩镇与北方藩镇的不同，以张国刚所举三个典型藩镇魏博、成德、淮西的数据和三个江淮藩镇淮南、浙西、浙东的数据对比（见表 1.1）。

表 1.1　江淮藩镇与北方典型藩镇户数、兵数比例对比[③]

镇别	户数	兵数	户：兵
淮南	约 380,000[④]	35,000[⑤]	10.9：1

---

①　公式引用自陈明光《唐代财政史新编》第 226 页，关于两税税额核定方法的详细论证亦可参看该书第 210—219 页。

②　张国刚：《唐代藩镇研究》（增订版），第 153—158 页。

③　本表魏博、成德、淮西数据引用自张国刚《唐代藩镇研究》（增订版）第 38 页所列表格（其户数数据来自《元和郡县志》，兵数数据则来自新、旧《唐书》各传）。本表淮南、浙西、浙东的户数数据同样依《元和郡县志》所载户数为基础统计推算，而兵数则因材料限制并非全是对应年间数字，然大致为元和前后数年间数字：淮南为大和八年（834）；浙西为兴元元年（784）；浙东为大历中（约 772）。若仅作粗略的比例观察，当不致有太大偏差。

④　数据采用朱祖德在《唐代淮南道研究》里的估算，台北：花木兰文化出版社，2009 年，第 39—46 页。

⑤　杜牧：《樊川文集》卷 10《淮南监军使院厅壁记》："节度使为军三万五千人，居中统制二处，一千里，三十八城，护天下饷道，为诸道府军事最重。"第 159 页。

续 表

镇别	户数	兵数	户∶兵
浙西	314,772	30,000①	10.5∶1
浙东	约 118,440②	9,000③	13.2∶1
魏博	74,498	70,000	1.1∶1
成德	63,604	50,000	1.3∶1
淮西	12,867	50,000	0.3∶1

　　由表 1.1 可以发现,江淮藩镇的养兵数即便是强藩如淮南、浙西也远少于北方典型藩镇,同时户数又远多于北方典型藩镇。相比北方典型藩镇的一户多养一兵,全国平均的"二户资一兵"④,江淮藩镇的十户多养一兵能在养兵外留出更多上供空间。兵数关系军费支出,户数关系赋税收入,江淮藩镇是赋税收入多而军费少,北方藩镇是赋税收入少而军费多,在北方藩镇因供军而几乎入不敷出的情况下,江淮藩镇则绰有余裕。需指出的是,表中所列浙西、浙东兵数大概都是两道巅峰时期兵力,浙西兵数3 万乃是韩滉镇抚时期的兵数,此后当有削减;浙东兵数则是薛兼训请求罢遣前的兵数,在罢遣后仅剩一千人。考虑到这一因素,一般时期浙西、浙东的户数与兵数的比例当更为悬殊。

---

　　① 《文苑英华》卷 973 顾况《检校尚书左仆射同中书门下平章事上柱国晋国公赠太傅韩公行状》:"(韩滉)命从事裴枢、李伦征巡内兵甲麾下将士合三万人,请翊卫銮舆,收复京邑。"第 5118 页。

　　② 缺台州户数。

　　③ 《册府元龟》卷 405《将帅部・识略》:"薛兼训,大历中为浙东节度、越州刺史。兼训奏曰:'臣所管义胜军、静海军共九千人,请留一千人,余八千人并罢遣。'许之。"第 4595 页。

　　④ 《旧唐书》卷 14《宪宗纪》,第 424 页。

在通过对江淮藩镇户数与兵数比例的考察，对江淮上供与供军关系有了一个初步判断后，接下来再以江淮两大重镇淮南和韩滉镇海军时期的浙西（当时浙东、宣歙并入浙西）为例具体考察江淮藩镇的供军费用占用赋税收入比例的问题。首先来看淮南，据记载建中四年（783）时两税使包佶在淮南所总赋税钱帛为800万贯，①这800万贯当为两税元额中的上供部分，所以估计淮南的两税元额当为800万贯以上。张国刚曾推算出每个兵士一年军费约为24贯，②若照此计算，淮南兵数3.5万，③其军费支出约为每年84万贯。如此推算，淮南军费支出占两税元额的比例当在十分之一以下。再看韩滉镇海军时期的浙西，吴洲依据史料对东南若干州郡的两税元额做过推测，依其数据统合浙西的两税元额约为319万贯，浙东约为200万贯，宣歙约为110万贯，④也就是说韩滉镇海军时期浙西的两税元额约为629贯。那么浙西当时总军费是多少呢？同样按照张国刚一兵24贯的费用计算，镇海军3万兵数，其军费支出约为每年72万贯。浙西的军费支出占两税元额的比例约为十分之一强，这还是在浙西保有兵数最多时期的比例。韩滉死后的贞元三年（787），德宗废罢了镇海军，原来增加的供军费用又重新收归中央，度支的一份奏请中透露"浙江东、西节度使韩滉，自建中年已后，供军资费、赏设等，每年续加，当钱六十一万六千贯"⑤，韩滉时期由于镇

---

① 《旧唐书》卷126《陈少游传》，第3565页。

② 张国刚：《唐代藩镇研究》（增订版），第154—155页。

③ 淮南为江淮重镇，建节伊始便为节度使建制，从兵数所据的元和年间到税额所据的建中年间，其兵数当不会有较大变化，作一比例观察当无大误。

④ 吴洲：《中晚唐禅宗地理考释》，北京：宗教文化出版社，2012年，第156页。详细推测过程可看该书第二章第四节《东南地区的两税方案》，第145—163页。

⑤ 《册府元龟》卷484《邦计部·经费》，第5489页

海军的设立在原有军费基础上增加了约 61.6 万贯,换言之在没有增置镇海军前,浙西的军费大约也就 10 万多贯。由此可证,无论是淮南还是浙西,其军费支出占两税元额的比例均低于十分之一,而当时供军费用在全国两税总收入中的占比为三分之二,[①]淮南和浙西的比例远低于全国平均水平,这个比列说明即便再扣掉行政费用等其他财政支出,留给两镇的上供空间还是很大的。以隶属浙西的苏州为例,其上供、留州、留使的比例约是 44％∶28％∶28％,上供比例接近一半。[②] 可见江淮藩镇能给唐朝廷提供源源不断的财赋的重要原因就在于江淮藩镇兵数较少,供军费用低,上供空间大。

从唐朝廷的角度,肯定是希望在保持江淮地区稳定的前提下尽最大可能维持江淮藩镇的低养兵数,毕竟罢废一个镇海军,唐朝廷就可以多出 62 万贯收入,这是非常具有吸引力的。如果说唐朝廷在削减割据藩镇、防遏及御边藩镇的兵数时有心无力的话,[③]那在江淮藩镇层面上还是有较大的操作空间的。一则江淮在肃代之际经历了一段时间动乱后,基本长期处于稳定局面,确实具备保持低养兵数的条件。如上述浙东的例子,在动乱频发时尽管一度增加了兵数,但一旦恢复稳定,唐朝廷便可削减兵

---

① 张国刚:《唐代藩镇研究》(增订版),第 151 页。

② 张国刚:《唐代藩镇研究》(增订版),第 150 页。

③ 建中初,负责与地方协商两税份额的黜陟使洪经纶来到魏博,要求节度使田悦把魏博的七万兵力减去四万,"令归农亩",其目的便是希望通过减少魏博兵数而降低两税中的留使部分。田悦虽表面上听从命令罢去四万将士,却以此煽动所罢将士对唐朝廷的对抗情绪:"尔等久在军戎,各有父母妻子,既为黜陟使所罢,如何得衣食自资?"最后"尽出其家财帛衣服以给之,各令还其部伍"。可见唐朝廷通过减兵增加上供份额的方法在割据藩镇基本上是没有操作可能的。详《旧唐书》卷 141《田承嗣附田悦传》,第 3841 页。

数。代宗永泰元年(765),独孤及向代宗上书请减江淮、山南诸道兵,其理由是:"东洎海,南至番禺,西尽巴蜀,无鼠窃之盗,而兵不为解。倾天下之货,竭天下之谷,以给不用之军,为无端之费。"减兵的好处不言自明便是在财政上,"以粮储扉屡之资充疲人贡赋,岁可以减国租半"①。二则江淮藩镇相对比较恭顺,藩帅们也比较配合唐朝廷的工作,如上文所举浙东节度使薛兼训和李逊便都有过主动要求罢兵的举动。江淮藩镇本身在保证基本军费需求外,在供赋上也是不遗余力。德宗贞元十五年(799)时与淮南相邻的徐州发生军乱,时任淮南节度使掌书记的刘禹锡为负责平乱的杜佑写过一份谢表:

> 臣受任斯极,微功莫施。昨以封略未宁,干戈犹动。寿春固垒以备盗,淮甸兴师以捍奸。经费所资,数盈巨万。馈饷时久,供亿力殚。……伏蒙圣慈,特遂诚请。远承如绰之旨,特假聚人之财。军须不愆,士气弥振。糇粮既备,永无半菽之虞;襦裤足颁,远超挟纩之感。……伏以上分国用,俯济军兴。候清烟尘,谨备偿纳。②

可见一般情况下,江淮藩镇只留有最基本的供军费用,一旦出现军乱等特殊事件,需要"固垒以备盗""兴师以捍奸"时,军费支出相较平时增加,在供军上就会出现"馈饷时久,供亿力殚"的现象,需要暂时向中央借贷上供之资才能保证"军须不愆"。从表末的"候清烟尘,谨备偿纳"看,这笔钱在局势稳定之后竟还需向

---

① (宋)欧阳修、宋祁:《新唐书》卷162《独孤及传》,北京:中华书局,1975年,第4992页。

② (唐)刘禹锡:《刘禹锡集》卷11《谢贷钱物表》,上海:上海人民出版社,1975年,第105页。

中央偿还。更有甚者,因"上供"与"供军"间的矛盾关系,一些江淮藩帅竟通过主动克扣军饷、停废兵额的方法来向中央供奉更多财赋。宣宗大中时期任右补阙供奉的张潜曾上疏指出:

> 窃惟藩府财赋,所出有常,苟非赋敛过差,及停废将士,减削衣粮,则羡余何从而致! 比来南方诸镇数有不宁,皆此故也。[①]

大中时期发生的多次江淮藩镇兵乱很可能就与此有关。[②] 这些江淮藩帅何以如此不遗余力甚至冒着兵乱风险向唐朝廷进奉更多财赋呢? 这与唐朝廷的江淮藩帅选任策略不无关系。

第三节　江淮藩帅选任的文儒化特点

江淮大多藩镇虽在安史之乱后即罢节度为观察,但藩帅们基本上还是掌握着当道的军政、财政、行政大权,在财赋系于江淮的情况下,选择相对恭顺的藩帅对唐朝廷控制江淮藩镇就尤为重要。王寿南曾把玄宗以后至僖宗乾符六年(879)江淮大乱以前的江淮藩镇(不含福建)的藩帅任前、任后情形作一表格,[③]并依据表格数据概括指出江淮藩帅的选任特点是:"多选中央朝臣或与中央有深厚关系的文官出任,而且多给予江淮藩镇罢任后调至中央任职的机会,借以减少中央与江淮间的隔膜,使江淮镇在个人感情上与政治利害上均能对中央产生强大的向心

---

① 《资治通鉴》卷 249"大中十二年七月"条,第 8071 页。
② 李碧妍:《危机与重构:唐帝国及其地方诸侯》,第 513—514 页。
③ 王寿南:《唐代藩镇与中央关系之研究》,第 277—279 页。

力。"①自身的荣达富贵既系于中央朝廷,江淮的藩帅自然要贡献更多财赋以显示其"恋阙"之心。

事实上任用文儒之臣为藩帅是唐朝廷的一贯政策,且并不局限在江淮。武宗时期,在讨论泽潞节度使的继承问题时,李德裕就指出:"泽路国家内地,不同河朔。前后命帅,皆用儒臣。"②可见在"不同河朔"之地,唐朝廷是希望尽量任用文儒之臣的,这些文儒藩帅也大多能够听命于唐朝廷。③ 只是在江淮藩帅的选任中,重视"道德儒学"的特征更加突出。以吕温的《湖南都团练副使厅壁记》和杜牧的《淮南监军使院厅壁记》为例,吕温在文中讲道:

> 湘中七郡,罗压上游,右振牂蛮,左驰瓯越,控交广之户牖,扼吴蜀之咽喉,翼张四隅,襟束万里,天下之安危系焉。圣唐理虽偃革,制不去备,消息变化,必惟其时。由是剖分荆衡,复古南镇,轻其兵徒,而重其统帅,易其将校,而难其参佐,所以显仁藏用,明道晦权,成师于礼乐之中,讲武于文章之内。雍容易简,四十余年,名迹风流,冠于当代。④

杜牧在文中讲道:

> 淮南军西蔽蔡,壁寿春,有团练使;北蔽齐,壁山阳,有团练使。节度使为军三万五千人,居中统制二处,一千里,三十八城,护天下饷道,为诸道府军事最重。然倚海堑江、

---

① 王寿南:《唐代藩镇与中央关系之研究》,第282—283页。
② 《旧唐书》卷174《李德裕传》,第4525页。
③ 杨志玖:《论唐代的藩镇割据与儒家学说》,《南开学报(哲学社会科学版)》1980年第3期,第68—74页。
④ 《吕衡州文集》卷10,第112页。

淮,深津横冈,备守坚险,自艰难已来,未尝受兵。故命节度
使,皆以道德儒学,来罢宰相,去登宰相。命监军使皆以贤
良勤劳,内外有功,来自禁军中尉、枢密使,去为禁军中尉、
枢密使。自贞元、元和已来,大抵多如此。

今上即位六年,命内侍宋公出监淮南,诸开府将军皆以
内侍贤良有材,不宜使居外。上以为内侍自元和已来,诛齐
诛蔡,再伐赵,前年诛沧,旁击赵、魏,且征师,且抚师,且诘
且谕,勤劳危险,终日马上。往监青州新附,卧未尝安,复监
滑州,边魏,穷狭多事,今监淮南是且使之休息,亦不久之,
故内侍至焉。

监军四年,如始至日,简约宽泰,明白清洁,恕悉军吏,
礼爱宾客,举止作动,无非典故,暇日唯召儒生讲书、道士治
药而已。[①]

两文都首先阐述当道军事地位的重要,进而话锋一转指出该镇
承平已久,因此在选择藩帅时首要考虑的是“道德儒学”。可见
当时舆论普遍认为虽然一些江淮藩镇在军事地位上颇为重要,
但因该藩镇长年处于稳定状态,其重点并不应在兵戎上而在统
帅和僚佐的选任上(“轻其兵徒,而重其统帅,易其将校,而难其
参佐”)。选任的重要标准便是“道德儒学”,藩帅的主要任务则
是“显仁藏用,明道晦权,成师于礼乐之中,讲武于文章之内”,带
有明显儒家特征。不惟藩帅如此,杜牧提到的淮南监军“内侍宋
公”,其“举止作动,无非典故,暇日唯召儒生讲书、道士治药而
已”,也是典型儒家做派,这与他当年“且征师,且抚师”,“终日马
上”的武人形象可谓大相径庭。

---

① 《樊川文集》卷10,第159—160页。

对唐朝廷而言,选任文儒之臣出任江淮藩帅最重要原因在于他们文儒的特征能在很大程度上保证他们的恭顺和忠诚,至于军事上的能力和表现则非唐朝廷考虑的主要因素。元和九年(814),唐朝廷从鄂岳征兵五千协助讨伐淮西吴元济,这五千兵最初被安排到安州刺史李听手下效力,时任鄂岳观察使柳公绰对此表达了反对意见:"朝廷以吾儒生不知兵耶?"[①]要求亲自带兵出征。从唐朝廷把这五千兵交于武人李听(名将李晟之子)的行为和柳公绰那句"朝廷以吾儒生不知兵耶"来看,唐朝廷对文儒藩帅的军事能力并不抱有多少期待和要求。相反,江淮藩帅在军事上的作为反而往往会为唐朝廷所防范和遏制,如颜真卿在防备刘展南下时"饬偏师,修五刃,水陆备战,以时增修",就被指责为"过防骇众"[②]。韩滉在德宗因泾师之变出逃期间"闻銮舆在外,聚兵修石头城",被认为是"阴蓄异志"[③]。可见即便是在战备期间,唐朝廷对身处财赋之地的江淮藩帅的军事行动也是十分敏感的。由此看来,那位与当年形象大相径庭的淮南监军"内侍宋公"倒是深谙唐朝廷对江淮藩镇的统御之道。

值得一提的是,尽管唐朝廷在江淮多任用文臣藩帅,但江淮并非没有过武将藩帅,表 1.2 列出的便是乾符大乱前曾出任江淮藩帅的武将。

---

① 《旧唐书》165《柳公绰传》,第 4302 页。

② (清)董诰编:《全唐文》卷 394 令狐峘《光禄大夫太子太师上柱国鲁郡开国公颜真卿墓志铭》,北京:中华书局,1983 年,第 4012 页。

③ 《资治通鉴》卷 231"兴元元年十一月"条,第 7447 页。

表1.2　出身武将的江淮藩帅

镇名	藩帅姓名	在镇时间	出身
淮南	马举	咸通十年(869)至咸通十一年(870)	神策大将军
浙西	李琢	大中十二年(858)	李晟孙、李听子
浙东	皇甫温	大历九年(774)至大历十一年(776)	鱼朝恩部将
福建	吴诜	贞元三年(787)至贞元四年(788)	李晟副将
	王翃	贞元八年(792)至贞元十一年(795)	羽林军
	段伯伦	大和八年(834)至开成元年(836)	段秀实子
	孟彪	咸通十一年(870)	神策军
湖南	辛京杲	大历五年(770)至大历十四年(779)	李光弼部将
	蔡袭	大中十二年(858)至咸通三年(862)	右金吾将军

　　观察表1.2,可以发现出任江淮藩帅的武将大致有三个特点:一是有中央禁军系统的任职经历(马举、李琢、吴诜、王翃、孟彪、辛京杲、蔡袭);二是功臣之后或部将(李琢、皇甫温、吴诜、段伯伦、辛京杲);三是才兼文武(王翃、段伯伦)。通过这些特点可以发现江淮武将藩帅的选任策略与文臣藩帅颇为类似,即选用与唐朝廷中央有密切关系者,同时最好具备"文武兼资"的特性,这在一定程度上保证了这些武将藩帅对唐朝廷的恭顺和忠诚。

　　当然,这样的藩帅选任策略也有不少隐患。就藩镇内部而言,当藩帅希慕求进而向朝廷竭力供奉财赋时,对百姓的盘剥恐怕就必不可少了,这又往往引发民乱。如大历年间湖南观察使辛京杲贪残,当地豪富王国良就"因人所苦,遂散财聚众,据县以叛"①。另由于上供与供军的矛盾关系,有些藩帅通过克扣军饷、

---

　　①　《旧唐书》卷131《李皋传》,第3638页。

停废兵额的方法来增加供赋,这必然会影响到军人集团的利益,矛盾与冲突难以避免。而就文武关系而言,唐朝廷在藩帅选任上对文臣的过分信任也暗含着对武将的不信任,多少会对武将的心态产生消极的影响。① 最后就军事层面而言,这些不谙军事的文臣藩帅在承平年代尚可"雍容易简,名迹风流",而一旦发生大的军事变乱,光靠"道德儒学"就难以应付了。上文提到的鄂岳观察使柳公绰的例子,叙史者之所以特意突出记载柳公绰此事和那句"朝廷以吾儒生不知兵耶",恰恰说明柳公绰在当时属特例,普遍情况应该是"儒生不知兵"。再以浙西、淮南为例,在乾符年间大乱以前两镇藩帅一直由文官出任,只出现过两次例外,一次是大中十二年(858)李琢任镇海军(浙西)节度使,另一次是咸通十年(869)马举任淮南节度使,两人出任的背景前者是为平定宣歙康全泰之乱,后者是为平定庞勋之乱。可见一旦遭逢大的军事变乱,文人藩帅往往难以应对而需武将出镇。

第四节　德宪时期的淮南、浙西离心事件和江淮改革

在唐朝廷有效的控御策略下,江淮诸藩从建节之始到僖宗乾符年间江淮大乱以前,基本上对唐朝廷保持恭顺状态。以财政而言,江淮诸藩除竭力上供财赋外,多有额外贡献。最夸张者如兼任淮南节度使和盐铁使的王播,在宝历元年(825)"进羡余

---

① 这一点将在本书第三章第三节对高骈心态的分析中得到展现。

绢一百万匹,仍请日进二万,计五十日方毕"①,在大和元年(827)
自淮南入觐时又"进大小银碗三千四百枚、绫绢二十万匹"②。在
唐朝廷的削藩战争中,江淮藩镇大致都能与唐朝廷保持一致并
为平叛提供财政支持,如宪宗征淮西期间命盐铁副使程异"谕江
淮诸道,俾助军用",淮南节度使李鄘"以境内富实,乃大籍府库,
一年所蓄之外,咸贡于朝廷",江淮诸道在李鄘的带领下"悉索以
献","自此王师无匮乏之忧"③。可见无论是日常供赋,还是唐朝
廷平乱时的军需,江淮藩镇都能给予强力支持。在此百余年间,
总体而言江淮藩帅们对唐朝廷保持了较强的向心力,但并非没
有出现过离心事件,这些离心事件主要发生在德宗、宪宗时期的
两个江淮重镇淮南和浙西。

　　首先是淮南节度使陈少游的离心事件。建中四年(783)十
月,因泾师之变德宗出逃奉天,淮南节度使陈少游在"贼据京师,
未即收复"的情况下,派人强夺两税使包佶的财物,"财帛将转输
入京师者,悉为少游夺之"。德宗在听闻此事后对陈少游采取姑
息政策:"少游国之守臣,或防他盗,供费军旅,收亦何伤。"随即
年底便发生了性质更为恶劣的事件,在李希烈扬言南下江淮后,
陈少游竟然"使参谋温述由寿州送款于希烈曰:'濠、寿、舒、庐,
寻令罢垒,韬戈卷甲,伫候指挥。'"④,这就是公然背叛唐朝廷
了。最终该事以唐朝廷平定李希烈叛乱后发现陈少游上表归顺

---

　　① 《旧唐书》卷17《敬宗纪》,第515页。讽刺的是,在此前的长庆四年(824),
身在江淮另一重镇浙西的李德裕却上了《奏银妆具状》向唐朝廷哭穷,两相对比可见
江淮藩帅如王播者流为"希宠固位",对唐朝廷的贡献可谓不遗余力,也可见唐朝廷
在江淮的藩帅选任策略的成功。

　　② 《旧唐书》卷164《王播传》,第4277页。

　　③ 《旧唐书》卷157《李鄘传》,第4148页。

　　④ 《旧唐书》卷126《陈少游传》,第3565页。

之事,陈少游惭惶发疾而卒告终。

相比上表归顺叛军的陈少游,当时与其同镇江淮的韩滉的举动严格来说并算不上离心,只是他在面对中央时采取了比较强势的态度,这在恭顺的江淮藩镇中是比较少见的。关于韩滉与其经营下的镇海军李碧妍已有详细论述,以下就其研究简要概括韩滉与唐朝廷间的矛盾。[①] 首先是韩滉在泾师之变德宗出逃时聚兵修城的问题,此事引起当时吃够了藩镇反叛苦头的德宗的疑虑,韩滉被认为"阴蓄异志",最终此事经过李泌的辩护和韩滉运粮储转输进京而化解。同时在陈少游强夺包佶财物之事中,韩滉也有过拘留包佶的举动,有截留中央财赋的嫌疑。当然这些尚可以因为战乱时期的特殊情势加以理解,那么乱平后韩滉在财政问题上的表现则明显体现了他对唐朝廷的强势。德宗还驾长安后,为缓解当时关中的饥荒和钱两短缺问题,命韩滉转运江淮租米和江东钱入关,然韩滉以运钱耗费巨大为由执意不肯运钱进京,德宗对此无可奈何。贞元二年(786)初,德宗又有任崔造为相改革财政,试图将财政大权还职尚书户部之举,此举因触及了兼任江淮转运使的韩滉在利权上的利益而遭其反对,德宗不得不对韩滉加以安抚,并在当年以韩滉转运江淮漕米至京之功加韩滉度支、盐铁转运等使,崔造的改革在其后也被废除。总之在韩滉经营浙西期间,其始终对唐朝廷表现出较强势的姿态。

综上两例,无论是在陈少游离心事件还是德宗和韩滉的矛盾中,最终都以德宗的妥协而告终,而其背后的实质,正如李碧

---

① 李碧妍:《危机与重构:唐帝国及其地方诸侯》,第469—475页。

妍所指出的乃是朝藩矛盾的一种体现，①江淮两大重镇淮南、浙西在德宗年间凭借强大的经济、军事实力成为唐朝廷在削藩战争中所依赖的对象，这就决定了两镇在德宗时期的强势姿态和德宗对其加以妥协的结局。最终这一强势姿态延续到了韩滉的后继者身上，并因宪宗对待藩镇态度的变化而引发了江淮藩镇中的唯一一次公开叛乱——李锜之乱。

　　李锜于德宗贞元十五年（799）出任浙西观察使兼盐铁转运使，上任之后便"持积财进奉"并结交朝廷大臣，甚得德宗宠幸。此后，李锜建立了自己的私家军队"挽硬"和"蕃落"。顺宗继位后，李锜虽被罢去盐铁转运使一职，却被授以节度重建镇海军加以安抚。宪宗继位后对藩镇采取强硬态度，先派盐铁副使潘孟阳宣慰江淮以掌控江淮财政，此后又相继拒绝了李锜希望重任盐铁转运使和移镇宣歙的请求。为此李锜多次上表请求入朝，实则是借此试探朝廷，未曾想宪宗竟答应其请求并一再催促其入朝，并在元和二年（807）六月停罢了润州丹阳军额。窘迫之下，李锜只得托病以作拖延。元和二年（807）九月，宪宗正式宣布调李元素为镇海节度使，李锜选择反叛。当时李锜反叛所依仗的浙西军事力量主要包括私兵"挽硬"和"蕃落"、浙西管内五州的外镇军以及徐州兵乱时由张子良率领转投浙西的徐州军。②然李锜的反叛遭到所属支州刺史的抵抗，在唐朝廷正式的平叛行动前，李锜派往宣歙的徐州军张子良等部临阵倒戈，反攻润州，一举擒拿李锜，叛乱得以平定。

　　以往对江淮藩镇的认识往往是其军力寡弱、藩帅恭顺，包括

---

① 李碧妍：《危机与重构：唐帝国及其地方诸侯》，第 475 页。
② 李碧妍：《危机与重构：唐帝国及其地方诸侯》，第 495—503 页。

在之前的论述中也多次强调这一点，那么该如何解释德宪时期出现的淮南和浙西的离心事件呢？这主要是和德宗时期的江淮统治策略变化有关。

德宗继位后改变了对两河藩镇的姑息政策，为准备削藩战争，就必须保证江淮地区稳定的财赋供给。从江淮地区来看，当时江淮地区的农民起义仍余波不断，里胥豪强势力在地方上也颇为活跃，很大程度上影响着江淮的稳定。这些都需要通过对江淮藩镇财政上、军事上的提振才能加以实现和解决，基于此德宗在江淮设立了镇海军并以能力颇强的韩滉出镇。从初期形势看，德宗加强江淮藩镇实力特别是韩滉镇海军的策略取得了很大成效，韩滉治下的浙西无论是在经济上还是社会稳定上都取得了极大成就，成为当时全国最富庶稳定的地区，[①]也为后来韩滉在削藩战争中的贡献奠定了基础。后来离心的淮南节度使陈少游在德宗削藩战争之初也曾全力配合，建中三年(782)正月陈少游出兵攻拔李纳海、密二州，[②]在同年五月陈少游更是"请于当道两税钱，每一千加税二百"[③]。总之，这时的江淮形势似乎很符合德宗的期待。然而好景不长，建中四年(783)德宗因泾师之变逃出长安后，江淮的局势脱离了他的掌控。针对陈少游劫掠包佶财赋事件，德宗在自身难保的情况下只能姑息。韩滉则在德宗出幸之际，在浙西训练出了一支"称为精劲"的军队，同时唐朝廷在战乱之际对江淮供赋的依赖也大大增加了他面对朝廷时的底气。借助奉天之乱和削藩战争，韩滉和镇海军取得了"调兵

---

① 李碧妍:《危机与重构:唐帝国及其地方诸侯》，第 455—457 页。

② 《资治通鉴》卷 227"建中三年正月"条，第 7318 页。

③ 《唐会要》卷 83《租税上》，第 1537 页。

食、笼盐铁、勾官吏赃罚、锄豪强兼并"①皆依仗之的煊赫态势。

综上所述，德宗时期淮南、浙西的离心或强势是有其特殊背景的：一是德宗出于削藩和稳定江淮地区的需要，对江淮地区进行了军事上和财政上的提振；二是强势人物的经营，韩滉以其强悍的能力造就了实力强大的镇海军，这是德宗始料未及的；三是德宗因泾师之变而逃出长安，"方隅阻绝，国命未振"②，唐朝廷对江淮藩镇的控制力下降，同时战乱加深了唐朝廷对江淮藩镇在财赋和军事上的依赖，使得其在淮南和浙西表现出离心或强势时不得不采取姑息政策。若在此背景下再来考察李锜之乱，德宗在特殊时期对江淮强藩的姑息和强势人物韩滉的出现显然影响了李锜对唐朝廷长久以来江淮策略的认知和对现实形势的判断。③　不论是相比他之前的浙东节度使薛兼训（自请减兵）还是他之后的淮南监军内侍宋公（"暇日唯招儒生讲书、道士治药而已"），李锜对唐朝廷江淮控御策略的认知是不明确的。其实若以后来者的角度看，大可把李锜之乱看作江淮强藩对唐朝廷江淮控御策略最后的挣扎，因为江淮藩镇恭顺寡弱的财源型藩镇格局就要在宪宗时期稳固下来了，而其标志性事件之一就是李锜之乱的平定。无论如何李锜是非反不可了，然而当时浙西的实力已今非昔比，唐朝廷也不再处于"方隅阻绝，国命未振"的状

---

① 《旧唐书》卷 125《柳浑传》，第 3554 页。
② 《旧唐书》卷 126《陈少游传》，第 3565 页。
③ 类似于陆扬在《西川和浙西事件与元和政治格局的形成》一文（《清流文化与唐帝国》，第 19—58 页）里所说的李锜对宪宗上台后新的政治规则缺乏认知，但如果从长远的角度考量，宪宗在江淮地区的行为更像是在"国命重振"后，复归并强化之前在江淮的规则而已，而这一复归早在韩滉死后的德宗时期便已在进行了，这可从上文论述的唐朝廷对江淮藩镇的限兵和选帅策略和下文要论述的德宪时期在江淮的改革中便能看出来。

态,李锜更不是韩滉式的强人,这样的挣扎显然是徒劳的。

唐朝廷对江淮藩镇的定位一直是很明确的,便是恭顺寡弱的财源型藩镇,即便德宗时期改变策略,提振了江淮强藩的军事实力,也是立基于保证江淮财赋的稳定上的,因缘际会下造就的镇海军这样强势的江淮藩镇不是唐朝廷所愿意看到的。在局势稳定和韩滉死后唐朝廷便对江淮藩镇进行了一系列军政、财政上的调整,试图使其恢复到兵力寡弱的恭顺状态,这一调整在宪宗时期得以完成。

韩滉于贞元三年(787)二月死后,德宗对其所统领的镇海军进行了调整,主要包括:(一)重新分浙江东、西道为浙西、浙东、宣歙三道,以行政区划的分割削弱浙西的实力;(二)罢废镇海军,既削减了当道的兵力,又因兵力削减而降低了军费支出,额外获取了多达 61.6 万贯的两税收入;[1](三)调离原来驻守在两浙的北下军人,既增强了中央的军事力量,又减少了军将层对浙西观察使任命的掣肘。[2] 德宗此次调整是对镇海军的针对性调整,并非对江淮藩镇的全局性调整,且其政策不久就出现反复,对江淮藩镇的全局性调整要到宪宗时期。

从韩滉开始,浙西观察使多例兼盐铁转运使,由于盐铁收利丰富,是唐朝廷重要的收入来源,这使得兼任盐铁转运使的浙西观察使获取了极大的财政话语权,韩滉对唐朝廷的强势很大一部分也是因其控制了江淮利权。后来兼任此职的李锜更是利用这一职权巩固扩展个人势力,其统领下的"盐院津堰,改张侵剥,不知纪极。私路小堰,厚敛行人"[3],"以贡献固主恩,以馈遗结权

---

① 《册府元龟》卷 484《邦计部·经费》,第 5489 页。
② 李碧妍:《危机与重构:唐帝国及其地方诸侯》,第 475—483 页。
③ 《旧唐书》卷 49《食货志》,第 2119 页。

贵,恃此骄纵,无所忌惮,盗取县官财"①。可以说浙西观察使在很大程度上攫取了唐朝廷在江淮地区的利权,并成为其扩展个人势力对抗唐朝廷的有力武器。唐朝廷若要消除这一隐患,则必须把盐铁转运的利权重新收归中央。对这一问题的解决却源于一个偶然事件,顺宗时期王叔文出于掌权需要罢去了李锜的盐铁使之职。② 在宪宗初继位时,李锜曾提出重领转运使一事,但李吉甫敏锐地对宪宗指出:"昔韦皋蓄财多,故刘辟因以构乱。李锜不臣有萌,若益以盐铁之饶、采石之险,是趣其反也。"③在意识到浙西兼掌利权的危险后,李锜的请求被宪宗拒绝。自李锜后,在唐末高骈再度兼任转运使前,江淮藩帅兼任转运使者仅有淮南节度使王播一人。④

在拒绝李锜的同时,宪宗任命李巽为盐铁转运使,开始实施主要针对江淮地区的盐法漕运改革。其内容据主要包括:(一)撤销李锜私自增设的堰埭,切断李锜的额外收入;(二)宣布盐铁使上缴盐利以实估计算,改变了以往盐铁使利用实估与虚估间的差价来中饱私囊的局面;(三)"盐铁使理盐,利系度支",即盐铁收入纳入度支系统,同为中央所支配,结束以往盐铁转运使与度支分庭抗礼的局面。⑤ 通过李巽的改革,唐朝廷在重新收回江

---

① 《资治通鉴》卷236"贞元十七年六月"条,第7596页。

② 一般认为这是王叔文集团"外制藩镇"的一项措施,然李碧妍根据《顺宗实录》的一段史料指出,王叔文罢去李锜盐铁使之职仅是出于自身掌权需要,详见氏著《危机与重构:唐帝国及其地方诸侯》,第491页。

③ 《新唐书》卷146《李吉甫传》,第4738页。

④ 王播在兼任淮南节度使前就担任盐铁转运使,与德宗时期担任浙西观察使后方兼任转运使的体例颇为不同,且王播"专以承迎为事",唐朝廷并无须担心其在地方上利用利权离心。

⑤ 吴立余:《略论元和初期李巽的盐法漕运改革》,《清华大学学报(哲学社会科学版)》1986年第2期,第87—97页。

淮盐铁利权的同时也削弱了江淮藩镇借盐铁之利对抗朝廷的经济基础,因此有学者认为唐朝廷与李锜间的战争"具有中央与藩镇争夺南方财赋来源地和财政领属权的性质"①。

在通过盐法改革强化对江淮盐铁利权的掌控后,宪宗把目光投向了江淮军政的改革。德宗时期淮南、浙西两大强藩能够对唐朝廷采取强势姿态,其中一个原因便是军事实力得到了提振,李锜敢于反叛的重要原因也是基于对自身军事实力的自信,唐朝廷若要消除这种隐患便需重新对江淮藩镇的军事力量加以限制。德宗罢废镇海军便是出于此目的,但主要是针对镇海军且后来又因李锜的强势而有所反复,同时当时江淮地区也尚有乱事而需保持一定的军事力量,②大规模军政改革的条件难言成熟。但随着李锜之乱的平定和江淮的渐趋稳定,对江淮实施大规模军政改革的条件成熟了。元和六年(811)十月,宪宗下达诏书:

> 其诸道都团练使,足修武备,以静一方。而别置军额,因加吏禄,亦既虚设,颇为浮费,思去烦以循本,期省事以便人。润州镇海军、宣州采石军、越州义胜军、洪州南昌军、福州静海军等使额,并宜停。所收使已下俸料,一事以上,各委本道充代百姓阙额两税,仍具数闻奏。③

江淮藩镇中包括浙西、宣歙、浙东、江西、福建五道在内的军额被停罢。在代宗大历十二年(777)的军队改革后,地方军队主要由

---

① 吴立余:《略论元和初期李巽的盐法漕运改革》,《清华大学学报(哲学社会科学版)》1986年第2期,第90页。

② 如贞元初福建发生兵乱时,浙东观察使皇甫政就曾请"权益兵三千"(《旧唐书》卷155《李逊传》,第4123页)。

③ 《唐会要》卷78《诸使中·节度使》,第1434页。

团练和官健构成,①其中官健是职业兵,在承平时期并无任务,却在待遇上高于团练,军费支出较高,于是便出现了宪宗诏书中所谓"亦既虚设,颇为浮费"的情况。由于军费支出与上供财赋间存在此消彼长的关系,所以宪宗采取了停罢虚耗空饷的官健军额的措施,其好处便是上供财赋的增加,这从宪宗最后那句"委本道充代百姓阙额两税"便可看出来。对唐朝廷来说,停罢江淮藩镇的军额可收一举两得之效,既削弱了江淮藩镇的军事力量,又减少了江淮藩镇的军费支出而增加了财赋上供。

除直接对江淮藩镇的利权和军事力量加以削弱外,唐朝廷还通过对江淮藩镇内部结构关系(藩镇与州关系)的调整对其加以限制,这方面的改革也是从财政和军政两方面入手的。

元和四、五年(809—810)间,唐朝廷对两税制度进行了改革。裴垍任宰相后令"诸道节度、观察调费取于所治州,不足则取于属州,而属州送使之余与其上供者,皆输度支"②,这是通过改变以往藩镇与支州间的留使与上供流程来实现的。据《唐会要》所记度支奏议:

> 应带节度、观察使州府,合送上都两税钱,既须差纲发遣,其留使钱,又配管内诸州供送,事颇重叠。其诸道留使钱,各委节度观察使,先以本州旧额留使及送上都两税钱充。如不足,即于管内诸州两税钱内,据贯均配。其诸州旧额供使钱,即随夏税日限收,送上都度支收入。③

以往在藩镇所在的会府州向中央上供后,藩镇所需的留使钱又

---

① 陈志坚:《唐代州郡制度研究》,第 163 页。
② 《新唐书》卷 52《食货志》,第 1359 页。
③ 《唐会要》卷 83《租税上》,第 1537—1538 页。

需管内各支州供送至会府州。在改革后,原来会府州要向中央上供的两税钱额会留在会府州,并和原来会府州的留使钱额一起用来抵用藩镇的留使钱额(如不够留使份额,再向各支州"据贯均配"补足),这样支州就无须再向会府州供送留使钱额,支州原来要送到会府的供使钱改为直接向中央上供。元和五年(810)二月,该措施被进一步修正:

> 诸州府先配供军钱,回充送省,带使州府,先配送省钱,便留供军,则供军见钱,尽在带使州府,事颇偏并。宜令于管内州,据都征钱数,逐贯均配。其先不征见钱州郡,不在分配限。[①]

也就是针对元和四年(809)改革后供军钱[②]中的见钱部分都要由使府州承担的"事颇偏并"情况进行了微调,规定留使钱的见钱部分由管内各支州"逐贯均配"。总的来看,无论是元和四年(809)还是元和五年(810)修正后的措施,其效果皆使各支州送使的额度减少而上供的额度增加。[③] 除在两税上削弱藩镇的财权外,宪宗还对藩镇的其他财政收入进行了弹压,如据李德裕所奏,元和十四年(819),宪宗停掉了江淮藩镇的榷酤,在元和十五年(820)又下敕"诸州羡余,不令送使",导致后来浙西的财政相当窘困,"唯有留使钱五十万贯。每年支用,犹欠十三万贯不足,常须是事节俭,百计补填,经费之中,未免悬欠"[④]。通过这些改革,唐朝廷削弱了以往藩镇与支州间的财政联系,除会府州外的

---

① 《唐会要》卷 58《尚书省诸司中·户部尚书》,第 1011 页。
② 唐人习称两税制下的留使钱为"供军钱",其实从这一称呼就可看出供军费用在地方财政中所占比例之大。
③ 陈明光:《唐代财政史新编》,第 235 页。
④ 《旧唐书》卷 174《李德裕传》,第 4512 页。

各州在财政上更多地与中央发生联系,从而加强了中央对州级财政的控制。尽管这一两税改革是针对全国展开的,但恭顺的江淮藩镇受到的实际影响是最大的。元和五年(810),宪宗发布诏书称:

> 两税之法,悉委郡国,初极便人。但缘约法之时,不定物估。今度支盐铁,泉货是司,各有分巡,置于都会。爰命帖职,周视四方,简而易从,庶叶权便。政有所弊,事有所宜,皆得举闻,副我忧寄。以扬子盐铁留后为江淮已南两税使,江陵留后为荆衡汉沔东界、彭蠡已南两税使,度支山南西道分巡院官充三川两税使。①

这显然是唐朝廷在通过上述改革加强对州级财政的控制后出台的配套措施,即通过两税使的设置(这套机制是架构在分布于各地的盐铁巡院上的)加强对藩镇、州在配税和征税等制税权限上的管理和监督,保证中央在州级财赋收益上的最大化。江淮地区两税使的设置,从侧面说明了江淮地区是此次改革主要针对和影响的地区,李德裕时期浙西财政的窘境也是江淮藩镇受影响的明证。

对江淮藩镇内部结构关系造成最大影响的则是元和十四年(819)的军政改革,这次改革始于横海节度使乌重胤的上奏,乌重胤认为河朔强藩之所以能抗拒朝命是因为“所管刺史失其权与职分,反使镇将领事”,而“若刺史各得职分,又有镇兵,则节度使虽有安禄山、史思明之奸恶,岂能据一州为反叛哉”②。基于这一分析,唐朝廷出台了相关的改革政策:

---

① 《旧唐书》卷49《食货志》,第2120页。
② 《册府元龟》卷60《帝王部·立制度》,第641页。

> 诸道节度、都团练、防御、经略等使，所管支郡，除本州
> 军使外，别置镇遏、守捉、兵马者，并令属刺史。如刺史带本
> 州团练、防御、镇遏等使，其兵马名额便隶此使，如无别使，
> 即属军事。其有边于溪洞，接连蛮蕃之处，特建城镇，不关
> 州郡者，则不在此限。①

与两税制改革的思路类似，这项改革旨在削弱藩镇对支州在军政及行政上的控制。以往藩帅往往通过驻扎于支州的外镇军武力来控制影响支州的军政及行政事务，而此次改革则把原来直属于藩镇的外镇军割属支州，由当州刺史领导，在加强刺史军权的同时削弱了藩镇控制支州的武力基础。经此改革"藩镇的直属兵力只局限于一州之内，和刺史处于对等的地位"②，在失去支州军力支持的情况下，藩镇想以一州之力实现割据的难度加大，即乌重胤所谓"岂能据一州为反叛哉"。此项针对全国藩镇展开的军政改革虽因宪宗的去世并没有被充分贯彻执行，但在相对恭顺的江淮藩镇，藩镇军队割属支州的政策却得到了很好的贯彻并取得了不错的成效。③

通过以上改革在江淮的成功，唐朝廷加强了对江淮利权的控制，削弱了江淮藩镇的军事力量，同时使州在财政上和军政上都有力地摆脱了藩镇的支配。由此江淮藩镇无论是在财赋的分配上还是军事力量上，都不能再对唐朝廷构成威胁了，恭顺寡弱的江淮财源型藩镇格局最终稳固下来。

---

① 《册府元龟》卷60《帝王部·立制度》，第641页。
② 日野开三郎：《五代镇将考》，《日本学者研究中国史论著选译》第五卷《五代宋元》，第73页。
③ 陈志坚：《唐代州郡制度研究》，第166—171页。

第五节　唐后期的江淮维稳机制

通过宪宗的改革,唐朝廷虽消除了江淮藩镇离心反叛的风险,但这一局面的形成主要是建立在弱化江淮藩镇军事力量的基础上的,由此带来的问题是在江淮军力寡弱的情况下,一旦江淮及周边发生乱事,唐朝廷如何维护江淮的稳定?

在宪宗元和年间的改革前,江淮藩镇的兵力虽然受到限制,但仍较为可观,特别是德宗曾一度着力于提振江淮藩镇实力,使江淮藩镇的军事力量达到较强水平,江淮藩镇包括淮南、浙西在内也多有参与唐朝廷的平叛活动。[1] 然由此导致的江淮藩镇的离心倾向包括此后的李锜之乱以及长久以来的限制兵力策略,促使宪宗再度下决心对江淮实行销兵政策。宪宗的改革也确实成效显著,对宪宗销兵后江淮藩镇在军力上的弱化,可以元和十一年(816)江淮藩镇军队参与平定淮西吴元济叛乱的表现加以说明。据段文昌《平淮西碑》记载,平淮西时有一支由寿州刺史李文通统领的"总宣武、淮南、宣歙、浙西、徐泗凡五军"[2]组成的混编部队。元和十一年(816)九月,李文通在与淮西军交战获得局部胜利后一度屯兵不进,当朝廷以李文通怠战而客有诘问时,李文通道出了对这支主要由江淮藩镇组成的军队的看法:

> 夫锄深根者,必利其锸。乃吾之部,多吴楚耕贩之人,长习于沮泽之上。彼鱼鸟之性,其生矣,恇恇如偷儿,其游

---

① 关于淮南军队的表现,可参看江玮平:《唐末五代初长江流域下游的在地政治——淮、浙、江西区域的的比较研究》,第 16—18 页;关于浙西军队的表现,可参看李碧妍:《危机与重构:唐帝国及其地方诸侯》,第 457—469 页。

② 《文苑英华》卷 872,第 4602 页。

翔之群,非不多也,及抚掌而骇之,即争为溃矣。而寇亦素难吾名,常以精卒待我。今驱是于溪谷之间,与寇决斗,譬由蓄麇之御群狼,宁有所抗?盖居之严城,以固其意。今旦暮从壁上望见寇骑号呼奔突之状,以熟其目。然吾又常喻以风云胜败之语,以壮所恃。如目熟而胆壮,及其可用,吾伺其利而击之,期于必胜。此吾所效也。①

如前所论,元和六年(811),宪宗曾大规模停罢江淮藩镇中包括浙西、宣歙、浙东、江西、福建五道在内的军额,其重点所罢的是作为职业兵的官健的军额,此后江淮藩镇的军事治安任务就主要由供军成本较低,但战斗力也相对低下的团练兵承担。② 这些团练兵"春秋归,冬夏追集"③,平时主要在家务农,只有在冬夏和有紧急军事行动时才临时加以训练和征召④,并非职业军人。李文通口中江淮士兵"多吴楚耕贩之人,长习于沮泽之上",正是指此种团练兵的特点而言。在李文通看来这些平日务农的团练兵缺乏军事训练,战斗能力低下,同时在战斗意志和心理上也非常脆弱,"抚掌而骇之,即争为溃矣"。因此需驻军加以训练,并通过让他们观摩敌人"号呼奔突之状"增强战斗意志,"目熟而胆壮"。尽管李文通已尽量给予江淮军队训练磨砺的时间,但在当年冬季的战斗中,江淮军队的表现仍然不佳:

将军不得已,乃阵中军为前,武宁军次之,左右辅皆亲兵。战凡十合,会庐宣之军居间,闻战声,自惊溃失次,且

---

① (唐)沈亚之著,肖占鹏、李勃洋校注:《沈下贤集校注》卷3《万胜冈新城录》,天津:南开大学出版社,2003年,第54页。

② 陈志坚:《唐代州郡制度研究》,第165页。

③ 《唐会要》卷78《诸使中·诸使杂录上》,第1439页。

④ 方积六:《关于唐代团结兵的探讨》,《文史》第25辑,1985年,第95—108页。

遁。是时贼军方苦中军、武宁之杀伤,几欲引去。及闻庐宣之军惊溃,即分精兵数百,劲突所溃以击之。而将军复与中军、武宁深逐贼西行数十里。因与庐宣之军相弃,庐宣之军先遁去,卒无所伤。至暮,中军力斗遂死,其将曹惟直、张忠信、杨浑等及卒死者数百人。武宁死者亦数百人。还军新城,虽无功者亦劳之,以故士卒无战苦畏叛之患。[①]

在这场战斗中,李文通的主力部队是自己所率的亲军和武宁军,间接说明了江淮军队所占数量虽多,但战斗能力低下并不足以作为主力部队。在战斗中,江淮军队的表现更是令人惊讶,几乎是未战先溃、先退,对比亲军和武宁军的力战至死,江淮军队孱弱的战斗力暴露无遗。

由此回到开头的问题,一旦江淮地区发生动乱,唐朝廷如何在江淮军力弱化的情况下维持江淮的稳定呢?本来最简单的策略便是如应对肃代德之际的江淮民乱时那样,增加江淮藩镇本身的兵力,如大历中为对付滨海群盗,薛兼训统领的浙东曾增置义胜军、静海军两军,兵数至九千人,[②]再如德宗以韩滉建镇海军的一个重要目的也是为了应对江淮的群盗和防御北来军人的进扰,[③]但这一加强江淮藩镇军事实力以维稳的策略经韩滉、李锜等人的离心或叛乱后,已被证明是对唐朝廷控制江淮的一个隐患。那么在不改变江淮既有军政格局的情况下,唐朝廷建立了怎样的一套机制来维护江淮地区的稳定呢?为更清晰阐明唐后期的江淮维稳机制,下面以大中、咸通之际唐朝廷平定裘甫起义

---

① 《沈下贤集校注》卷3《万胜岗新城录》,第55—56页。
② 《册府元龟》卷405《将帅部·识略》,第4595页。
③ 李碧妍:《危机与重构:唐帝国及其地方诸侯》,第453—454页。

为例加以说明。

大中、咸通之际浙东裘甫发动起义,起事时仅有众百人,浙东观察使郑祗德派兵三百和台州军一起前往讨伐,结果败于桐柏观前。裘甫攻陷剡县后军力发展至数千人,与此相对,其时浙东的军力则颇为惨淡,史称:"时二浙久安,人不习战,甲兵朽钝,见卒不满三百;郑祗德更募新卒以益之,军吏受赂,率皆得屠弱者。"①浙东无论在战备心理、武器装备、兵士数量还是战斗力上都难以抵敌。在招募了屠弱的新军后:

> (郑)祗德遣子将沈君纵、副将张公署、望海镇将李珪将新卒五百击裘甫。二月,辛卯,与甫战于剡西,贼设伏于三溪之南,而陈于三溪之北,壅溪上流,使可涉。既战,阳败走,官军追之,半涉,决壅,水大至,官军大败,三将皆死,官军几尽。②

一战而"官军几尽",浙东军力的薄弱暴露无遗。若以此作为平乱的第一阶段,可以看到唐朝廷和江淮藩镇在应对百人至千人左右的叛乱时,主要是以动乱发生藩镇自身的兵力加以平定为主,只是此时浙东兵力已屠弱至百人至千人的叛乱都难以平定了。

击败郑祗德派遣的浙东军队后,裘甫的力量进一步壮大,史称:

> 于是山海诸盗及他道无赖亡命之徒,四面云集,众至三万,分为三十二队……群盗皆遥通书币,求属麾下……(裘甫)大聚资粮,购良工,治器械,声震中原。③

---

① 《资治通鉴》卷250"咸通元年正月"条,第8079页。
② 《资治通鉴》卷250"咸通元年二月"条,第8079—8080页。
③ 《资治通鉴》卷250"咸通元年二月"条,第8080页。

为此：

> 郑祗德累表告急，且求救于邻道；浙西遣牙将凌茂贞将四百人、宣歙遣牙将白琮将三百人赴之。祗德始令屯郭门及东小江，寻复召还府中以自卫。祗德馈之，比度支常馈多十三倍，而宣、润将士犹以为不足。宣、润将士请土军为导，以与贼战；诸将或称病，或阳坠马，其肯行者必先邀职级，竟不果遣。贼游骑至平水东小江，城中士民储舟裹粮，夜坐待旦，各谋逃溃。朝廷知祗德懦怯，议选武将代之。①

若以此作为平乱的第二阶段，可以看到唐朝廷和江淮藩镇在应对具有一定规模的叛乱时，主要是以联合江淮诸道特别是动乱发生藩镇周边的藩镇兵力加以征讨，然就此次事件的实际效果来看，"懦怯"的郑祗德并不能有效地统领江淮诸道军队，而江淮诸道军队的职业素养也令人担忧。

为保住倚为命脉的江淮赋税之地，唐朝廷决定派遣王式代替"懦怯"的郑祗德前往浙东平叛。王式出征前和懿宗有过这么一段对话：

> 三月，辛亥朔，式入对，上问以讨贼方略。对曰："但得兵，贼必可破。"有宦官侍侧，曰："发兵，所费甚大。"式曰："臣为国家惜费则不然。兵多贼速破，其费省矣。若兵少不能胜贼，延引岁月，贼势益张，则江、淮群盗将蜂起应之。国家用度尽仰江、淮，若阻绝不通，则上自九庙，下及十军，皆无以供给，其费岂可胜计哉！"上顾宦官曰："当与之兵。"乃

---

① 《资治通鉴》卷250"咸通元年二月"条，第8080—8081页。

诏发忠武、义成、淮南等诸道兵授之。①

王式到达浙东后也不负众望,在很短的时间内平定了动乱。若以此作为平乱的第三阶段,可以看到唐朝廷在应对威胁到其对江淮控制的动乱时,主要是派遣朝廷将领,同时调遣中原藩镇兵力加以平定。在王式出征前和懿宗的对话中,颇可看出唐朝廷此一阶段江淮维稳机制的几个关键点。

首先,也是最为关键的就是唐朝廷要在兵力上提供大规模支持。通过第一、第二阶段的平乱过程,不难看出浙东及江淮诸道的军事力量由于唐朝廷在江淮实行的销兵策略及长年的安定局面,不论是在规模上还是在战斗力上都已不堪大用,如果不予以王式战斗力强大的诸如忠武、义成等中原藩镇的兵力,而希冀王式凭借江淮诸道的军队击破裘甫显然是不现实的,因此王式在面见懿宗时提出的首要要求便是"但得兵"。

其次,是唐朝廷要在军费上提供支持。唐代藩镇军队出境作战,有所谓"食出界粮"制度,即出境作战的军需钱粮等,一律由中央度支支出。除此之外,出境作战兵士还享有本道给予的"资遣",而其原来在本道享有的衣粮待遇仍然由本道给付,②所谓"每出境者,加给酒肉,本道之粮,又留给妻子。凡境一人,兼三人之粮"③。同时,战胜及平叛后对各藩镇将士的赏赐亦是重大的财政支出。④ 无论是对唐朝廷还是出兵藩镇,征调军队出境作战都是一项耗费极大的举动,王式入对时宦官提出的"发兵,

① 《资治通鉴》卷250"咸通元年三月"条,第8081页。
② 张国刚:《唐代藩镇行营制度考》,南开大学历史系编《中国史论集》,天津:天津古籍出版社,1994年,第86—90页。
③ 《册府元龟》卷484·邦计部·经费》,第5488页。
④ 李锦绣:《唐代财政史稿》下卷,北京:北京大学出版社,2001年,第776页。

所费甚大"，实际上是唐朝廷出兵平乱时普遍要考虑的问题。然而正如王式所说，在江淮乱事的平定上，根本无须考虑"惜费"问题，如若江淮财赋被切断，其损失远比军费耗损大得多。[①]

最后，则是统兵将领的置换。如上所论唐朝廷主要是以文儒之臣出任江淮藩帅，一般而言其在军事能力上是相对欠缺的，难以应对乱事带来的军事挑战。在裘甫乱事中，作为观察使的郑祗德除累表告急、求救邻道外，无论是对邻道兵马的强横要求还是本道兵马避乱自保的行为都毫无办法，根本无法统御平叛军队。唐朝廷也意识到了郑祗德军事上的无能，因此有意以武将代替郑祗德，最终选择了虽出身文儒但是军事经验却相当丰富，性格苛猛更胜武将的王式为统帅，王式也凭借他强悍的能力和丰富的经验平定了叛乱。

由此可以看出在江淮兵力孱弱的情况下，唐朝廷在应对江淮大型乱事时，一般是加强中央对江淮藩镇的军政和财政支持，征调中央和诸道军队特别是战斗力强悍的中原藩镇南下平乱，[②]同时依据食出界粮制度予以财政上的支持，在统军将领上则以强悍将领取代怯懦儒臣统帅平乱事宜。其实质是在不改变江淮藩镇既有军政格局的情况下，通过中央的统筹安排，征调外部军队和将领临时性增强江淮应对乱事的军事力量。在此维稳机制

---

① 裘甫阵中确曾有人提出趁唐朝廷大兵未集之时，急取江淮财赋之地的建议。裘甫部下刘暀向裘甫提出："兵马使宜急引兵取越州，凭城郭，据府库，遣兵五千守西陵，循浙江筑垒以拒之，大集舟舰。得间，则长驱进取浙西，过大江，掠扬州货财以自实，还，修石头城而守之，宣歙、江西必有响应者。遣刘从简以万人循海而南，袭取福建。如此，则国家贡赋之地尽入于我矣。"（《资治通鉴》卷250"咸通元年三月"条，第8082—8083页）

② 据朱德军统计，中原藩镇是参与平定南方动乱最为频繁的藩镇，详参氏撰《关于唐代中期南方客军诸问题的考察》，《唐史论丛》第11辑，第1—14页。

下,诸多来自北方藩镇的客军成为江淮地区平乱的主要力量,唐
朝廷完全无须改变江淮藩镇自身兵力孱弱的军政格局。当然也
要看到,这一维稳机制的运转是建立在唐朝廷能对征调藩镇实
现有效调度的军政、财政机制上的,一旦唐朝廷控制力下降,不
能再对征调藩镇加以有效调度,这种维稳机制就很难再有效运
行了,江淮地区就面临失控的危险。在这个层面上可以说,江淮
藩镇的命运就与唐朝廷能否维持对全国性的军政、财政机制的
有效调控密切联系起来,这一点在下文所要讨论的包括高骈淮
南镇在内的唐末江淮藩镇的命运中展现得尤为明显。

小　结

安史之乱后的各地军政格局变化,使江淮地区成为唐朝廷
在战后依赖的赋税之地,对江淮地区的控制成为唐朝廷赖以维
持的关键。为此唐朝廷采取了多项控御策略,其最核心者为限
制江淮藩镇的兵力。此项策略,一则使江淮藩镇难以拥兵自重,
据地自专;二则通过低养兵数来减少江淮藩镇的军费支出,保证
江淮赋税的上供。在江淮藩帅的选任上,唐朝廷亦尽量选择与
中央关系密切的文儒之臣,以保证藩帅对朝廷的向心力和赋税
的稳定上供。

德宗时期,出于削藩的需要曾一度提振江淮藩镇特别是镇
海军的军政、财政实力,加之强人韩滉的经营,导致了镇海军的
强势崛起。在奉天之乱唐朝廷控制力下降时,发生了淮南节度
使陈少游的离心事件,韩滉亦凭借镇海军实力而对唐朝廷采取
强势态度,此后的浙西李锜之乱则是这一强势态度的延续。在
江淮藩镇逐渐表现强势的情况下,唐朝廷对江淮财赋区的控制

受到了威胁,在韩滉死后及李锜之乱平定后,唐朝廷出台了多项针对江淮地区的军政、财政改革措施,江淮藩镇经此系列改革后,难以再形成强势藩镇,不再对唐朝廷的江淮控制构成威胁。

　　总之,由于唐朝廷对江淮藩镇恭顺的赋税之地的定位,自宪宗改革后江淮藩镇形成了兵力寡弱、上供丰赡、恭顺文臣出镇的稳固格局,但这种格局也造成了江淮藩镇军力薄弱、财政窘迫①、文儒藩帅难以应对乱事等缺陷。这种存在明显缺陷的格局的维持需两个前提:一是江淮地区长期的稳定,则军力薄弱尚不至于成大问题,文儒藩帅亦能从容而治;二是唐朝廷维稳机制的有效运转,即在江淮地区遭遇乱事时,通过征调诸道军队、中央财政加以支持等方式,对江淮藩镇军力薄弱等缺陷加以弥补,则江淮虽一时遭乱而终能恢复稳定,维持既有格局。

_____

　　① 江淮地区虽然财赋丰赡,然就江淮藩镇本身而言,在把大量财赋上供及唐朝廷在江淮地区实施财政改革削减江淮藩镇收入后,其本身财政状况可能相当窘迫,详见李德裕在《奏银妆具状》中所叙浙西的财政状况。

第二章　土豪与唐后期江淮社会秩序

　　安史之乱后,在唐朝廷通过各种策略和改革实现对江淮藩镇的控制,进而借此维持对江淮地区的有效统治的同时,一股自下而上的力量——江淮土豪的崛起,却在另一个层面给唐朝廷的江淮统治和治理带来了新的挑战。随着唐朝廷因财赋需要将目光更多投向江淮,掌握了江淮地区大量社会资源甚至主导了江淮地方社会秩序的土豪层成了唐朝廷经营江淮时重点关注和互动的人群。两者间就江淮地方利益分配与社会资源的控制在多个层面展开了博弈,或明或暗地影响着江淮地域的政治与社会秩序。

第一节　汉魏六朝以来的南方土豪脉络

　　近年来,不少学者在研究王朝国家与中古南方社会关系时,试图跳出立基于北方传统的王朝国家叙事视角,揭示这一叙事视角掩盖下的南方传统,探索出一条"中国历史的南方脉络"①。

---

　　①　鲁西奇:《中国历史的南方脉络》,《人群・聚落・地域社会:中古南方史地初探》,第1—22页。

正如鲁西奇指出的,南方社会在居民来源、族群分划、制度设计、民间信仰和仪式、民众生计及经济形态上都有其独特的发展脉络,这些因素影响了它与立基于北方传统的王朝国家的关系和互动。这就提示我们在探究唐代江淮土豪问题前(实际上也是部分在讨论江淮社会与王朝国家的关系和互动问题),必须要先考虑到江淮社会本身的传统和特征。如关于唐宋间土豪层的普遍发展,学者一般以均田制崩溃后的"田制不立""不抑兼并"的土地产权制度转变来解释,就宽泛意义而言大致如是,但若具体到江淮社会则需加以慎重考虑,因为均田制是否曾在南方施行本身就是一个颇具争议的问题。再如在唐宋间以经济力量为特征的土豪层普遍兴起前,南方地区曾长期存在着大量"郡邑岩穴之长,村屯坞壁之豪"[①]的类土豪人群,他们也大多符合绪论里归纳的土豪的几大特征,那么该如何解释他们的性质和存在,他们和南方地区本身的传统和特征又有着怎样的联系,都是需要思考的问题。因此在对唐代江淮土豪做出讨论前,我有意在南方地区本身传统和特征的基础上勾勒出一条汉魏六朝以来的南方土豪脉络。

陈寅恪在论及梁陈之际土豪宗帅的崛起时分析道:"侯景之乱,不仅于南朝政治上为巨变,并在江东社会上,亦为一划分时期之大事。其故即在所谓岩穴村屯之豪长乃乘此役兴起,造成南朝民族及社会阶级之变动。盖此等豪酋皆非汉末魏晋宋齐梁以来之三吴士族,而是江左土人,即魏伯起所谓巴蜀溪俚诸族。是等族类在此以前除少数例外,大抵为被压迫之下层民族,不得

---

① 　(唐)姚思廉:《陈书》卷35"史臣曰",北京:中华书局,1972年,第490页。

预闻南朝之大政及居社会高等地位者也。"①概括指出了梁陈之际土豪宗帅的崛起于南朝政治及社会的影响。然正如田余庆指出的："'郡邑岩穴之长，村屯坞壁之豪'大量出现在梁末历史上，不可能是一朝一夕突然的事。"②土豪宗帅在梁末政治上崛起前实是经历了一个漫长的过程。

　　梁陈之际土豪宗帅的一个重要特征是"江左土人"，即主要是江淮的土著人群，关于他们的根源，或可从南方土著人群与王朝国家的互动中寻找答案。近年来在中古王朝国家与南方社会关系问题研究中，南方土著人群与王朝国家的互动成为学者关注的焦点，鲁西奇、罗新、胡鸿等人都作出了颇具典范性的研究。通过他们的研究，我们知道中古早期南方社会的土著人群因未被纳入王朝国家的统治体系内，而被加以"蛮""夷"等歧视性称呼，南方族群很大程度上是出于王朝国家的建构。关于他们的特征，鲁西奇总结有二：一是不著户籍，不服徭役，不纳或少纳赋、调；二是不居城郭，散处山谷林野之村落中，形成散居状态。诸蛮"华化"的过程实际就是著籍成为编户齐民的"王化"过程。③相比鲁西奇在制度层面对南方土著人群特征的强调，罗新则更注重南方土著人群在文化意义上与华夏国家的区分。④ 胡鸿在

---

①　陈寅恪：《魏书司马叡传江东民族条释证及推论》，《金明馆丛稿初编》，北京：生活·读书·新知三联书店，2001年，第113页。

②　田余庆：《魏晋南北朝史研究的回顾与展望——在中国魏晋南北朝史学会成立大会闭幕式上的发言》，《秦汉魏晋史探微》（重订本），北京：中华书局，2004年，第406页。

③　鲁西奇：《释"蛮"》，《人群·聚落·地域社会：中古南方史地初探》，第23—56页。

④　罗新：《王化与山险——中古早期南方诸蛮历史命运之概观》，《历史研究》2009年第2期，第4—20页。

二者论述的基础上,完善了"华夏化"的概念,指出华夏化可区分出政治体与文化认同两个层面,政治体层面的华夏化即在制度上被纳入华夏国家,也即"王化",文化认同层面的华夏化则包括语言、习俗、祖源重构、心理认同等方面。[①] 南方土著人群的华夏化,既是王朝国家试图将其制度与文化认同推广于南方进而实现对南方的有效控制,同时又是南方土著人群在面对"王化海洋"时在"沾沐王化"与"依阻山险"间进行选择的互动过程。

在这种双向互动的过程中,南方土著人群出现了两个方向的分化。选择"依阻山险"的土著人群游走于王朝国家体系的边缘,一方面试图保持其土著文化特征,另一方面又持续不断地受到华夏化的冲击。倚仗地理形势、山林资源等条件,他们可以长期与王朝国家进行反复地抗争博弈,反映到史书中就是王朝国家在南方不断的征蛮伐夷活动。在华夏网络断裂之时,他们甚至能得到发展壮大的机会,但同时又面临着华夏化的选择问题。[②] 尽管这些土著人群持续不断地处于华夏化的互动过程中,但由于未被纳入编户齐民体制及对自身土著文化特征的保持,仍被王朝国家和华夏人士以蛮夷视之。这些土著人群的领袖,因族群和居住环境特征,在史书书写中常被冠以"酋豪""渠帅""洞主"之类称呼。我把这类统领土著人群占据山林湖海之地,游走于王朝国家体系边缘,处于华夏化过程中的人群称为"蛮族土豪"。由于华夏化是一个远近生熟转换的循环过程,所以只要这一循环过程存在,此类蛮族土豪便会长期存在。

对选择"沾沐王化"的土著人群而言,他们在制度上被王朝

---

① 胡鸿:《能夏则大与渐慕华风:政治体视角下的华夏与华夏化》,北京:北京师范大学出版社,2017 年,第 163—164 页。

② 胡鸿:《能夏则大与渐慕华风:政治体视角下的华夏与华夏化》,第 163—201 页。

国家纳入编户齐民,居住环境也由山林湖海扩展至谷地、平原等条件相对优越的地区。随着这些条件的变化,其内部的组织结构和文化认同开始向华夏方向转变,经过一段较长的时间后最终被纳入王朝国家统治体系内,而不再被王朝国家和华夏人士视为蛮夷之属。在这个转变过程中,土著人群内部开始出现分化,部分人群凭借自身地位和资源优势,借地缘及血缘关系建构起宗族势力,而原来受其统领的土著人群成为他们的宗部,进而成为主导地方社会的郡县豪族。学者在研究汉魏间南方郡县豪族大姓时发现,这些姓氏与蛮夷的姓氏范围重合度极高,所谓郡县豪族极可能是蛮族出身,也就是说自东汉时期始,南方各郡县便普遍出现了蛮族出身,由蛮夷君长转换而来的土豪人群。[①] 随着土著人群的宗部化转向,史书对这类土著人群及其领袖的记载也不再强调其族群特征,而更多强调其宗族特征,"宗部""宗帅""民帅"等词语被广泛使用。[②] 唐长孺在研究汉末江南宗部时注意到一个现象,汉末江南宗部的活动地域与山越几乎难以分别,史书记载中不少宗帅同时又是山越的领袖,宗部与山越构成了类似互称的关系,他进而认为山越实则是汉末为了逃避赋役而依托豪强的人民,其中固有古代越人后裔,然与汉人已很少区别,[③]在罗新看来这存在着忽视江南地区族群多样性及山越的非

---

① 详参胡鸿《华夏网络断裂与南方山地人群的华夏化》一文及其文中所引中村威也、王万隽等人研究成果,《能夏则大与渐慕华风:政治体视角下的华夏与华夏化》,第 194—196 页。

② "宗部""宗帅"之"宗"乃是指"宗族"而言,可参见唐长孺在《孙吴建国及汉末江南的宗部与山越》一文中的论证,《魏晋南北朝史论丛》,石家庄:河北教育出版社,2000 年,第 3—27 页。

③ 唐长孺:《孙吴建国及汉末江南的宗部与山越》,《魏晋南北朝史论丛》,第3—27 页。

华夏化特征的风险。① 那么该如何在不忽视族群多样性及山越的非华夏化特征的情况下,解释这种宗部与山越的重叠现象呢?其实不妨换一种看法,即认为汉末江南的土著人群正处于由土著族群转向宗族的华夏化过程中,族群特征正逐步消退,而宗族特征又尚不明显,来自华夏的观察者们及史书书写者出于自身立场,或强调其宗族特征而以其为宗部,或强调其族群特征而以其为山越。在林昌丈对孙吴时期"民帅"的研究中,发现当时"民帅"的姓氏很大程度上源于土著语言的音译,在华夏化过程中南方土著居民的姓氏被音译为具有华夏特征的姓氏,名也经历了逐渐儒雅的过程。同时其研究还指出当时大多数山居的土著群体中,具有血缘关系的人群已经居住于一定地域范围内。② 无论是姓氏的华夏化音译特征,还是血缘为纽带的居住形式的出现,都可印证对孙吴时期南方土著人群(山越)正处于由土著族群向宗族转化过程中,族群特征逐步消退,宗族特征尚不明显的猜测。在此基础上可以想象,这些汉末江南的土著人群若有充分持续的转化发展时间,未始不能成为组织成熟的武装豪族,与同为武装豪族出身的孙氏集团展开竞争,正如唐长孺所指出的,孙吴与宗部、山越斗争的实质无非是"孙氏为首的若干宗族与其他宗族争夺劳动力的控制权"③,孙氏成功是因其占据了先发优势同时能够有效合流当时南方的各种社会力量。④

---

① 罗新:《王化与山险——中古早期南方诸蛮历史命运之概观》,《历史研究》2009 年第 2 期,第 4—20 页。

② 林昌丈:《社会力量的合流与孙吴政权的建立约论》,《魏晋南北朝隋唐史资料》第 32 辑,2015 年,第 1—22 页。

③ 唐长孺:《孙吴建国及汉末江南的宗部与山越》,《魏晋南北朝史论丛》,第 14 页。

④ 林昌丈:《社会力量的合流与孙吴政权的建立约论》,《魏晋南北朝隋唐史资料》第 32 辑,第 1—22 页。

通过陈寅恪的考订，我们知道梁陈之际崛起的土豪宗帅绝大部分具有南方土著族群背景，正是上述所论在华夏化过程中由土著族群转化而来的人群。与汉魏时期相比，他们的华夏化程度已经很高，原来的族群特征很难被人察觉。在史书对梁末土豪宗帅的记载中，除少部分被称为"洞主""酋帅"外，绝大部分已被称为"郡著姓""县大姓""郡豪族"，如陈寅恪重点考订的几人，侯安都"世为郡著姓"、欧阳頠"为郡豪族"、熊昙朗"世为郡著姓"、留异"世为郡著姓"、陈宝应"世为闽中四姓"。由"郡著姓""郡豪族""县大姓"的称呼，可以推出梁末土豪宗帅的三点特征：一是由"郡""县"的前缀看，他们已完全被纳入了郡县体制内，这是与蛮族土豪或汉魏时仍游移不定的宗部的区别；二是他们的势力和影响力仍局限于郡县之内；三是宗族的建设已相对成熟，通过对姓氏地望和家族记忆的重构，他们已褪去族群背景而成为地方上的著姓、大姓。① 当然，尽管这些土豪宗帅已经充分华

---

① 何德章依据史书中对土豪宗帅"世为郡著姓"之类的记载，认为这些土豪宗帅的来源并非少数民族，而以陈寅恪的判断为误（何德章：《论梁陈之际的江南土豪》，《魏晋南北朝史丛稿》，北京：商务印书馆，2010年，第53—72页），张国安虽意识到了"酋豪""渠帅"等称呼乃是"自以为高人一等的文化发达区人对文化落后区域人的一种蔑称而已"，已比较接近当前学者所提出王朝国家对南方族群的构建问题，但他由此径直认为梁陈之际的土豪宗帅为汉族豪强，则显然又忽视了这一人群的族群多样性及南方土豪特殊的发展脉络（张国安：《论梁代江湘交广诸州豪强的兴起》，《河南师范大学学报（哲学社会科学版）》1989年第2期，第29—34页）。仅以史料记载的华夏化特征判断土豪宗帅的身份来源，实际上是没有考虑到土豪宗帅在华夏化过程中对自己家族记忆和姓氏地望的构建因素。事实上，改造家族记忆和姓氏地望在土著族群的华夏化过程中是常见现象，也是华夏化过程中必经的一环。如林昌丈研究指出孙吴时期南方土著居民的姓氏在华夏化过程中被音译为具有华夏特征的姓氏，名字也经历了逐渐儒雅的过程。再如鲁西奇对西魏北周时代的山南方隅豪强的研究中发现这些本具巴、蛮背景的土豪在北附后将巴、蛮豪酋的身份改写为世家望族或地方著姓（鲁西奇：《西魏北周时代"山南"的"方隅豪族"》，《人群·聚落·地域社会：中古南方史地初探》，第308—343页）。

夏化并成为地方著姓,但由于他们的出身和较低的文化层次,仍被王朝国家和士族高门视为"非类",难以"预于南朝大政"而局限于郡县之内,依旧是"土豪"的身份。

基于以上,可以判断与蛮族土豪不同,选择"沾沐王化"的土著人群在华夏化过程中逐渐褪去族群特征,建立起宗族组织,并通过对姓氏地望和家族记忆的重构,成为地方上的著姓大族。虽然现代学者仍可从他们的籍贯、姓氏、才力等特征判断出他们的族群背景,并使我们能够就此了解他们出现的渊源和脉络,但经过多年的华夏化后,他们在梁陈之际的崛起已并非因他们族群领袖的身份,而是更多地凭借宗族组织的经济和武装力量。对这一虽从南方土著族群发展而来但已有别于蛮族土豪的人群,我称之为"宗族土豪"。宗族土豪是汉魏六朝以来南方土豪的主要力量,其起源发展的特殊之处在于他们绝大部分是从华夏化的土著族群转化而来,是汉魏六朝以来王朝国家与南方土著族群在华夏化过程中互动的结果,体现出了南方地方社会发展的特殊脉络。

除土著族群的华夏化外,正如许多学者所注意到的,随着汉魏六朝以来南方地区商品经济的发展及大土地所有制的展开,农民内部出现贫富分化,不少富农、商人等成为新兴庶族地主。虽就汉魏六朝以来的南方社会经济结构来看,门阀士族仍占有最广泛的经济特权,掌控着地方社会大量土地和户口,但这些新兴庶族地主仍在士族的缝隙中努力经营土地,积聚了一定的土地和财富,同时又通过各种经济和政治手段扩展自身势力,成为地方社会不可忽视的力量。① 这类由富农、商人等富民发展而来，以土地和财富雄于乡里的土豪，与学者所称的唐宋社会土豪层相似，我称之为"富民土豪"。由于门阀士族和宗族土豪的存在，富民土豪于地方上的发展空间较小，政治地位亦较低下，分布地域则主要集中在经济较为发达的三吴地区，决定了他们此时并非土豪层中的主流力量。何德章注意到三吴地区的土豪多以非暴力手段提高自己地位，而江南腹地内的土豪则多武装暴力活动，他认为这与三吴地区多以商贾致富，而江南腹地土豪则多有强大的宗族势力有关。② 这正说明，相比宗族土豪，汉魏六朝时期的富民土豪势力较弱。

　　伴随着汉魏六朝以来土豪层的出现，王朝国家与南方地方社会的互动呈现出新局面。以汉魏六朝普遍存在的宗族土豪而论，他们大多是南方土著人群经华夏化后而来，那么在把他们编户齐民纳入华夏化体系后，是否就意味着王朝国家已实现了对南方地方社会的有效控制，答案是否定的，仍有诸多因素影响着王朝国家对宗族土豪和地方社会的控制。其关键者如与王朝国家控制地方社会和编籍户口密切相关的乡里制度，对汉魏六朝以来王朝国家乡里控制制度的松弛与宗族土豪攫取地方控制权间的关系，鲁西奇有着精到的论述："自汉末离乱，广大南方地区的乡里组织与控制方式当即脱离旧有的制度性束缚，王朝国家既未制定相对完备、一致的乡里制度，更没有能力推行某一种乡

---

　　① 唐长孺：《三至六世纪江南大土地所有制的发展》，上海：上海人民出版社，1957年；唐长孺：《南朝寒人的兴起》，《魏晋南北朝史论丛续编》，第543—577页；戴建国：《南朝庶族地主的发展及其社会影响》，《张其凡教授荣开六秩纪念文集》，第459—474页。

　　② 何德章：《论梁陈之际的江南土豪》，《魏晋南北朝史丛稿》，第53—72页。

里制度,各地区的乡里控制方式遂多因地、因人、因事而演变,从而形成各不相同的乡里控制方式与系统,而不复有系统、一致的乡里组织与体系……在这一过程中,乡里社会的控制权遂渐次落入土豪宗帅手中。因此,在此数百年间,真正控制南方地区乡里社会的,乃是大大小小的土豪宗帅;其控制乡里社会的权力,却并非源于王朝国家的制度规定,而是建基于财富、武力之上的各种社会关系。换言之,东晋南朝时期乡里控制的基础,并非王朝国家的制度规定和权力,而是不同层级的土豪宗帅。"①因此尽管王朝国家已把南方土著人群进行编户齐民,但由于其乡里制度的松弛,使宗族土豪仍能凭借财富、武力优势成为乡里社会的实际组织者和控制者。

宗族土豪虽如门阀士族可以在地方社会控制大量土地和户口,但与门阀士族上可控制中央政权,下可经营地方社会不同,仍局限于地方而不得向上发展。汉魏六朝政府长期对被其视为"蛮族"的宗族土豪持漠视态度,②亦不重视任用地方长官以行开发教化,②未有通盘的政策将地方上的土豪人群于制度、文化层面进一步纳入国家体系中。土豪并非士族,无免役权和政治特权,法律地位低下,③在王朝国家难以直接控制基层乡里社会的情况下,土豪成为王朝国家赋税、兵役的主要承担者。汉魏六朝以来门阀士族控制仕进之权,在地方占有大量土地、人口,土豪

---

① 鲁西奇:《汉隋间汉水上游地区的乡里控制》,《人群・聚落・地域社会:中古南方史地初探》,第 306 页

② 周一良:《南朝境内之各种人及政府对待之政策》,《魏晋南北朝史论集》,北京:北京大学出版社,1997 年,第 33—101 页。

③ 熊德基:《六朝豪族考》,《六朝史考实》,北京:中华书局,2000 年,第 305—324 页。

的发展又不可避免受到士族的压制。① 繁重的赋役、没有与实力相匹配的政治地位,这些都易激化土豪对王朝国家及士族的不满,引发土豪的反抗行为。这类反抗者主要以势力强大的宗族土豪为主,部分富民土豪也开始登上舞台,在东晋南朝的农民起义中,已有富民参加的记载。② 除武装反抗外,虽有土豪试图通过结托士族、出仕地方、与国家合作等较为平和的策略开辟政治道路,但他们仍难摆脱从属门阀士族的地位,与王朝国家和士族间的矛盾仍然存在,而"这种矛盾并没有导致重要的政治改革"③。总体而言,土豪仍然受到王朝国家和士族的漠视与压制,难以取得相应政治地位。

于是便出现了这样一种现象:一方面王朝国家的乡里控制体系为土豪的组织形式所取代,土豪成为王朝国家乡里控制的基础,王朝国家在控制乡里社会时需和土豪进行博弈;另一方面土豪因其出身和较低的文化层次而被视为"非类",为王朝国家所漠视,政治上并无特权,难以参与到王朝国家的高层政治中去。这种国家难以参与乡里社会组织,乡里社会又难以参与政权组织的现象,即学者所谓国家与乡里社会的分离。④ 在此层面上,土豪问题是国家与地方社会的关系问题,土豪与王朝国家及

---

① 熊德基:《六朝豪族考》,《六朝史考实》,第305—324页。

② 如南齐唐㝢之起义中,有"钱塘富人柯隆为尚书仆射,中书舍人,领太官令,献铤数千口,为㝢之作仗,加领尚方令"的记载,唐长孺认为当时采取的"检籍"政策,无疑也伤害到了富人柯隆的利益,激化了部分寒门地主、商人与士族的矛盾,因此不惜献出财富参加起义。而柯隆奇怪的官名组合,显然反映出了土豪于政治地位上的诉求(唐长孺:《南朝寒人的兴起》,《魏晋南北朝史论丛续编》,第567—568页)。

③ 唐长孺:《南朝寒人的兴起》,《魏晋南北朝史论丛续编》,第562页。

④ 吴铮强:《科举理学化——均田制崩溃以来的君民整合》,上海:上海辞书出版社,2008年,第36页。

士族间围绕此问题展开或合作或冲突的博弈。就汉魏六朝的情况看,一则囿于政策制度上的缺陷和不一致,二则囿于士族政治的特性,三则囿于种族文化上的漠视,汉魏六朝政府并没有对整合土豪问题提出行之有效的方案,另一方面土豪没有找到一条开辟自己政治道路的有效途径,由土豪控制的地方社会与王朝国家遂长期处于悬隔状态。鲁西奇在探讨西魏北周时期山南方隅豪族的北附时指出,山南豪族北附的原因乃在于其在南朝未得仕进或仕途不顺或备受压迫,同时南朝政府于种族文化上的漠视亦与西魏北周政府形成鲜明对比,而促使豪族北附。西魏北周宇文氏创建的府兵制则为双方提供了一个行之有效的整合方案:于宇文氏而言,以府兵制将土豪的乡兵、部曲转化为国家控制的府兵,土豪则成为朝廷命官,部曲遂脱离宗主而成国家控制的军户;于土豪而言,政治上的欲求很大程度上促使他们自觉寻求与王朝国家的良性结合,他们借助将乡兵、部曲编组为府兵的契机,由"土豪"转变为"朝廷命官",更有土豪借此改写家世郡望,从而实现政治及文化地位的提升。双方借助府兵制的推行逐步将地方社会纳入王朝国家的秩序之中,实现了"地方社会的国家化"[①]。在山南方隅豪强北附的过程中,无论是土豪还是王朝国家都找到了一个对双方颇富吸引力的整合方案,进而实现了地方社会的国家化,相比北方邻居,南朝政府对地方土豪则无论在政策制度、种族文化甚至是简单直接的利禄诱惑方面皆没有提出具有吸引力的方案。

　　随着士族与侨寓的北方寒人成为不善战民族,侯景之乱时,

---

　　① 鲁西奇:《西魏北周时代"山南"的"方隅豪族"》,《人群·聚落·地域社会:中古南方史地初探》,第308—343页。

宗族土豪、蛮族土豪即所谓土豪洞主的武力成为梁朝所倚纾难救急者，陈室兴起"所任大将多为南方土豪洞主"①，由此建立的陈朝亦打上土豪政权的烙印。尽管如此，陈政权却仍然难以解决土豪的国家化问题。首先是助陈建立政权或进入陈政权的土豪仍掌握部曲私兵，土豪间子弟世袭领兵制兴盛，难以实现部曲私兵的国家化。同时陈政权往往以州郡之职世袭来笼络将帅，使这些土豪仍然在地方保持较强控制权。对那些未进入陈政权并乘乱建立割据的土豪，陈政权除对其中公开与其为敌者进行征讨外，多数只是加以羁縻，江南腹地州郡仍多为土豪所把持，地方行政权力呈现出了世袭化现象。② 因此陈朝虽有浓厚的土豪色彩，却仍提不出一个使土豪控制的地方社会实现国家化的良性整合方案。南朝土豪虽在政治上兴起，但仍各自为战，"顾恋巢窟"③，未能整合入国家体系中，国力屡弱的陈政权遂为整合充分的北方政权所灭，南方社会的土豪问题转而交到隋唐王朝手中。

第二节　隋唐间江淮宗族土豪的衰微与富民土豪的持续发展

陈寅恪曾谓："若非隋文灭陈，江左偏安之局于是告终，否则，依当时大势所趋推之，陈室皇位，终必为其武将首领所篡夺。

---

① 陈寅恪：《魏书司马叡传江东民族条释证及推论》，《金明馆丛稿初编》，第107页。

② 何德章：《论梁陈之际的江南土豪》，《魏晋南北朝史丛稿》，第53—72页。

③ 《陈书》卷13《周敷传》："是时南江酋帅并顾恋巢窟，私署令长，不受召。朝廷未遑致讨，但羁縻之。"第201页。

江东大宝或不免轮转而入于南方土族之手耶?"①隋灭陈无疑遏止了南方宗族土豪于中央政治上崛起的趋势。尽管如此,宗族土豪在地方社会依然保有强大势力。隋平陈仅用时一月多,在地方拥有强大实力的宗族土豪在此过程中基本没有反抗,其原因即在于陈政权未能整合地方社会,国家既与地方悬隔,宗族土豪势力基础又在地方,则中央政权的成败对"多恋本土,并欲逃入山谷,不愿入朝"②的宗族土豪而言,并非其利益关系所在。隋的快速平陈,实则仅灭其中央政权而已,南方地方社会仍为宗族土豪所掌握,他们和汉魏六朝以来士人政治下形成的地方世家大族一起成了隋政权整合南方地方时所要面临的问题。

关于隋灭陈后的南方统治措施,据记载:

> (苏威)持节巡抚江南,得以便宜从事。过会稽,逾五岭而还。江表自晋已来,刑法疏缓,代族贵贱,不相陵越。平陈之后,牧人者尽改变之,无长幼悉使诵五教。威加以烦鄙之辞,百姓嗟怨。使还,奏言江表依内州责户籍。上以江表初平,召户部尚书张婴,责以政急。时江南州县又讹言欲徙之入关,远近惊骇。③

据此,高敏、何德章、韩昇等人总结了隋灭陈后在南方采取的统治措施,④这些措施对南方宗族土豪造成了极大影响:首先,

---

① 陈寅恪:《魏书司马叡传江东民族条释证及推论》,《金明馆丛稿初编》,第107—108页。

② 《陈书》卷15《淳于量传》,第180页。

③ (唐)李延寿:《北史》卷63《苏威传》,北京:中华书局,1974年,第2245页。

④ 高敏:《隋初江南地区反叛的原因初探》,《中华古史求索集》,北京:中华书局,2005年,第232—253页。何德章:《隋文帝对江南的控制及其失策》,《魏晋南北朝史丛稿》,第73—84页;韩昇:《南方复起与隋文帝江南政策的转变》,《厦门大学学报(哲学社会科学版)》1998年第2期,第28—34页。

在南方大量裁撤省并州县并撤免陈的地方官吏而代以北方隋
官。如上所述,梁陈之际宗族土豪于政治上崛起后成为地方政
权的实际掌控者,陈政权大多羁縻而已并直接以宗族土豪任地
方官,形成了"南州守宰多乡里酋豪"①的局面,隋的裁并州县及
撤免官员明显是要将宗族土豪排除出地方政权。其次,整顿乡
村,推行更为严密的乡里及户籍制度。开皇九年(589)二月,文
帝发布诏令:"制五百家为乡,正一人;百家为里,长一人。"②鲁西
奇分析后认为此制是隋政权对陈国故地继承自汉代的以百户为
里、十里为乡的固有乡里制度的承认,此制的实际意义在于在陈
国故地原有乡里系统的基础上,增设北方地区已经设置的乡正、
里长,并借此推行隋式的伦理和法律制度,以实现对南方乡村的
控制。③ 同时苏威亦"奏言江表依内州责户籍",试图推行更加严
密的户籍制度,此事虽因文帝以江表初定而紧急叫停,但从"责
以政急"的状况看,当时户部应已在江南地区有所布置。如前所
述,汉魏六朝以来宗族土豪在地方的崛起,其中一个原因便是乡
里制度的松弛。此时隋王朝推行严密的乡里制度和户籍制度,
正是试图重新掌握南方乡村社会的组织,把包括宗族土豪及世
家大族在内的地方势力排除出乡村社会的组织控制之外。第
三,推行儒家教化,即所谓的"无长幼悉使诵五教"。如前所述,
汉魏六朝政府长期对被其视为"蛮族"的南方土著人群持漠视态
度,不重视任用地方长官开发教化,④以此造成南方土著人群与

---

① 《陈书》卷 20《华皎传》,第 271 页。

② (唐)魏徵等:《隋书》卷 2《高祖纪》,北京:中华书局,1973 年,第 32 页。

③ 鲁西奇:《制度的地方差异性与统一性:隋代乡里制度及其实行》,《中国社会科学》2017 年第 10 期,第 181—203 页。

④ 周一良:《南朝境内之各种人及政府对待之政策》,《魏晋南北朝史论集》,第 33—101 页。

王朝国家的文化心理悬隔。隋王朝于南方社会推行儒家教化应是试图借此消弭南方土著人群与王朝国家的文化心理悬隔,重构地方文化秩序。但隋王朝采取的教化方式相对简单粗暴,即反复诵背"烦鄙之辞",很容易引起南方土著人群的反感。第四,疑似的离散宗族政策。隋平陈后在南方地区推行离散宗族政策,将众多陈朝贵族及江南士族迁往关中,使原来在地方上颇具势力的士族失去了赖以维系的乡里根基。① 对地方上的宗族土豪,则似乎并没有立即实施迁移以离散其宗族。在苏威巡抚江南后,江南州县便"讹言欲徙之入关",尽管史言为"讹",但依照隋王朝之前对待地方士族的迁移政策,未必没有以相同政策对待宗族土豪的可能。宗族土豪以乡里为根基,隋若对其实施徙关政策,离散其宗族,无异釜底抽薪,因此引发宗族土豪"远近惊骇"也就不足为奇了。

　　隋平陈后于南方实行的各项措施实则是力图在制度、文化等层面把南方地方社会纳入王朝国家秩序中,实现南北整合的同时也实现地方与国家的整合。这一过程同样是隋试图消弭南方的地方势力特别是宗族土豪控制乡里的社会基础的过程,这对宗族土豪而言是无法接受的。同时隋在此过程中更多的只是把北方经验简单搬移到南方,没有充分考虑到南方地方宗族土豪的普遍和强势,因而并没有因时因地提出一个宗族土豪所能接受的良性整合方案,相关措施实施得过于简单激进。最终在开皇十年(590)十一月,江南地区爆发了大规模的反隋叛乱,隋文帝随即派出杨素对叛乱进行军事镇压,经过长达一年半以上

---

　　① 关于离散宗族政策对南方士族的影响,可参看杨俊峰:《南朝末年士人的处境及其北迁问题》,台湾大学硕士学位论文,1999年;唐燮军:《略论吴兴沈氏的没落》,《宁波大学学报(人文科学版)》2004年第3期,第62—66页。

的艰苦战斗方才大致平息此次叛乱。

这次反隋叛乱构成的人员较为多样，①但可以肯定的是宗族土豪在其中占了大多数。反隋叛乱期间，杭州天竺寺的释真观因被诬陷撰写讨隋檄文而将被处斩，释真观对杨素辩言该檄文"浅陋，未能动人""如此语言，何得上纸"，更指出"吴越草窃，出在庸人，士学儒流，多被拥逼"②，说明当时反隋的主要力量是文化程度较低的地方宗族土豪。此次反叛中势力较大者，也基本可确定为地方宗族土豪。如江南叛乱中的主要领导者越州的高智慧、婺州的汪文进举兵反隋时，"庐江豪杰亦举兵相应"③，其时庐江豪杰推举的首领为陈岘，陈岘曾为章大宝部曲，章大宝则是侯景之乱时入援建康、后又助陈武帝创业的武康土豪章昭达之子，④则陈岘为宗族土豪无疑。除与庐江土豪互动外，高智慧等人在为杨素所败后曾往依泉州王国庆，史言王国庆"南安豪族也"⑤。由这些势力间的互动不难推测，高智慧、汪文进等人当与陈岘、王国庆类似，为宗族土豪出身。从反抗者的目标来看，大都满足于州县层级，反叛的首要行动便是杀害隋政权任命的地方官吏，所谓"大者数万，小者数千，共相影响，杀害长吏"⑥，这反映了在陈时多为守宰的宗族土豪试图重新掌握地方政权的诉

---

① 关于此次反抗运动的主要人物和活动区域，可参看韩昇《南方复起与隋文帝江南政策的改变》一文所附《平陈后南方复起基本情况表》，《厦门大学学报（哲学社会科学版）》1998 年第 2 期，第 30 页。
② （唐）道宣撰，郭绍林点校：《续高僧传》卷 31《隋杭州灵隐山天竺寺释真观传》，北京：中华书局，2014 年，第 1249—1250 页。
③ 《隋书》卷 64《陈稜传》，第 1518 页。
④ 《陈书》卷 15《章昭达传》，第 181—184 页。
⑤ 《隋书》卷 48《杨素传》，第 1285 页。
⑥ 《隋书》卷 48《杨素传》，第 1284 页。

求。从战斗过程来看，也带有明显的宗族土豪叛乱特征。如高智慧之党"往往屯聚，保投溪洞"①，王国庆余党则"散入海岛，或守溪洞"②，而镇压高智慧的史万岁则"率众二千，自东阳别道而进，逾岭越海，攻陷溪洞不可胜数"③。保聚溪洞是由南方土著族群华夏化而来的宗族土豪的典型特征，史万岁要逐个攻破"不可胜数"的溪洞亦说明参与反抗的宗族土豪之众。从反抗者的活动地域看，主要分布在浙、闽、宣、歙、赣等江南腹地，这一带正是汉魏六朝以来土著族群华夏化程度较高，宗族土豪发展较为成熟，即史书所谓"溪洞"土豪大量出现的地区。

在此次反隋叛乱被镇压后，宗族土豪的势力走向了消亡。自宗族土豪在梁陈之际于政治上崛起后，便接连遭到王朝国家的军事打击。陈政权虽在建立之初对宗族土豪采取羁縻政策，但在政权相对稳定后便更多采取打、拉并用的策略。陈文帝在位期间相继以军事手段诛灭熊昙朗、周迪、留异、陈宝应等易叛难安的宗族土豪，更以政治手段赐死在朝的宗族土豪代表侯安都，其他诸如程灵洗、鲁悉达等宗族土豪则采取了与陈政权合作的态度。相比陈政权的打、拉并用政策，隋政权在应对江南宗族土豪的反叛时采取了更为坚决的军事打击政策，这自然是因缘于隋政权比陈政权强大得多的军事实力。在杨素出征前，隋文帝给出的对叛乱者的处置政策是："男子悉斩，女妇赏征人，在阵免者从贱。"④再加以杨素本人便是以残暴著称的将领，因此隋政权此次平叛的基调一开始便是残酷的肉体消灭政策。在平叛的

---

① 《隋书》卷 55《杜彦传》，第 1372 页。
② 《隋书》卷 48《杨素传》，第 1285 页。
③ 《隋书》卷 53《史万岁传》，第 1354 页。
④ 《北史》卷 41《杨素传》，第 1511 页。

军事行动中,杨素也确实贯彻了这一政策,进行了逐个击破的苦战,"前后百余战",在击破土豪势力后更是"逐捕遗逸寇",史万岁也是"前后七百余战,转斗千里",攻灭"溪洞不可胜数"。在高智慧被杨素击败遁守闽地后,隋文帝一度征召杨素入朝,然在杨素表达了"余贼未珍,恐为后患"的担忧后,文帝发布诏书再次强调对江南宗族土豪斩尽杀绝、不留后患的决心,其诏曰:

> 江外狂狡,妄构妖逆,虽经珍除,民未安堵。犹有贼首凶魁,逃亡山洞,恐其聚结,重扰苍生。内史令、上柱国、越国公素,识达古今,经谋长远,比曾推毂,旧著成名,宜任以大兵,总为元帅。宣布朝风,振扬威武,擒剪叛亡,慰劳黎庶,军民事务,一以委之。①

此后杨素再至江南平定了泉州豪族王国庆,斩杀了高智慧。史言杨素平定叛乱后,文帝特派独孤陀迎劳,在其回京后更是"问者日至"②并受到文帝重赏。由此不难看出隋朝君臣对此次江南平叛的重视,甚至是把此役当作彻底清除江南地方势力特别是宗族土豪势力的决战展开的,江南的地方势力在此役中也确实遭到了毁灭性的打击。据史料记载:

> 开皇十一年,江南叛反,王师临吊,乃拒官军,羽檄竞驰,兵声逾盛。时元帅杨素整阵南驱,寻便瓦散,俘虏诛剪三十余万。③

隋平陈时所收户口总计为五十万,两百万人,④而此次平叛就俘

---

① 《隋书》卷 48《杨素传》,第 1284—1285 页。
② 《隋书》卷 48《杨素传》,第 1285 页。
③ 《续高僧传》卷 31《隋杭州灵隐山天竺寺释真观传》,第 1249 页。
④ 《通典》卷 7《食货七·历代盛衰户口》,第 146 页。

虏诛灭多达三十余万,牵连不可谓不广。基于以上,大致可以认为在此次叛乱中包括宗族土豪在内的大量江南地区民众遭到了隋政权的肉体消灭,有学者甚至认为杨素的这次平叛给江南地区民众的精神风貌留下了长久的阴影,导致了此后百余年中江南的沉寂。①

隋平陈后曾在南方地区推行离散宗族政策,将众多陈朝贵族及江南士族迁往关中,而宗族土豪发起反隋叛乱一个重要诱因便是"讹言欲徙之入关",那么在隋平陈时及平定江南叛乱后,隋朝廷是否曾对宗族土豪实施这一政策呢?是有可能的。如据欧阳修所言,在梁陈之际崛起的歙州土豪程灵洗家族就在陈隋之际被迁往北方,"中山之程,出自灵洗。实昱裔孙,仕于陈季。陈灭散亡,播而北迁"②。在《隋书》记载中杨素府上有平高智慧后掳掠而来的江南人士,③则可以推测杨素在平乱后把一些江南土豪及其部属带回了关中。事实上将地方土豪迁往关中的政策在唐初尚能见到例证,如歙州土豪汪华在归顺后被唐朝廷征召入朝。由此不难推定在隋平陈及平定江南叛乱后,当有不少宗族土豪被迁往北方,在失去了乡土的维系后,这些土豪宗族走向了瓦解散亡,如歙州程氏宗族的北迁,很可能一度导致了程氏家族在歙州势力的衰落,在约编于唐德宗时期的《新集天下姓望氏

① 张学锋、王亮功主编:《江苏通史》(隋唐五代卷),南京:凤凰出版社,2012年,第24—25页。

② (宋)欧阳修著,李逸安点校:《欧阳修全集》卷21《袁州宜春县令赠太师中书令兼尚书令冀国公程公神道碑铭》,北京:中华书局,2001年,第342页。

③ 《隋书》卷48《杨素传》,第1288页。

族谱》中记载歙州的望族为"叔孙、方、谏、授、汪",并不包括程氏。[①]

关于隋唐间宗族土豪的衰微还有一点需要指出,是其在文化凝聚上的脆弱性。宗族土豪统领的宗族乡党组织很大程度上是南方土著族群在华夏化过程中演变而来,其建设遵循的乃是基本的血缘、地缘关系,是较为原始的宗族乡党组织。一般而言在此基础上的宗族文化建设是进一步凝聚宗族乡党的重要手段,汉魏六朝以来士族宗族得以兴起和延续的重要手段便在于其在文化上的垄断及依据儒家宗法理论建立起的宗族文化秩序。[②] 相比士族,宗族土豪们较低的文化水平限制了他们对宗族乡党组织的文化建设。以梁陈间崛起的宗族土豪为例,他们虽大多号称世为著姓,但文化程度普遍不高,而以武力著称乡里,如侯安都"善骑射"、黄法氍"少劲捷有胆力"、徐世谱"尤敢勇有膂力"、熊昙朗"有膂力"、周迪"有膂力"、程灵洗"少以勇力闻,步行日二百余里,便骑善游"[③],事实上直至反隋叛乱时江南宗族土豪所写檄书仍是"浅陋,未能动人""如此语言,何得上纸"的水平。相比汉魏六朝以来的士族,宗族土豪们显然缺乏文化积累来巩固凝聚其宗族乡党组织,这也是他们虽建立了宗族却只能是"土豪"而难以预闻南朝大政的重要原因之一。在梁陈之际和反隋叛乱中他们在遭到王朝国家的军事打击后,很难再如士族般凭借自身的文化优势或宗族文化秩序的可延续性复兴宗族。

---

① 敦煌文书 S. 2052《新集天下姓望氏族谱》,参王仲荦:《〈新集天下姓望氏族谱〉考释》,《敦煌吐鲁番文献研究论辑》第 2 辑,北京:北京大学出版社,1983 年,第169 页。

② 冯尔康等:《中国宗族史》,上海:上海人民出版社,2008 年,第 138—140 页。

③ 以上侯安都等事皆见《陈书》本传,第 143 页、第 177 页、第 197 页、第 477页、第 478 页、第 171 页。

总之在缺乏相应的文化积累和宗族文化建设的情况下,此类宗族土豪和其宗族很难在陈隋政权的高压政策下再保持其凝聚力。

除对抗外,也有部分南方宗族土豪采取与隋政权合作的态度。如前文提到的在反隋叛乱中被庐江豪杰推为首领的陈岘,在隋军致讨之际派遣其子陈稜入隋军为内应,陈岘谋泄被杀后,隋以陈稜领乡兵,这部分乡兵应该就是陈氏家族的部曲。陈稜日后成为隋炀帝手下大将,征流求、辽东皆与役,他统领的部曲很可能被纳入了国家军队中。事实上,在隋政权任职的包括陈稜在内的南方将领如来护儿、周法尚、麦铁杖等人,大多出身土豪阶层。来护儿父祖皆至县侯、县令,又其世父曾为"宗族数百家"的乡人陶武子所害,来护儿则结客数人斩陶武子报仇。[1] 又来护儿"所住白土村,密迩江岸。于时江南尚阻,贺若弼之镇寿州也,常令护儿为间谍"[2],并"除大都督,领本乡兵"[3]。从来护儿率客与乡里宗族相斗,又居边境乡村并为隋作间谍而授大都督领本乡兵看,他应当是乡里土豪无疑,并由于其实力而为贺若弼所笼络,其势恰若六朝以来南北政权对边隅土豪的争取。再如周法尚,父祖三代皆仕梁陈为州刺史,而从其父卒后周法尚"督父本兵"[4]看,周氏家族为拥有部曲并世代相袭的宗族土豪。因此当陈宣帝执禁代周法尚为定州刺史的其兄周法僧,并将发兵取周法尚时,周法尚果断率领部曲北附北周,其后更于隋政权得到重用,其势恰如鲁西奇所论西魏北周时期北附的山南山隅豪强。陈稜、来护儿、周法尚等南方土豪因各种原因而投附北方

---

① 《北史》卷 76《来护儿传》,第 2590 页。
② 《隋书》卷 64《来护儿传》,第 1515 页。
③ 《北史》卷 76《来护儿传》,第 2590 页。
④ 《北史》卷 76《周法尚传》,第 2599 页。

政权并在后来成为隋的重要将领,而其部曲应当也是化家为国,融入了国家体系之中。这些人与隋政权的结合,或许为我们提供了南方土豪在面对王朝国家时的另一个面相。

　　总之,无论是肉体消灭、宗族离散还是与王朝国家结合,自汉魏六朝以来逐渐崛起的宗族土豪在隋唐间都已走向衰微。对宗族土豪来说,他们大部分是由汉魏六朝以来的土著族群在与王朝国家的互动中华夏化而来,其间经历了一个漫长的过程方由所谓的蛮族转化为在地方上拥有强大势力的宗族土豪,其生成机制并非如富民土豪般是依靠财富的积累和土地的占有,由此决定了这个群体消亡后的不可再生性或者说再生的漫长性。[①]再者至隋时江南土著族群的华夏化已经基本完成,使得在汉魏六朝以来的宗族土豪群体消亡后,江南地区很难再如汉魏六朝一样因土著族群的华夏化而产生一个分布广泛、势力强大的宗族土豪群体,类似的群体在此后更多的是以华夏化过程中的蛮族土豪面貌零星分布于个别华夏化程度较低的边缘地区。在这个层面上可以说,由土著族群华夏化而产生的宗族土豪在隋唐间走向了消亡。在隋末的江南割据群雄中已很难见到大的宗族土豪甚或蛮族土豪的影子,其大端者如杜伏威、李子通为北方流贼,林士弘为贼盗,沈法兴则为士族强宗,皆非宗族土豪或蛮族土豪。

---

　　① 　王仲荦似乎曾意识到这一问题,在其 20 世纪 60 年代编著的《魏晋南北朝隋初唐史》(上海:上海人民出版社,1961 年,第 332—333 页)中他说道:"本来一时崛起的江南地方豪强,他们的经济势力,是靠经济外的强制力量来巩固住的。经济外的强制,是他们获得土地的重要手段,也是从受他们庇护的部曲、佃客那里榨取剩余劳动的重要手段。"并认为在经反隋叛乱后,"江南地方豪强的势力,经过这次大打击,才彻底被消灭尽了"。(在其后来出版的《魏晋南北朝史》中收录了前一段话,后一段话则被删去。)

　　与宗族土豪走向消亡不同,富民土豪则在隋唐间延续了汉魏六朝以来的发展态势并获得了更为有利的发展条件。唐长孺在《魏晋南北朝隋唐史三论》一书中论及唐代社会的诸方面变化时对隋唐社会的"南朝化"做了详细论述,[①]其要点在认为唐代社会在经济、政治、军事及文化诸方面的变化很大一部分是源自对东晋南朝历史发展脉络的继承。在解释隋唐政权缘何继承南方发展脉络时,陈寅恪认为(主要针对财政制度而言):"夫唐代之国家财政制度本为北朝系统,而北朝之社会经济较南朝为落后,至唐代社会经济之发展渐趋超越北朝旧日之限度,而达到南朝当时之历程时,则其国家财政制度亦不能不随之以演进。"陈寅恪进而猜测:"南朝虽为北朝所并灭,其遗制当仍保存于地方之一隅,迨经过长久之期间,唐代所统治之北朝旧区域,其经济发展既与南朝相等,则承继北朝系统之中央政府遂取用此旧日南朝旧制之保存于江南地方者而施行之。"[②]按照陈寅恪的论断,北朝虽灭南朝,但南朝的社会经济发展及与其发展历程相适应的制度体系却未因此政治变化而变化,并在后来成为唐朝廷取法的对象。若由此视角过渡到富民土豪问题,可以判断隋唐间江淮富民土豪发展的社会经济条件、制度条件等是自南朝延续了下来。另一方面,学者所论唐宋间土豪阶层的普遍出现一般又是以唐中叶以来的一系列制度变化特别是土地制度的变化为出发点的,而这一系列变化按照唐长孺的意见又源自对南朝以来

　　① 当然,最早提出"南朝化"概念的是陈寅恪。关于"南朝化"问题的简要学术史概括,可参看胡宝国:《关于南朝化问题》,《虚实之间》,北京:社会科学文献出版社,2011年,第80—88页。
　　② 陈寅恪:《隋唐制度渊源略论稿》,北京:生活·读书·新知三联书店,2001年,第160—161页。

历史发展脉络的继承。因此,有必要探讨一下隋唐间江淮地区对南朝历史发展脉络的延续及其与江淮富民土豪壮大的关系。

先从制度条件谈起。一般而言北朝施行的均田制原则上是禁止土地买卖,占田过限的,虽就实际而言自北魏以来都有一定条件下允许买卖的规定,[①]但这对以土地占有为特征而又不具备政治特权的富民土豪仍是极大的限制,换言之,均田制的施行使北朝不具备富民土豪广泛产生的条件。相比之下,南朝却承袭了汉魏以来发展起来的大土地所有制,[②]尽管在南朝的大土地所有制发展潮流中,占据主流的是拥有政治特权的世家大族(包括江南士族、来自北方的侨人士族、皇室等)及拥有较强力量的宗族土豪,但在这一轮土地兼并的浪潮中,仍有不少的富民土豪存在并发展起来,唐长孺推测这些富人主要分为三类,一是地方土豪,这是原已有之的地主;二是从农村中分化出来的新兴地主;三是商人,而商人自身或其子孙往往也转变为地主。[③] 梁大同七年(541)十一月,梁武帝发布诏书:

> 凡是田桑废宅没入者,公创之外,悉以分给贫民,皆使量其所能以受田分。如闻顷者,豪家富室,多占取公田,贵价僦税,以与贫民,伤时害政,为蠹已甚。自今公田悉不得假与豪家;已假者特听不追。其若富室给贫民种粮共营作者,不在禁例。[④]

诏书中,富室已与豪家并列成为侵占公田的主要人群,梁政权对

---

① 唐长孺:《魏晋南北朝隋唐史三论》,第 256—277 页。
② 关于南朝大土地所有制的发展,详可参看唐长孺《三至六世纪江南大土地所有制的发展》一书。
③ 唐长孺:《三至六世纪江南大土地所有制的发展》,第 98 页。
④ (唐)姚思廉:《梁书》卷 3《武帝纪》,北京:中华书局,1973 年,第 86 页。

"已假者特听不追""不在禁例"等现状的承认也说明了其时豪家与富室侵占土地的普遍性。纵观南朝以来乡里社会的土地占有格局，大致可以以"富者有赀，可以买田；贵者有力，可以占田"[①]概括。在梁武帝同年十二月发布的诏书中，又言道：

> 州牧多非良才，守宰虎而傅翼……至于民间诛求万端，或供厨帐，或供厩库，或遣使命，或待宾客，皆无自费，取给于民。又复多遣游军，称为遏防，奸盗不止，暴掠繁多，或求供设，或责脚步。又行劫纵，更相枉逼，良人命尽，富室财殚。[②]

从"富室财殚"的情况来看，富民土豪由于财富的积累，在当时已成为州县乡里职役的主要承担者。由这两个诏书大致可以判断自南朝后期以来，富民土豪已在南方地方社会获得了长足的发展。针对土地兼并及日益严重的贫富分化，南朝政权尽管试图在税制等方面入手提出解决方案，但亦不能缓和这一状况，如"南朝后期梁、陈计丁为布的税制，并不是建立在社会贫富差距缩小的基础上。政府也没有通过土地授受的方式，主动调节不动阶层对生产资料的占有情况。土地等重要的生产资料，还是在政治特权和市场经济的双重影响下，进一步向大土地所有者集中。……计丁征税方法的实施，虽然会使一般五口之家民户的平均税负有所下降，但也要看到，周朗所提到的'使富者不尽，贫者不蠲'的弊端，确实存在于南朝丁税制中。这种赋税制度，

---

① （元）马端临撰，上海师范大学古籍研究所、华东师范大学古籍研究所点校：《文献通考》卷2《田赋考二·历代田赋之制》，北京：中华书局，2011年，第31页。

② 《梁书》卷3《武帝纪》，第86页。

还是相对有利于富裕阶层的再生产。"①因此,南朝的制度条件是相对有利于富民土豪的产生壮大的。

那么在隋唐政权统治南方地区后,对江淮富民土豪来说其制度条件有无发生较大变化呢? 以往学者讨论到唐宋间富民土豪阶层时,往往认为是均田制崩溃后"田制不立""不抑兼并"的土地产权制度转变导致了土地和社会财富逐渐向一部分人集中,造就了富民土豪阶层的兴起。但如果我们把关注点放到江淮地区,便会发现均田制是否曾在南方施行本身就是一个值得讨论的问题。无论是支持者还是反对者在现存史料中都找不出直接记载有南方地区是否曾推行或不推行均田制的明确证据,一个共识是无论均田制实行与否,南方地区的土地制度都有其特殊性,②最重要的特征体现在田租的征收上,唐前期的南方地区仍主要延续了南朝带有资产税性质的征收原则。《通典》记载天宝计帐言及江南租布折纳状况时的注文:

> 大约八等以下户计之,八等折租,每丁三端一丈,九等则二端二丈,今通以三端为率。③

江南租布按户等高下交纳,而非如北方均田制下按受田数定额交纳,论者常以此论证江南地区可能未曾施行均田制度。关于这段材料可以得出两点认识:一是按户等纳税,是唐朝廷对南方地区自南朝以来贫富差距现状的承认;二是如论者所说,唐朝廷未曾在南方地区施行大规模的土地重新分配。因此大致可以认

---

① 张雨:《赋税制度、租佃关系与中国中古经济研究》,上海:上海古籍出版社,2015 年,第 84 页。

② 关于均田制是否在南方施行的相关研究状况,详可参看胡戟等主编:《二十世纪唐研究》经济卷第一章《土地》,第 315—316 页。

③ 《通典》卷 6《食货六·赋税下》,第 110 页。

为隋唐政府在南方实施土地及赋税制度时考虑到了南方的地域特征和历史背景,隋唐时期的南方地区依然在一定程度上延续了南朝以来的土地分配和贫富状况。

隋唐间这种制度上的南北地域差异同样体现在乡里制度上。在鲁西奇对隋代乡里制度的研究中,可以发现隋灭陈后在乡里制度的实施上是相对克制的:"陈国故地则沿袭六朝以来以汉代乡里制为基础的乡里控制体系,又历经变化,其乡里制度的实质已由官府直接控制户口演变成由乡里豪酋间接控制户口,从而使乡里制度具有了更强的地域性或地方性。隋王朝因地制宜,基本维持南方固有的乡里控制体系,仅将已在北方地区设置的乡正、里长推行到陈国故地。"①

总之无论是在关键的土地分配制度上还是其他相关制度上,隋唐政权在南方地区的表现是相对克制的,基本上未对沿袭自汉魏六朝的南方社会制度作出较大规模的改变,其制度更多是对南方社会经济发展现状的承认,由此保证了南方社会制度的延续性,陈寅恪作出的"南朝虽为北朝所并灭,其遗制当仍保存于地方之一隅"论断,信不诬也。这一延续性,对江淮富民土豪在隋唐间的进一步发展无疑是有利的。

再谈隋唐间江淮富民土豪发展的经济条件。虽然南方经济在隋唐间经历了战乱的破坏,但在经过了唐初一段时间的恢复后便又重新发展起来,特别是江南的商业活动仍遵循南朝的旧轨,商品经济获得了持续的发展。② 商品经济发展带来的是社会的贫富分化,部分富有者包括唐长孺所说的农村中分化出来的

---

① 鲁西奇:《制度的地方差异性与统一性:隋代乡里制度及其实行》,《中国社会科学》2017 年第 10 期,第 201—202 页。

② 唐长孺:《魏晋南北朝隋唐史三论》,第 314—332 页。

新兴地主、商品经济造就的商人群体通过财富的积累及土地兼并成为新兴的富民土豪,壮大了富民土豪的队伍。

接下来的问题是为何同样是在南朝以来的社会制度、经济条件下,富民土豪在南朝并未成为土豪层中的主流力量,却在隋唐间逐渐壮大并进而成为唐宋社会土豪层的主流力量?汉魏六朝以来控制乡里社会的主要是士族和宗族土豪群体,士族群体主要凭借其政治特权和宗族构建,宗族土豪则主要凭借宗部、部曲等武装力量,以经济力量为主的富民土豪无疑难以与有着政治、文化或武装优势的二者展开竞争,而只能在这两大群体的缝隙中求发展。然而随着梁陈隋唐之际的政治变化,士族和宗族土豪相继退出了乡里社会。关于宗族土豪在隋唐间的衰微上文已有详述,在此不叙。至于士族在隋唐间退出江淮乡里社会的问题,首先是梁陈隋唐之际南方的士族势力在经历了皇权压制、农民战争、侯景之乱等打击后逐渐走向衰落,隋灭陈后又将南方士族大量迁往关中,使得南方士族脱离了宗族乡里根基,[①]他们对乡里社会的控制也就此走向终结。其次,正如学者所注意到的,进入隋唐后由于科举制的影响及士族对国家权力的依附性,士族群体逐渐走向"官僚化""中央化""城市化"而日益脱离乡里社会,[②]由此造成了隋唐社会"里闾无豪族,井邑无衣冠"[③]的现象。在士族和宗族土豪因各种原因相继退出江淮乡里社会后,以财富和土地占有雄于乡里的富民土豪便获得了极大的发展空间。

---

① 唐长孺:《魏晋南北朝隋唐史三论》,第 159—164 页。

② 毛汉光:《从士族籍贯迁移看唐代士族之中央化》,《中国中古社会史论》,上海:上海书店出版社,2002 年,第 234—333 页;韩昇:《南北朝隋唐士族向城市的迁徙与社会变迁》,《历史研究》2003 年第 4 期,第 49—67 页。

③ 《通典》卷 17《选举五·杂议论中》,第 417 页。

综上,隋唐间江淮富民土豪发展的制度条件、社会经济条件等很大程度上自汉魏六朝延续了下来,同时原本在汉魏六朝挤占富民土豪发展空间的士族及宗族土豪在隋唐间也相继退出了乡里社会,这些条件使得富民土豪在隋唐间获得了持续发展,进而逐渐成为江淮乡里社会的主导力量。

第三节　土豪与肃代德之际的江淮民乱

如果说隋唐间的江淮富民土豪尚因隋唐王朝的统治重心并未放在江淮地区,且正处于早期发展阶段,而尚处于隐而不发的状态中的话,那么随着安史之乱后唐朝廷对江淮财赋逐渐依赖,进而加强对江淮社会的控制,掌握了江淮地区大量社会资源并在地方社会有着巨大影响力的富民土豪无疑就成了唐朝廷控制江淮地区时所重点关注和互动的人群,两者间的博弈也就此展开。

一、南朝以来的富民土豪责任强化

正如学者所指出的,汉魏六朝以来征役方式变化的趋势是"以士庶贵贱来区分征役与否的方式逐渐让位于以官民区分征役与否,和以民贫富区别轻重的方式"[1],这一趋势是伴随着南朝贵族制社会的衰落和富民阶层的兴起而发生的。唐长孺指出南朝自刘宋以来是"士庶区别日益严格,同时却又是士庶之间趋于混淆"的时期,自刘宋以来有大量新兴的富民阶层(主要是地主和商人)通过各种手段伪冒士族,享受士族免役的特权,在士庶混淆的情况下,国家征役的范围被大大缩小了。为此宋、齐两代

---

[1]　林文勋、谷更有:《唐宋乡村社会力量与基层控制》,第155页。

曾不断地发起检查户籍运动,而在由检籍引发的农民起义中,同样可以看到利益受损的富人阶层的身影,如南齐唐寓之起义时,"钱塘富人柯隆为尚书仆射、中书舍人,领太官令。献铤数千口为寓之作仗,加领尚方令"①。在持续不断的农民起义和检籍无效后,南朝政权最终放弃了分别士庶的努力,梁、陈两代再也没有如宋、齐般大规模检籍过。②

　　除征役范围的缩小外,南朝政权亦难以通过税收从富民土豪那里获取更多财富。为解决日益加剧的贫富分化问题,东晋、宋、齐政府在征收户调时增加了中赀的标准,只有在家内财产到达一定标准后才需交纳户调,试图把税源更多地向富民阶层倾斜。然而在实际的施行中,为扩大征税范围,政府又不得不变相降低中赀的标准,这又反过来造成富民阶层税负相对减轻,贫苦阶层赋税相对加重的结果。③ 同时,富民阶层亦有各种手段或倚靠权势或降低户等的方式来避开赋役。于是至梁代时,废除了户调,而重新恢复为汉代计丁而征的税收方式。事实上,当时南北方政府大体上是同时废止了户调计赀征税的方式而恢复为计丁征税的方式,但北朝的调整是建立在改变土地授受方式的均田制基础上的,因此能够有效地实现各阶层对财富占有的均等化。就南朝而言,在土地等重要生产资料占有并没有发生变化的情况下,税制上的改革无论是计赀征税还是计丁而征,总体而言仍难以改变贫富分化的趋势,国家亦难以从富民土豪群体中获取更多的财富。④

---

① (梁)萧子显:《南齐书》卷44《沈文季传》,北京:中华书局,1972年,第777页。
② 唐长孺:《南朝寒人的兴起》,《魏晋南北朝史论丛续编》,第562—571页。
③ 张雨:《赋税制度、租佃关系与中国中古经济研究》,第78页。
④ 张雨:《赋税制度、租佃关系与中国中古经济研究》,第73—82页。

因此自富民阶层出现以来,南朝政府在旧有的赋役体制下便难以在征役和赋税方面从富民阶层那里获取相对多的资源,以致自梁、陈起就不得不承认现状,放弃维持旧有赋役制度的努力。正如学者所指出的,在"富者田连阡陌,贫者无立锥之地"的社会中,再强有力的皇权政治也阻止不了贫富分化的态势。既然难以解决贫富分化问题,同时旧有的赋役制度又难以使政府从富民阶层获取更多的资源,那么唯一的办法便是改变赋役制度,针对富民阶层采用新的控制方式。[①] 在此,似乎可以看到均田制全面崩溃后,两税法的实施及乡官制向户役制的转化趋势了。在这种划时代的转变前,在南方社会可以看到的一个趋势是富民责任自梁、陈以来的不断强化,如前引梁武帝诏书言及地方州牧"或求供设,或责脚步",致使"良人命尽,富室财殚"。隋唐朝廷亦注重强化富民责任,多次颁布措施以富民承担多种色役。[②] 对江淮地区的富民土豪而言,随着安史之乱爆发导致的财赋格局变化,他们的赋役责任被唐朝廷愈加强化了。

二、安史之乱后的富民土豪责任强化与江淮动乱

安史之乱的爆发及其带来的影响,使江淮地区成为唐朝廷依赖的财赋之地。为维持正常开销和应对战乱带来的巨额军费,唐朝廷在战乱甫发之际便把掠取财赋的重点放在了江淮地区。至德元载(756)八月,第五琦进言玄宗:"今方用兵,财赋为急,财赋所产,江、淮居多,乞假臣一职,可使军无乏用。"[③]玄宗即以第五琦为江淮租庸使。同年十月,第五琦又见肃宗于彭原,

---

① 林文勋、谷更有:《唐宋乡村社会力量与基层控制》,第 152 页。
② 林文勋、谷更有:《唐宋乡村社会力量与基层控制》,第 157—158 页。
③ 《资治通鉴》卷 218"至德元载八月"条,第 6992 页。

"请以江、淮租庸市轻货,溯江、汉而上至洋川"①,以助军用。同年永王李璘出镇江陵时,已经出现了"江淮租赋,山积于江陵"②的场景,可见唐朝廷此时对江淮财赋的掠取必不在少。对江淮地区财赋更为激烈的掠取则是在元载任度支、铸钱、盐铁兼江淮转运使后的宝应元年(762),史载:

> 租庸使元载以江、淮虽经兵荒,其民比诸道犹有赀产,乃按籍举八年租调之违负及逋逃者,计其大数而征之;择豪吏为县令而督之,不问负之有无,赀之高下,察民有粟帛者发徒围之,籍其所有而中分之,甚者什取八九,谓之白著。有不服者,严刑以威之。民有蓄谷十斛者,则重足以待命,或相聚山泽为群盗,州县不能制。③

这一轮新的掠取,加之此前江淮地区刚遭受刘展之乱和南下平乱的田神功平卢军的劫掠,及肃代之际江淮自然灾害的不断发生,导致了江淮地区严重的饥荒,最终引发肃代德间大规模的民乱。④

唐朝廷对江淮财赋的掠取过程亦是对江淮富民土豪责任进行强化的过程。如前所述自富民阶层出现以来,政府便以强化富民责任的方式来从富民那里获取更多资源,隋唐朝廷亦注重强化富民责任,多次颁布措施以富民承担多种职役。在富民土豪发展较为充分的江淮地区,可以看到不少富民责任强化的例子。天宝年间韦坚任转运使后"乃请于江淮转运租米,取州县义

① 《资治通鉴》卷219"至德元载十月"条,第7001页。
② 《旧唐书》卷107《永王璘传》,第3264页。
③ 《资治通鉴》卷222"宝应元年建寅月"条,第7119页。
④ 周殿杰:《肃代之际的江淮和大历财政改革》,《唐史学会论文集》,第235—258页。

仓粟,转市轻贷,差富户押船,若迟留损坏,皆征船户"①。此应是唐朝廷以江淮富户承担漕运押船之责,并令富户负担转运损耗的开端。在更早的记载中,似乎还可以看到唐朝廷在江淮地方职役中也开始强化富民责任,如贞观年间苏州的邑胥张励"家富于财,群从强大,为邑中之蠹横"②,当为当地的富民土豪,政府以其为邑胥应该是想让他这种"邑中蠹横"直接承担起乡治责任。张励此则故事言及他买屋宅后因开启封印放走猴神而引来破家之祸,其中一个有趣的点是,张励破家的时间被设定在了安史之乱后的第二年,而安史之乱后正是江淮富民土豪被唐朝廷强化各种责任,承担多种职役以致大量破产的时期。

安史之乱之始,肃宗便派康云间、郑叔清"于江淮间豪族富商率贷及卖官爵,以裨国用"③,所谓"率贷"即针对"豪商富户,皆籍其家资,所有财货畜产,或五分纳一"④,为提高豪商富户积极性,唐朝廷还规定"如能据所有资财十分纳四助军者,便与终身优复"⑤,最终所收以"巨万计",这显然是对富民土豪财富的直接掠夺。除此之外,唐朝廷还以富民土豪承担多种职役。刘晏幕僚陈谏论及肃代之际的江淮民乱时指出,富民土豪承担的职役过重是其爆发的主要原因:

> 初,州县取富人督漕挽,谓之"船头";主邮递,谓之"捉驿";税外横取,谓之"白著"。人不堪命,皆去为盗贼。⑥

---

① 《旧唐书》卷48《食货志》,第2086页。

② (宋)李昉等编:《太平广记》卷140《汪凤》引《集异记》,北京:中华书局,1961年,第1010页。

③ 《旧唐书》卷48《食货志》,第2087页。

④ 《通典》卷11《食货十一·杂税》,第250页。

⑤ 《通典》卷11《食货十一·鬻爵》,第244页。

⑥ 《新唐书》卷149《刘晏传》,第4797—4798页。

揆诸史料,这两项针对江淮富民土豪的职役实则自天宝以来便已有之,富户督漕挽的船头之制据上引材料天宝间韦坚已施行之。捉驿之制,据《通典》记载,天宝七载(748)玄宗有诏曰:"三十里置一驿,驿各有将,以州里富强之家主之,以待行李。"①也就是说自天宝以来驿站事务便主要由富民土豪应役。但此时尚属承平时期,就漕运而言,开元二十五年(737)尚有以关中地区庸调资课变粟取米以减轻江淮"变造之劳""转输之弊"的举动,其后更有停江淮漕运之事,应该说在唐朝廷财赋尚不完全依赖江淮转运时,富民土豪的负担仍相对较轻。安史乱起后江淮漕运形势大变,刘晏在给元载的信中叙及漕运四病:一是洛阳至长安一带户口凋敝,劳力、畜力不足;二是汴河一段河道淤塞,舟行不便;三是运路北端沿途兵力保障不足,常为寇盗劫掠;四是下游淮阴至蒲坂一带运路两岸屯戍众多,往往擅取漕粮,"船到便留"。②前两点强调运路本身的阻塞,后两点则强调寇盗和官兵对漕粮的劫掠,无论哪一点都增加了江淮富户转运漕粮的难度,于路途"迟留损坏"的可能性大大增加,而根据规定这部分损失是"皆征船户"的,也就是由江淮富户来承担。正如学者所指出的:"这些色役都无一例外地带有高风险性,因为一旦造成官府钱物的损失,就必须由他们连本带息来赔偿。官府之所以让富户承担这样的色役,就是看上了他们的丰厚资产。"③在漕运"四病"下,江淮富户承担的风险更大,任其资产再丰厚也面临破产的危险。除"船头""捉驿"外,江淮富民土豪亦多有承担催驱赋役、维系治安等乡治责任者。元载在江淮地区行白著时,"择豪

① 《通典》卷33《职官十五·州郡下》,第924页。
② 《旧唐书》卷123《刘晏传》,第3513页。
③ 林文勋、谷更有:《唐宋乡村社会力量与基层控制》,第158页。

吏为县令而督之"①,依韩滉镇浙西"遍惩里胥"时言"里胥者,皆乡县豪吏,族系相依"②"此辈皆乡县豪黠"③来看,元载所择豪吏便是县乡土豪,他们承担起了向民众催驱赋役的责任。韩滉遍惩里胥的理由是:"里胥闻擒贼不获,惧死而逃,哨聚其类,曰:'我辈进退皆死,何如死中求生乎?'乃挠村劫县,浸蔓滋多。"④县乡土豪构成的里胥负有"擒贼"之责,而其一旦不能完成职役,则会面临相当严重的惩罚,因此"惧死而逃"。

由上可知,安史之乱后唐朝廷强化了江淮富民土豪的责任,江淮富民土豪在承担唐朝廷交付的职役时面临破产甚至身死的风险。在不堪忍受唐朝廷赋役压力的情况下,他们最终走上了武装反抗唐朝廷的道路。⑤ 观察肃代德之际的江淮民乱,不难发现一个突出的现象——民乱的领导者往往是地方土豪。其大端者如袁晁、陈庄、方清、许钦等人,皆是陈谏口中列举的"人不堪命,皆去为盗贼"的州县富人,他们在史书中多被称为"豪士""土豪""大豪",此点学者已多有注意到。⑥ 因此可以说肃代德之际的江淮民乱与安史乱后江淮富民土豪责任的强化有着莫大的联系。

---

① 《资治通鉴》卷 222"宝应元年建寅月"条,第 7119 页。

② (宋)王谠撰,周勋初校证:《唐语林校证》卷 1《政事上》,北京:中华书局,1987 年,第 62 页。

③ 《新唐书》卷 126《韩滉传》,第 4435 页。

④ 《唐语林校证》卷 1《政事上》,第 62 页。

⑤ 李福长、李碧妍:《唐中叶江淮地区县乡吏治的富豪化趋势与农民起义》,严耀中、虞云国主编:《中古社会文明论集》,第 161—175 页。

⑥ 周殿杰:《肃代之际的江淮和大历财政改革》,《唐史学会论文集》,第 244 页;李福长、李碧妍:《唐中叶江淮地区县乡吏治的富豪化趋势与农民起义》,第 166 页。

三、两点总结

（一）自富民土豪阶层出现以来，便有一个富民责任不断强化的过程，特别是自梁陈隋唐以来，江淮富民土豪越来越多地承担起王朝国家的赋役责任。富民土豪责任强化的过程，也是王朝国家对富民土豪阶层在赋役上的依赖越来越重的过程。一方面是在税源上努力向富民土豪倾斜，逐渐建立按财富征税的税赋体制，其发展的最终方向是两税法。但另一方面，不管王朝国家在赋税制度上怎么变化，其试图降低标准扩大征税范围的趋势、富民土豪依靠权势或降低户等而躲避赋税等问题，又往往使其制度产生悖论，导致富民土豪阶层的赋税负担又相对减轻，这在六朝以来的赋税制度变革实践中已有充分证明，[①]包括后来的两税法亦复如是。[②] 因此除赋税层面外，王朝国家在征役层面亦多向富民土豪倾斜，以弥补税制的不足，自梁陈隋唐以来越来越多的职役被加诸富民土豪身上。对王朝国家来说，富民土豪征役责任的强化，其意义有二：一是充分利用富民土豪的财富。以"船头""捉驿"为例，这些职役带有非常高的风险性，只有资产丰厚的富民土豪才能承担得起此类损失；二是充分利用富民土豪在地方的权势实现对乡里社会的控制。以取县乡土豪督租赋为例，以往王朝国家难以从富民土豪手中取得相对多的赋税的一个重要原因在于其任命的少财无势的里正、村正等乡官在面临

---

① 张雨：《赋税制度、租佃关系与中国中古经济研究》，第73—82页。

② 两税法行之不久后的弊病如不及时根据资产变化调整户等、两税正额的增加、钱重物轻、折纳和加耗的征收等，实际上又导致了贫富差距和农民负担的加重。详可参看陈仲安：《试论唐代后期农民的赋役负担》，武汉大学历史系编《史学论文集》第1集，1978年，第114—121页。

权势强大的富民土豪时处于弱势地位，^①同时以往勋官、白丁出身的里正、村正等乡官由于难以收齐赋税而面临行政及财政负担，以致出现"当选者亡匿以免"^②，乡官制难以为继的局面。直接以富户承担催驱赋役的责任，一方面解决了征税时的权势强弱问题，即便仍有可能出现难以收齐赋税的局面，但资产丰厚的富户相比原来勋官、白丁出身的里正、村正，其承受行政及财政损失的能力显然更强，另一面富户本身亦再无法逃脱纳税的责任，这无疑是一项釜底抽薪之策。此外诸如维持乡里社会的治安、监控户口等乡治责任，同样需要利用到富民土豪在地方的财富、权势、威望、人脉等资源。富民土豪在征役层面责任的强化，其最终的发展方向是户役制。

在富民土豪责任强化的过程中，王朝国家与富民土豪层形成了这样一种博弈关系："国家必须保护富民，必须依靠富民，双方具有利益上的一致性，但其中又充满着矛盾和斗争。从国家的角度来讲，国家总是希望从富民那里得到更多的赋税，希望富民'安其富而不横'，在乡村统治中发挥更多的作用；而从富民来说，则是希望尽可能地少交赋税，少承担徭役，并能够在乡村控制中扩大自己的力量。"^③总之王朝国家与富民土豪层间存着一种既妥协又对抗的博弈状态。肃代德之际的江淮民乱便是这种博弈状态下最激烈的呈现形式——武装对抗，原因自然在于安史之乱后特殊的财政形势加重了江淮的经济负担，使唐朝廷对江淮富民土豪的赋役征敛超过了其所能承受的极限。面对江淮土豪领导的民乱，唐朝廷采取了拉打并用的策略，一方面征调李

---

① 林文勋、谷更有：《唐宋乡村社会力量与基层控制》，第154—155页。
② 《新唐书》卷112《韩琬传》，第4166页。
③ 林文勋、谷更有：《唐宋乡村社会力量与基层控制》，第50页。

光弼等将领对动乱进行武装镇压，另一方面则任用刘晏等人进行改革，制定税法，调节劳役，把赋役压力控制在一定限度内。^①此后唐朝廷与江淮富民土豪的对抗状态趋向缓和，不再以激烈的大规模武装斗争形式呈现，但这并不意味着双方博弈状态的结束，相反双方在多个层面都展开了博弈。

（二）此次江淮民乱中另一个值得注意的现象是土豪层与农民层的结合。唐朝廷对江淮财赋的掠取过程，同样是对江淮农民赋敛不断加重而加速其破产的过程。当时的江淮因唐朝廷的横征暴敛、北方军人南下的劫掠及严重的自然灾害，产生了大量的破产农民。^② 在史料中不难看到江淮农民因饥荒和过重的赋役而相聚为盗的记载，如乾元年间，"江淮凶饥，相扇啸聚"^③。宝应元年（762）元载于江淮行白著时，"民有蓄谷十斛者，则重足以待命，或相聚山泽为群盗，州县不能制"^④。在反抗唐朝廷过重的赋役征敛上，此时的江淮土豪和破产农民的立场是一致的。江淮地区大量的破产农民成了江淮土豪武装反抗唐朝廷时招纳兵源最适合的对象，他们运用其在乡里社会的权势和财富迅速把大批破产农民招致麾下。据韩滉所言，袁晁"本一鞭背史，禽贼有负，聚其类以反，此辈皆乡县豪黠"^⑤，从袁晁"聚其类以反"，起

① 关于大历年间的财政改革，详可参看周殿杰：《肃代之际的江淮和大历财政改革》，《唐史学会论文集》，第235—258页。

② 周殿杰：《肃代之际的江淮和大历财政改革》，《唐史学会论文集》，第235—258页。

③ 《权德舆诗文集》卷20《唐故大中大夫守国子祭酒颍川县开国男赐紫金鱼袋赠户部尚书韩公行状》，第312页。

④ 《资治通鉴》卷222"宝应元年建寅月"条，第7119页。

⑤ 《新唐书》卷126《韩滉传》，第4435页。

事后"民疲于赋敛者多归之"①的情况看,袁晁集团是一个以土豪层为核心同时招纳了大量破产农民组成的武装集团。代宗永泰年间的方清在史书中被称为"苏州豪士"或"土豪",他"因岁凶诱流殍为盗"②,同样是通过招纳流民组成武装集团。在稍晚的德宗建中元年(780)的湖南叛乱中,为反抗观察使辛京杲的横征暴敛,当地豪富王国良就"因人所苦,遂散财聚众,据县以叛"③,李皋平乱后对王国良兵士的安置是"令复农桑",说明王国良通过"散财"招纳的兵源正是大量农民。

肃代德之际的江淮民乱是江淮富民土豪首次以武装集团的形式登上历史舞台,其重要特征是与农民层的结合。与宗族土豪不同,以经济力量为特征的富民土豪并没有类似部曲或宗部的武装力量,因此在武装反抗唐朝廷的过程中他们首先要解决的便是兵源问题。日本学者在论及唐宋之际的社会变革时有所谓"农民层分解"理论,随着商品经济的发展、土地兼并和贫富分化,原来的小农社会分解出富商、土豪层和破产农民,在此基础上双方产生了新的结合形式。④ 此时的江淮正处于大土地所有制发展、农民层走向分解的阶段,⑤土豪层与破产农民逐渐形成了新的结托关系:一方面大量失去土地的农民进入土豪控制的

① 《资治通鉴》卷222"宝应元年八月"条,第7130页。
② 《新唐书》卷146《李栖筠传》,第4736页。
③ 《旧唐书》卷131《李皋传》,第3638页。
④ 关于唐代农民层分解的研究,详可参看堀敏一「唐末の変革と農民層の分解」『歴史評論』88号、1957、2—12頁。
⑤ 松井秀一「唐代後半期の江淮について——江賊及び康全泰・裴甫の叛乱を中心として」『史学雑誌』66編2号、1957、94—122頁。

田庄,"依托豪强,以为私属,贷其种食,赁其田庐"①,与土豪建立了雇佣关系;另一方面为躲避日益加重的赋税负担,江淮地区产生了大量的浮寄户和逃户,他们中很大一部分受庇于地方土豪,即所谓"避公税,依强豪作佃家也"②,成为契约佃农。③ 由此在起兵之初,江淮土豪可能就有一定数量的庄户与佃客作为其兵源基础。然而正如堀敏一所指出的,此种兵源的来源方式还是相对狭窄,土豪仍需通过招募徒众扩大队伍规模。④ 在此次江淮民乱中,可以看到土豪层通过给予破产农民或流民以赋役上的庇护、运用自己在乡里社会的威望及号召力,或者直接散财等方式,招聚了大量的破产农民或流民,最终形成了一定规模的武装力量。同时还要看到土豪层赖以实现对武装集团支配的手段——为农民提供保护、威望及号召力的运用、土地和财富等,其运用领域都是基于乡里社会的,这使得土豪层组织的武装集团很难脱离乡里社会的范畴,同时也导致部分土豪武装崛起后仅满足于保持对乡里社会秩序的维持,⑤而难有更大的政治野心。于是当唐朝廷通过改革缓和了与土豪层的矛盾后,其与土豪间的关系便重新趋于某种程度上的平静,虽然在平静背后依然暗流涌动,但至少在唐末之前双方间都不会再有类似肃代德

---

① (唐)陆贽撰,王素点校:《陆贽集》卷 22《均节赋税恤百姓六条》,北京:中华书局,2006 年,第 768 页。

② 《通典》卷 7《食货七·丁中》,第 156 页。

③ 陈勇:《唐代长江下游经济发展研究》,上海:上海人民出版社,2006 年,第 366—371 页。

④ 堀敏一:《藩镇亲卫军的权力结构》,《日本学者研究中国史论著选译》第四卷《六朝隋唐》,北京:中华书局,1992 年,第 629—630 页。

⑤ 事实上,在此次江淮民乱中,当唐朝廷派出诸如李栖筠、独孤及、李皋等较为开明的官僚,采用安抚政策解决繁重的赋役对乡里秩序的破坏后,无论是土豪层还是依附于其的农民层,大多选择放弃武装对抗而"复农桑"。

之际的大规模武装对抗了。

第四节 土豪与江淮县乡吏治的豪吏化

随着富民土豪的乡治责任被唐朝廷强化,富民土豪越来越多地承担起县乡职役,在县乡吏治中扮演起重要角色。至德宗时期,江淮县乡吏治中就出现了韩滉所说的"里胥者,皆乡县豪吏"的现象。所谓"豪吏","皆乡县豪黠",在地方上"族系相依",大多兼具土豪和胥吏的双重身份:一方面他们是地方土豪,在乡里社会拥有一定的土地、财富和权势,并借此成为影响唐朝廷县乡治理的重要因素,也是唐朝廷利用他们承担县乡职役的重要原因;另一方面作为轮差的职役,他们要执行唐朝廷的基层政策,在乡里社会承担起催驱赋役、检查户口、维系治安等职责,唐朝廷很大程度上依赖其来维系对乡里社会的控制。黄宽重在《从中央与地方关系互动看宋代基层社会演变》一文中亦谈到了胥吏身份的双重性,[①]然其所论宋代的胥吏层与本节所论唐江淮县乡豪吏仍有较大不同。唐宋间县乡吏职的一个发展趋势是由民户的定期轮差制度向雇募方式逐渐转变,并最终在宋代形成了专职的胥吏,胥吏层实际上发展成了有别于官僚层和土豪层的另一阶层,也有学者将其作为王朝国家与乡里社会间的代理层,其双重性是源于其作为王朝国家和乡里社会中间阶层的性质决定的,总之在宋代雇募式的专职胥吏层形成后,他们与土豪层已经是截然不同的阶层。在唐代江淮社会,县乡吏治中的胥吏层本身即由土豪人群构成,土豪层与胥吏层的分野仍相对模

糊,对这一兼具土豪与胥吏性质的职役人群,不妨遵循史书的记载称之为"豪吏"。

唐后期江淮县乡吏治的豪吏化,一个较为直观的体现是江淮土豪在县乡职役中占据了大量职位。杜牧在《祭城隍神祈雨文》(第二文)中言及黄州乡、村胥吏的构成状况是:"乡正村长,强为之名,豪者尸之,得纵强取,三万户多五百人,刺史知之,亦悉除去。"①黄州乡、村级胥吏五百多人皆豪者为之,再结合韩滉所说的里胥"皆乡县豪黠"的情况,可以看出土豪层成了唐后期江淮县乡胥吏的主要来源人群。除数量众多外,由土豪承担的职役类型、职位等亦较为多样,如安史乱后江淮土豪的职役包括催驱赋役、检查户口、维系治安等,所任职位则包括里胥至县令②不等。

以往研究者在论述土豪层时往往从王朝国家的层面出发,强调其对土豪层加以利用的一面,将土豪层作为王朝国家对乡村实施控制的主要承担者,由此似乎也解释了江淮土豪在县乡职役中占据大量职位的原因。职役的承担对土豪亦是极大的负担,他们往往通过各种手段逃避赋役,甚至是发动武装叛乱,肃代德之际的江淮民乱便印证了这一点。然而在一些史料中却不难发现一个相反的现象,即土豪层对担任包括县乡胥吏在内的职役趋之若鹜。如杜牧言及的黄州土豪,"乡正村长,强为之名,豪者尸之",多达五百多人;又如韩滉镇海军时期,因恐土豪为

---

① 《樊川文集》卷14,第203页。
② 刘晏在江淮行白著曾"择豪吏为县令而督之"。事实上由于县令经常要躬亲庶务,职掌繁剧,"类似有权的胥吏",唐后期的县令已有"胥吏化"趋势。详可参见李锦绣:《关于唐后期官与吏界限的几点思考》,《暨南史学》第4辑,2005年,第116—129页。

乱,曾"置浙东营吏,俾掌军籍,衣以紫服,皆乐为之"①;杜甫在西川时,亦发现当地土豪子弟"尽在节度衙府州县官长手下"②,皆是土豪层较为主动和情愿的承担县乡职役。那么该如何解释这一矛盾现象呢?

首先要明确的一点是,像江淮动乱这样因土豪层不愿担任沉重职役而发动武装叛乱的事件是土豪层和王朝国家博弈的极端状态,在社会安定、吏治清明的情况下土豪层与王朝国家的关系仍是相对融洽的,③在县乡承担职役的负担对土豪层而言并非不可承受。而为提高土豪层的积极性,唐朝廷还会制定一些相对优惠的政策,如为提高富户捉官钱的主动性,曾制定免其其他差遣的优惠政策。④ 再如杜牧所言江淮的土盐商,这些土盐商皆各州的"土豪百姓,情愿把盐每年纳利",他们之所以情愿担任土盐商,乃在于任此职后"两税之外,州县不敢差役"。⑤ 另一个经常被研究者引用以证唐朝县乡胥吏待遇的例子是毕諴之舅的例子,唐相毕諴之舅是太湖县的伍伯,毕諴以此为耻,命人安排其入京为官,但毕舅却坚拒此事,自称其为伍伯"每岁公税,享六十缗事例钱,苟无败缺,终身优渥"⑥。可见,土豪层在担任县乡职役的同时是可以享受到一定程度的优待的。

当然以上优待的获得是建立在毕舅所说的"苟无败缺"的基

---

① 《唐语林校证》卷1《政事上》,第62页。

② (唐)杜甫著,(清)仇兆鳌注:《杜诗详注》卷25《东西两川说》,北京:中华书局,1979年,第2212页。

③ 林文勋、谷更有:《唐宋乡村社会力量与基层控制》,第53—58页。

④ 林文勋、谷更有:《唐宋乡村社会力量与基层控制》,第158页。

⑤ 《樊川文集》卷13《上盐铁裴侍郎书》,第196页。

⑥ (五代)孙光宪撰,贾二强点校:《北梦琐言》卷4《毕舅知分》,北京:中华书局,2002年,第73页。

础上的,在另外一些情况下,土豪层在承担国家职役时也会面临"败缺"的危险,首要者便是国家和地方官员的过分压榨,如唐朝廷虽以优惠政策引诱富户捉官钱,但时间一长,诸司贪利,致使富户纷纷破产。再如土盐商,后期由于监院的"多是诛求"而"破散将尽"。因此土豪在享受优待的同时也存在着因政策变化或吏治败坏而"败缺"的风险。由此也就解释了为何部分土豪会热衷担任国家职役,在于其时他们看到了其中的好处,而部分土豪又会千方百计逃避国家的职役,在于其时他们看到了其中的风险。在这个层面上可以说,土豪们无论是避役还是雇人代役,倒不是因为担任国家职役给他们带来的负担,而是为了在最大限度上降低因担任国家职役带来的"败缺"风险。此外需要注意的是,毕舅之所以觉得每年"享六十缗事例钱"是一件"终身优渥"之事,乃在于他本人出身寒微,对本就富裕的土豪层来说,担任国家职役所获得的优待对其有多大的吸引力仍是一个问题。因此正如研究者猜测,除国家的优待政策外,毕舅之所以难舍伍伯之位或许在于"其真实的地位或面貌"[①],土豪层之所以甘冒"败缺"的风险也要担任县乡职役,其更大的利益在于其时县乡吏职在地方行政中的重要性及由此带来的地位,土豪层往往通过担任县乡吏职对地方行政进行渗透,扩大自己在地方的势力和利益。对此现象,佐竹靖彦在研究宋代建州地域的土豪和地方行政的关系时有着精辟的论述:"我们应该重视土豪们掌握的这种公共影响力即使在王朝自身的行政机构成立之后,也并非是存在于其外的不同范畴的东西。它们常常是寄生在王朝自身的行

---

① 冻国栋:《汉唐间"伍伯"浅识》,《中国中古经济与社会史论稿》,武汉:湖北教育出版社,2005 年,第 34 页。

政机构之上,以吸纳王朝权力的形式存在的。在王朝行政机构的形成期,王朝的行政机构是通过吸收土豪对地方的统治力量而形成的。这一时期土豪对地方的私人影响力也是通过同样方式,但是倒过来进行而形成的。"①在王朝国家利用土豪层实现对乡里社会控制的同时,土豪层也借此对王朝国家的乡里社会行政机构进行渗透。江淮县乡吏治中的豪吏化现象,从另一个层面讲也是土豪层对王朝国家行政机构进行反向渗透的产物。江淮土豪层通过职役的担任对县乡吏治进行渗透和控制,并借此获取巨大的利益和权势,以下举例加以分析。

　　杜牧在黄州担任刺史时观察到黄州"吏仅百辈,公取于民,里胥因缘,侵窃十倍,简料民费,半于公租",这些"得纵强取"的州吏县乡里胥皆是"强为之名,豪者尸之"②。黄州的豪吏们大肆搜掠民间财富,竟达到了半于公租的地步。这些豪吏分为不同的层级,首先是州县的豪吏以"公"之名向百姓索取,再往下则是里胥打着为州县催驱赋役的名义,层层加码,其盘剥的重要手段是"茧丝之租,两耗其二铢;税谷之赋,斗耗其一升"。在这里,豪吏们掠取财富是借由行使县乡行政职权的方式来实现的,而其职役地获取则因缘于其为地方土豪,可以"强为之名",甚至可以空占职位而不做事(尸之),典型地体现了豪吏的两面性。

　　黄州的豪吏们之所以能轻易侵窃地方的行政权力,据杜牧分析乃在于黄州之前"治出武夫"③,在改由文吏治理后又"未尽削除",再加以他本人又"未尝为吏,不知吏道",给了豪吏们作奸

---

　　①　佐竹靖彦:《宋代建州地域的土豪和地方行政》,《佐竹靖彦史学论集》,北京:中华书局,2006年,第218页。

　　②　《樊川文集》卷14《祭城隍神祈雨文》(第二文),第203页。

　　③　应是指黄州之前处在淮西军人吴元济治下。

犯科的机会。事实上,"不知吏道"是唐中叶以来州县官员的普遍问题,肃宗在诏敕中便曾指出:"或有案牍之间,曾未闲于令式;征赋之际,皆委任于胥徒。"①州县官员既对案牍令式不甚熟悉,便皆委事务于胥吏,给胥吏们提供了极大的操弄行政权力的空间。在州县官不能有效地控制管理基层的行政机构和事务时,本来在地方就颇有根基的土豪们在担任国家职役后便转而借此机会掌控了县乡行政的实际权力。其夸张者,部分土豪甚至直接攫取县级长官之职,如懿宗时期的慈溪豪纵陈珹一度"冒名仕至县令"②。

吕温任衡州刺史时,检括当地户口,发现隐藏不输税户万余。这些检括出来的隐户"州县虽不征科,所由已私自率敛"③,隐户们不向州县纳税,却要向胥吏们交纳资敛。唐后期以来江淮地区豪家隐蔽户口的现象极为普遍,④更有为避公税"依强豪作佃家"⑤者。这些"私自率敛"的胥吏很可能便是当地土豪,他们通过担任职役的便利对依托他们的税户进行隐蔽,而这些被隐蔽的税户相应的要向他们输纳资敛,由此便有了吕温所观察到的"州县虽不征科,所由已私自率敛"的现象。衡州的豪吏们已并非简单的侵夺国家的地方职权了,而是通过自己在地方的权势和对所担任县乡职役的利用,直接取代国家成为乡里社会部分人群的纳税对象。

结合上文,不难联想到元载在江淮行白著时"择豪吏为县令

① 《册府元龟》卷69《帝王部·审官》,第737页。
② 《新唐书》卷167《王式传》,第5121页。
③ 《唐会要》卷85《定户等第》,第1558页。
④ 陈勇:《唐代长江下游经济发展研究》,第366—371页。
⑤ 《通典》卷7《食货七·丁中》,第156页。

而督之"的原因,一则在于部分豪吏已取代"不知吏道"的县令成为县乡行政机构和事务的实际控制者和管理者,二则豪吏作为地方土豪实则掌握了大量的户口,甚至取代国家成为民户的纳税对象。元载择豪吏为县令,无疑是想通过控制豪吏的方式间接实现对县乡社会的控制,以更有效率地搜掠民间财富,其原理正类似于国家通过任命土豪为里正、村长等职来实现对乡村的赋役征收。通过此例也可看到江淮县乡吏治中豪吏渗透程度之深,以致元载干脆以豪吏为县令而承认其在县乡行政中的地位。

江淮县乡吏治的豪吏化还影响到了地方整体风貌的形塑。德宗贞元年间,罗珦为庐州刺史,在其履职前庐州的风貌是:"庐江之俗,不好学而酷信淫祀,豪家广占田而不耕,人稀而病于吏众。"[1]首先可以看到庐州与杜牧观察到的黄州一样,存在着胥吏狠滥的情况。如此多的胥吏,绝大部分恐怕还是类似黄州的情况,由土豪通过各种手段强行担任,或存在土豪层与胥吏层勾连的情况,以实现其广占田、避赋役甚至通过职役谋利的目的。针对这一状况,罗珦就任后的政策是"每里置里胥一人而止,余悉罢之",而从"至定赋之际,集人正坐,众议其重轻,里胥书于籍,而无得措一辞焉,是以赋均而无铢两之差"的情况看,庐州豪吏通过职役盘剥财赋的手段也与黄州豪吏类似。其次可以看到的是,通过自身的吏化或与胥吏的勾连,土豪层能更便利地扩展在地方的势力,甚至可能大大超过了其自身能力所能承受的范围,以致出现"广占田而不耕"的现象。以上两点,在前述例子中或多或少都可以看到,庐州此例中特殊的一点是豪吏对乡里社会文化风貌的形塑。庐州风俗"不好学而酷信淫祀","舍药物而乞

---

[1] 《全唐文》卷 478 杨凭《唐庐州刺史本州团练使罗珦德政碑》,第 4884 页。

灵於鬼神",显然都与缺乏文化修养的土豪层主导了乡里社会的文化秩序有关。在罗珦以乡塾党庠行教化的政策中,除儒家礼义文化的教导外,有一条是"圆冠方屦者不补吏",也就是说原来的乡塾党庠教育出来的儒生大多数是以"补吏"为归宿的,这无疑是豪吏文化影响下的结果。在豪吏的控制下,庐州的社会文化风貌是整体偏向庸俗化和功利化的。

县乡吏治豪吏化的发展还导致了土豪层内部的分化。张泽咸在《唐代的衣冠户和形势户》一文中分析指出自五代、宋以来,地方社会常见的所谓形势户、有力户实际上自唐后期以来便初见端倪于类似"有力职掌人"的踪迹中,他们是地头蛇,同时可能在地方行政机构中是一些具体事务的办事人。[①] 五代、宋以来常见的形势户,据马端临的解释乃"系见任文武职官及州县势要人户"[②],可见形势户的一个关键特征便是吏职的担任。因此完全可以把张泽咸列举的唐后期的"有力职掌人",五代、宋的形势户看成本书所论豪吏。张文所论虽为唐代形势户,然其所引有明确形势户称呼的资料却皆属五代时期,以致不得不曲为之说:"这些资料固然都属于五代,我们知道,五代时期的政治和经济,都是无甚改变的沿袭唐代。"事实上可以完全不拘泥于严格的名称限制,而把从唐后期较为模糊的类似"有力职掌人"的多种称呼到五代、宋普遍明确的形势户称呼的变化,当作这一人群由形成到壮大,以致可以被明确定位称呼的过程。形势户称呼在五代的明确出现,说明这一人群经历了唐后期以来的发展已从土豪层中凸显出来而有别于一般的地方富户了,五代也确实已出

---

① 张泽咸:《唐代的衣冠户和形势户》,《中华文史论丛》1980 年第 3 辑,第 155—174 页。
② 《文献通考》卷 4《田赋考四·历代田赋之制》,第 89 页。

现富户投靠形势户以逃避差科的现象，①这表明形势户和一般富户已经是不同的两个阶层了。形势户之所以能在土豪层中凸显出来并有别于一般富户，无疑是因他们借助吏职的担任在地方上形成了势要所致。因此可以说五代至宋地方社会形势户的出现及形势户与一般富户的区分，便是县乡吏治豪吏化发展导致土豪层内部分化的结果。

　　在上述例子中不难发现豪吏对地方行政职权的侵取，往往是利用了地方官员疏于吏治的弱点，不论是因地方官员"不知吏道"为豪吏所欺诈还是慑于豪吏在地方的势力无所作为，皆是作为国家权力代表的地方官员不能有效行使国家职权。因此一旦地方官员能够切实强化国家在地方行政职权行使中的主体地位，地方吏治中的豪吏化趋势便会遭到遏制。如在罗珦、杜牧到任前，庐州和黄州显然是典型的豪吏控制下的社会，但在罗珦、杜牧这样较有作为的地方官员到任后，他们能躬行国家职权，通过削减胥吏人数、禁止豪吏行使职权时的作弊行为、践行儒家教化等手段从豪吏手中夺回地方控制权，扭转乡里社会风貌。

　　相对而言，罗珦、杜牧等地方官员打击裁制豪吏的行为尚属平和，一些较为刚猛严苛的地方官员则会在特殊时期对豪吏采取较为严厉的惩治措施。就江淮而言，针对豪吏最出名也是最严苛的一次打击，是韩滉出镇浙西时的大规模"遍惩里胥"行动，据记载：

　　　　韩晋公镇浙西地，痛行捶挞，人皆股栗。时德宗幸梁洋，众心遽惑，公控领十五部人不动摇，而遍惩里胥。或有诘者，云："里胥闻擒贼不获，惧死而逃，哨聚其类，曰：'我辈

------

① 张泽咸：《唐代的衣冠户和形势户》，《中华文史论丛》1980 年第 3 辑，第 169 页。

进退皆死,何如死中求生乎?'乃挑村劫县,浸蔓滋多。且里胥者,皆乡县豪吏,族系相依。杖煞一番老而狡黠者,其后补署,悉用年少,惜身保家,不敢为恶矣。今上在外,不欲更有小寇以挠上心。"其旨如此。其里胥不杖死者,必恐为乱,乃置浙东营吏,俾掌军籍,衣以紫服,皆乐为之。潜除茞豪,人不觉也。①

其时正逢泾师之变德宗出逃长安、北方发生叛乱之际。唐王朝自安史之乱以来,一旦北方有战事发生,为保证对平叛军队的军费供给,往往会加大对江淮的盘剥,作为催驱赋役主要承担者的豪吏们在国家的压榨下往往处于韩滉所言的"进退皆死"的境地。另一方面,豪吏们既有地方根基又能借行政职权获取巨大利益,形成了"族系相依""哨聚其类"的地方网络,使他们在面临"进退皆死"的处境时有能力做出对抗国家的选择,成为潜在的作乱根源。这也是韩滉在北方变乱时要坚持遍惩豪吏的重要原因,即所谓"今上在外,不欲更有小寇以挠上心"。此外,不难发现豪吏通过侵占县乡职权,实际上侵吞了大量地方财赋,对豪吏的打击是把"潜资于奸吏"的财赋重新收归国有的一个重要手段,韩滉更有"惩人吏,皆是罚钱"②的直接掠夺手段,这都有助于增加当地的财赋收入进而为北方的平乱提供支持。懿宗咸通年间,王式在浙东平定裘甫乱事后也有过一次打击地方豪吏的行动:

余姚民徐泽专鱼盐之利,慈溪民陈瑊冒名仕至县令,皆豪纵,州不能制。式曰:"甫窃发,不足畏;若泽、瑊,乃巨猾

① 《唐语林校证》卷1《政事上》,第62页。
② 《册府元龟》卷160《帝王部·革弊》,第1779页。

也。"穷治其奸，皆榜死。①

余姚豪纵徐泽估计是类似杜牧所言的把盐纳利的"土盐商"，并借此垄断了当地的鱼盐之利，而慈溪豪纵陈璠则直接侵夺了整个县的行政职权，两者都侵占了国家的职权和利益，相比一时"窃发"的裴甫，他们所代表的豪吏人群对国家利益的侵害更加持久，因此王式要穷治其奸。除江淮外，大规模的整治地方豪吏事件尚有高骈在僖宗乾符年间镇抚西川时，在南诏入侵后的地方整顿中"索阖境官有出于胥吏者，皆停之"②的举动。统观以上三例，严惩豪吏的行为都出现在大型变乱发生时，这绝不是偶然。正如学者指出的："富民与国家的博弈，主要应是一种利益分配和社会资源控制的斗争。"③大型变乱发生时正是国家加紧攫取利益和集中社会资源应对乱事之时，对通过侵占国家职权来侵夺国家利益和社会资源的豪吏自然要严加打击，甚至更进一步倒逼侵占原本豪吏以土豪身份占有的利益和社会资源，实现国家权力对地方社会的绝对控制。再加以韩滉、王式、高骈诸人皆是以行事严苛果断著称的官员，对豪吏的打击自不会心慈手软。

　　总之，在王朝国家和土豪层对县乡职役的博弈中，无论是王朝国家强化富民责任使土豪成为县乡赋役的主要承担者还是土豪层利用担任吏职的便利使县乡吏治趋向豪吏化，皆是双方互相渗透的一体两面：一个是以国家之权利用地方之势，一个是以地方之势侵蚀国家之权。对土豪层而言，他们不能接受国家过

---

①　《新唐书》卷 167《王式传》，第 5120—5121 页。
②　《资治通鉴》卷 252"乾符二年三月"条，第 8178 页。
③　林文勋、谷更有：《唐宋乡村社会力量与基层控制》，第 52—53 页。

分强化富户责任而给他们造成极大负担，以致通过各种方式逃避国家赋役，甚至进行武装反抗；对王朝国家而言，他们同样也不能接受土豪通过担任国家职役之便侵蚀国家之权，侵吞国家在地方的利益，在吏治强化或特殊时期，王朝国家必然要运用各种手段打击豪吏，"恶霸的土豪以受王法制裁、将他们从王朝那里盗取霸占的地方公共行政机能返还给王朝的形式脱离地方政治"①。县乡吏治的豪吏化就其实质而言是土豪在乡里社会有势而无权，国家在乡里社会有权而无势，豪吏群体的出现是双方各取所需进行一定程度结合的表现。只是就呈现的面貌而言，由于双方对各自利益的强调，二者间的矛盾仍不可避免，这种结合方式对二者来说都难言满意。

第五节　土豪富商与江淮盐茶之政

一、唐代盐茶间接专卖制度与土豪富商的关系

唐前期朝廷对盐利的获取主要是通过盐税的形式，尽管开元年间刘彤曾向玄宗上书建议采取盐铁官营制度，但因种种原因而未被采用。② 安史之乱后唐朝廷遭遇严重财政危机，潜含巨大价值的江淮盐利自然被纳入了唐朝廷的关注之中。在安史之乱爆发未久的至德元载（756），第五琦便进言玄宗："今方用兵，财赋为急，财赋所产，江、淮居多，乞假臣一职，可使军无乏用。"③

---

① 佐竹靖彦：《宋代建州地域的土豪和地方行政》，《佐竹靖彦史学论集》，第226页。

② 陈衍德、杨权：《唐代盐政》，西安：三秦出版社，1990年，第39—46页。

③ 《资治通鉴》卷218"至德元载八月"条，第6992页。

对江淮盐法的改革正是从第五琦开始的。乾元元年（758），第五琦出任盐铁转运使，开始推行江淮盐铁专卖制度：

> （第五琦）于是始立盐法铁，就山海井灶收榷其盐，立监院官吏。其旧业户洎浮人欲以盐为业者，免其杂徭，隶盐铁使，盗煮私盐，罪有差。亭户自租庸以外，无得横赋，人不益税，而国用以饶。[①]

唐朝廷设立主管盐经营的官吏和机构，由盐铁吏员负责盐的收购与销售，同时原有的盐业从业人员及浮户也被吸收到盐铁系统中成为从事盐生产的亭户，在盐的生产、收购和销售环节都实现了国家对盐利的独占。第五琦经营下的盐法，是政府全面垄断盐业经营的各个环节以获利，支撑其制度的基础人群是各式主管收购和销售的盐铁吏员及负责生产的旧业户和浮人组成的亭户。

第五琦设立的专卖制度使唐朝廷在江淮盐利中收获颇丰，大大缓解了战时的财政窘境。然而作为一种战时手段，这一专卖制度仍存在诸多弊病。刘晏就任盐铁使后就曾指出第五琦专卖制度的弊端，又长庆二年（822）张平叔曾提出恢复类似第五琦的专卖制度，韩愈予以逐条反驳。[②] 在刘晏和韩愈的批评中不难看出全面官营的专卖制度的诸多弊病，其大端者在于全面官营，国家需顾及盐业经营的各个方面和环节，盐业管理机构及盐铁吏员不得不随之膨胀，由此带来了高昂的行政管理成本，同时大量的机构和吏员也容易滋生奸蠹，造成"官多民扰"的局面。全面官营也很难适应盐业的市场化需求，效率低下。商人被摒除

---

① 《唐会要》卷 87《转运盐铁总叙》，第 1588 页。
② 《韩昌黎文集校注》卷 8《论变盐法事宜状》，第 646—653 页。

于盐业经营之外,使得他们常常冒险偷贩私盐,造成奸盗横行。在政治和财政形势相对缓和后,针对这一制度进行改革就尤有必要,这一改革是由刘晏主导的。刘晏的改革涉及盐法的多个方面,包括产收、运销、征榷及行政诸方面,其中最关键者在于把原来由国家控制的运销环节交予盐商:

> 晏以为官多则民扰,故但于出盐之乡置盐官,收盐户所煮之盐转鬻于商人,任其所之,自余州县不复置官。①

在此盐法下国家主要负责盐户和产场的管理,再统一对生产出来的食盐进行收购和批发,批发对象便是获得国家贩盐特许的盐商,盐商在向国家购买食盐后可在市场自由贩运、销售,由此建立了一套"国家榷盐,籴与商人;商人纳榷,粜与百姓"②的间接专卖制度。此后唐代的盐法大体是沿袭刘晏建立的这一间接专卖制度。

相比盐法,唐王朝则迟至建中三年(782)方开始税茶,③但就性质而言仍类似于竹木漆器之税,属于关市商税。真正奠定唐代茶法模式的是贞元九年(793)时任盐铁使张滂所立的茶法:

> (张滂)奏立税茶法。郡国有茶山,及商贾以茶为利者,委院司分置诸场,立三等时估为价,为什一之税。④

又《旧唐书》记载:"伏请于出茶州县,及茶山外商人要路,委所由定三等时估,每十税一。"⑤张滂茶法的意义在于其将茶利于一般

---

① 《资治通鉴》卷226"建中元年七月"条,第7286页。
② 《韩昌黎文集校注》卷8《论变盐法事宜状》,第650页。
③ 鲍晓娜:《茶税始年辨析》,《中国史研究》1982年第4期,第49—52页。
④ 《唐会要》卷87《转运盐铁总叙》,第1591页。
⑤ 《旧唐书》卷49《食货志》,第2128页。

商税中分割出来,成为类似盐政的独立专卖系统。其主要方法是在产茶地和茶叶运销要路设置茶场,建立起一套专门的茶政管理机构,由茶场机构负责茶叶等级和价格的评定,并以此作为茶税收取的依据。在此制度下国家虽不直接垄断茶叶的收购和批发环节,然而从实施效果来看"商人与园户的交易被置于官府的严格监督之下,官府仍是茶叶流通中不可逾越的环节,从而政府实现了对商人购茶环节的间接垄断"[1]。也就是说国家仍在实质上控制了茶叶的收购环节,并在此基础上征收茶税。这一做法实际上与盐法的间接专卖制度相似,即都由国家控制产购环节,然后通过征收榷课或专项税,再将盐茶交予商人于市场运销,因此可以认为张滂设立的茶法也是一种间接专卖制度。此后唐代的茶法大体沿袭了张滂茶法的模式。

　　盐茶间接专卖制度的建立,对国家而言虽然让渡出了盐茶经营中运销环节的利权予商人,但同时也节省了很大一部分运营管理成本,商人的市场化经营也能使盐茶之利相比原来增加。对盐茶商人而言则获取了运销盐茶的权利,理论上在国家及盐茶管理机构严格遵循产购运销规则的情况下,他们都可借由市场销售价和国家批发价之间的差价盈利。作为国家特许的盐茶商人,他们还能够在经营中得到国家的保护。此外盐茶商人还享有免役特权,"除两税外,不许差役追扰"[2]。在理想情况下这种模式无疑是一种双赢模式,因而有学者将这一模式称之为"官商分利"模式,[3]在盐茶间接专卖制度下国家与盐茶商人的利益

---

①　黄纯艳:《再论唐代茶法》,《思想战线》2002 年第 2 期,第 70—74 页。

②　《旧唐书》卷 48《食货志》,第 2109 页。

③　鲍晓娜:《从唐代盐法的改革论禁榷制度的发展规律》,《中国社会经济史研究》1982 年第 2 期,第 16—23 页。

紧密地捆绑到了一起。

就江淮而言，从事盐茶商业活动的大多是当地土豪。这一方面是由于土豪拥有大量的财富，使他们能够承担运销盐茶的成本。实际上自唐后期以来，江淮的土豪多有利用财富从事经营邸店、高利贷、盐茶经营等商业活动，[①]而商人也多有因经商盈利买地购宅而成为地方土豪的，土豪与富商之间往往难以完全区分。[②] 另一方面，由于盐茶商人拥有免役的特权，使土豪往往乐于去做盐茶商人。如杜牧指出江淮"每州皆有土豪百姓，情愿把盐每年纳利，名曰'土盐商'。如此之流，两税之外，州县不敢差役"[③]。

二、土豪富商与国家就盐茶之政的博弈

通过以上对盐茶间接专卖制度及盐茶商人身份的考察，可以确定在唐后期，国家与土豪富商在盐茶运营上结成了一种合作关系，当然这一合作关系的建立仍主要是由国家主导的，国家固然需依赖土豪富商的经济实力进行盐茶的运销工作，但土豪富商对盐茶独家经营权及某些政治特权的获取仍需依赖国家的赋予，并接受国家设立的盐茶机构的管理。国家出于获取更多盐茶利益的需要，随时可能会对土豪富商加以压榨。而土豪富商也经常通过各种手段逃避国家的限制以借由这一合作模式获取更多利益，如此便又会招来国家的限制打击。围绕盐茶之政，

---

① 大澤正昭「唐末・五代の在地有力者について」『柳田節子先生古稀記念 中国の伝統社会と家族』汲古書院、1993、129—149 頁。

② 因此日本学者往往将土豪与富商阶层并称或者将土豪层作为地主和富商的结合体来理解。

③ 《樊川文集》卷 13《上盐铁裴侍郎书》，第 196 页。

土豪富商与国家展开了一番限制与反限制的博弈。

　　土豪富商利用盐茶之政额外获利的情况，大致可分为两类，一类是利用盐茶专卖制度本身的漏洞进行获利。白居易在《议盐法之弊》中便列举了盐商利用专卖漏洞获取盐利的行为：

　　　　臣以为赡薄之由，由乎院场太多，吏职太众故也。何者？今之主者，岁考其课利之多少，而殿最焉，赏罚焉。院场既多，则各虑其商旅之不来也，故美其盐而多与焉。吏职既众，则各惧其课利之不优也，故慢其货而苟得焉。盐美则幸生，而无厌之商趋矣；货慢则滥作，而无用之物入矣。所以盐愈费而官愈耗，货愈虚而商愈饶，法虽行而奸缘，课虽存而利失。①

由于各类盐政场院官吏的考课是以获利多少为标准的，而场院又多，场院官吏为了多获利，便需争相吸引盐商来自己场院批发，其招商手段之一是在批发过程中让盐商多得食盐，所谓羡盐。手段之二则是放宽盐价的抵账方式，允许盐商以实物代盐价，所谓慢货。由此便给了盐商钻营的机会，一方面盐商纷纷去向能够羡盐而多得食盐的场院，少纳利而多获盐。另一方面由于唐朝廷允许盐商以纳绢、漆器等代替盐价，②慢货的结果是场院官吏们为"广虚数以罔上"往往对"不可用者亦高估而售之"，使"无用之物入矣"，此即盐茶专卖中经常存在的"虚估"问题，进而导致"盐铁之利，积于私室，而国用耗屈，榷盐法大坏，多为虚

---

① 《白居易集》卷 63，第 1317—1318 页。

② 建中三年（782）包佶为盐铁使时"许以漆器、玳瑁、绫绮代盐价"（《新唐书》卷 54《食货志》，第 1379 页）。

估,率千钱不满百三十而已"①。

　　另一类则是利用盐茶商的身份特权牟利。由于盐茶商人享有免役特权,"除两税外,不许差役追扰"②。对本身没有政治特权的土豪富商来说,这一特权具有很大的吸引力。于是便出现了白居易所说的"上农大贾,易其资产,入为盐商。率皆多藏私财,别营稗贩,少出官利,唯求隶名,居无征徭,行无榷税;身则庇於盐籍,利尽入于私室"③的现象,土豪层通过列名盐籍获得了免役的特权,但在获得特权后实际并不从事盐业的运销,甚至利用特权从事其他产业以获利。这一现象在唐后期日趋普遍,以致文宗、武宗等多次于诏书中指出此种现象并加以限制。④

　　对以上两类破坏盐政导致盐利"少入官家多入私,官家利薄私家厚"的行为,唐朝廷自然不会视而不见,出台多项措施加以限制,包括检责盐商名籍、实行定量包销、整顿盐铁机构吏治、限制商人为官把持专卖机构等。⑤

　　尽管唐朝廷努力限制土豪富商对盐政的破坏,但唐朝廷本身也常有破坏盐政之举。德宗年间为应对削藩战争,曾大幅度提高官盐专卖价格。为应对专卖价格上涨带来的压力,盐商一方面趁机抬高市场售价,"或时倍之",另一方面则结连产盐的亭户,越过官方的环节收购私盐。如此把专卖价格提高的成本实

---

① 《新唐书》卷54《食货志》,第1379页。
② 《旧唐书》卷48《食货志》,第2109页。
③ 《白居易集》卷63《议盐法之弊》,第1318页。
④ 文宗大和七年(833)八月敕:"如闻皆是江淮富豪大户,纳利殊少,影庇至多。"(《册府元龟》卷507《邦计部·俸禄》,第5772页)《会昌二年四月二十三日上尊号赦文》:"天下州县豪宿之家,皆名属仓场盐院,以避徭役,或有违犯条法,州县不敢追呼。"(《文苑英华》卷423,第2143页)
⑤ 陈衍德、杨权:《唐代盐政》,第153—154页。

际转嫁到了食盐的平民身上，以致有贫民淡食度日。当然并非所有土豪盐商都能在和唐朝廷的争利中占据优势，有的反而成为唐朝廷及各类盐茶管理机构逐利的受害者。唐朝廷的盐政是依赖各类盐茶管理机构展开的，这类盐茶管理机构在盐政中握有极大权力，因此经常成为土豪富商结托的重要对象，双方同流合污侵吞盐利，但同时各类盐茶管理机构也是压榨土豪富商的主力军。杜牧在《上盐铁裴侍郎书》中便举了土豪盐商为盐茶管理机构压榨的例子：

> （江淮）每州皆有土豪百姓，情愿把盐每年纳利，名曰"土盐商"。如此之流，两税之外，州县不敢差役。自罢江淮留后已来，破散将尽，以监院多是诛求，一年之中，追呼无已，至有身行不在，须得父母妻儿锢身驱将，得钱即放，不二年内，尽恐逃亡。

> 今譬于常州百姓，有屈身在苏州，归家未得，便可以苏州下状论理披诉。至如睦州百姓，食临平监盐，其土盐商被临平监追呼求取，直是睦州刺史，亦与作主不得，非裹四千里粮直入城役使，即须破散奔走，更无他图。其间搜求胥徒，针抽缕取，千计百校，唯恐不多，除非吞声，别无赴诉。今有明长吏在上，旁县百里，尚敢公为不法，况诸监院皆是以货得之，恣为奸欺，人无语路。况土盐商皆是州县大户，言之根本，实可痛心。①

江淮的土豪百姓、州县大户本是出于免役的优待而情愿担任土

---

① 《樊川文集》卷13，第196—197页。

盐商,但此时地方盐铁监院却因为江淮留后①的废除而缺乏监督,对土盐商多加诛求,竟导致土豪多有逃亡,破散殆尽。

由以上分析不难看出,土豪层与国家间就盐茶之政展开的博弈主要分为两个层次:一个层次是直接的盐茶利益之争,由于盐茶间接专卖制度"官商分利"的特性,官商间对各自利益的诉求,必然会导致双方间存在既合作又斗争的关系,其表现便是盐商利用羡盐、慢货、勾结专卖机构、乘时射利等行为获利,国家和专卖机构则出台各种限制政策、提高官盐榷价、对盐商多加诛求等进行压榨;另一个层次则围绕盐茶商的政治特权展开,这一展开的过程是国家赋予土豪层一定的政治特权以吸引土豪层承担盐茶运销的经济义务,土豪层献纳出经济力量为国家盐茶之政服务来获取利润和政治特权。就其本质而言,这一过程地展开即是手握政治特权的国家与手握经济力量的土豪层进行利益交换的过程。然就实际呈现而言,双方又往往出于各自利益:一方面是土豪层只顾获取甚至侵占政治特权,却不尽或少尽经济义务,典型体现是土豪层利用列名盐籍以行避役影庇;另一方面是土豪层为政治特权吸引承担起经济义务后,国家却对土豪层献纳的经济利润并不餍足而打破合作关系多有压榨,典型体现是杜牧所举土盐商的遭遇。双方间就盐茶商的政治特权展开的博弈实际上就是土豪层与国家利益交换过程中的矛盾于盐茶之上的体现,这一点在张平叔于长庆二年(822)提出的盐法改革复归国营的方案中表现得尤为明显。② 张平叔的官运官销政策除切

---

① 留后为盐铁转运使设于地方的下属机构,一般而言对巡院、监、场等机构具有支配管理权。详参李锦绣《唐代财政史稿》,第91—95页。

② 关于张平叔的改革方案及韩愈的反对意见,详见《韩昌黎文集校注》卷8《论变盐法事宜状》,第646—653页。

断盐商的分利权外同时也切断了土豪富商对政治特权的攫取，在此基础上更令盐商"不得辄于诸军诸使觅职，掌把钱捉店、看守庄硙，以求影庇"。张平叔显然意识到了无论是列名盐籍还是于诸军诸使觅职，其本质都是土豪层与国家间的利益交换（当然在其看来是土豪层对国家政治权力的攫取、渗透），因此就不能仅仅局限在盐政上，而是要全方位地切断土豪层对政治特权的攫取、渗透途径。张平叔的政策就其根本而言是对土豪层的全面限制打压，因此遭到了韩愈的极力反对，他指出："若必行此，则富商大贾必生怨恨；或收市重责，逃入反侧之地，以资寇盗。此又不可不虑者。"韩愈的意见很明确，当国家切断了土豪层获取政治特权的途径后，土豪层很难不采取更极端的对抗方式。事实上土豪层能够和国家在盐茶之政中形成这样的博弈关系，本身已经说明土豪层的力量已足够强大，国家也确实需要他们的经济力量来支撑盐政。对土豪层过分限制压榨，既破坏了国家的经济支撑又会引发社会秩序的不稳定，张平叔的政策显然过于理想化了。

三、土豪富商与国家盐茶博弈的极端状态：盐茶私贩及私贩武装

盐茶间接专卖制度的核心是由国家控制盐茶的生产、收购和批发环节，由此国家便掌握了盐茶收购价格和专卖价格的调节权力，这意味着唐朝廷可以出于获取更多利润的需要在市场价格规律之外来制定收购价格和专卖价格。以盐政为例，在刘晏建立专卖制度之初唐朝廷尚能根据市场规律控制专卖价格，相关管理也较为完善。然自德宗开始盐的专卖价格便逐渐上涨，通过与当时米价、绢价的对比，可以发现其上涨幅度是违背

市场的一般物价规律的。① 盐商为应对上涨的专卖价格便相应
地提高销售价格,部分大商人则囤积居奇,乘时射利,由此导致
一般百姓购买官盐的费用大大提高。在官盐价格高昂的情况
下,一般百姓便有了对价格相对较低的私盐的需求。另一方面,
盐的专卖价格上涨的同时,国家却并未相应提高盐的收购价格,
对盐业生产者而言没有获得与市场价格相应的利润,这是他们
所不满意的,因此也产生了将食盐以较高价格(起码是高于国家
收购价格)卖给私贩商人的意愿。在此情况下私贩食盐"既有来
源,又有市场"②,自德宗、宪宗以来开始日渐兴起。

就江淮地区而言,土豪层是从事盐茶私贩的主要人群。文
宗大和七年(833)八月敕指出:"如闻皆是江淮富豪大户,纳利殊
少,影庇至多。私贩茶盐,颇扰文法。州县之弊,莫甚于斯。"③可
见土豪层参与盐茶私贩已成为影响唐后期国家盐茶收入和地方
社会稳定的重要问题。

自德宗时开始的盐专卖价格上升,对拥有雄厚资本的大商
人而言,他们大可以消化专卖价格上升带来的成本消耗,囤积居
奇,以更高价格进行销售。但对经济实力未如大商人般雄厚的
一般土豪盐商而言,他们未必能负担专卖价格提升带来的成本
压力。德宗年间的涨价风潮中,土豪盐商应对的一种方式是勾
结产盐亭户私下购买食盐,所谓"亭户冒法,私鬻不绝"④。同时
盐价上涨后,私贩食盐"既有来源,又有市场",形成了一条利润
巨大的产业链,对土豪而言具有极大的吸引力。而从杜牧所论

---

① 陈衍德、杨权:《唐代盐政》,第 157 页。
② 陈衍德、杨权:《唐代盐政》,第 161 页。
③ 《册府元龟》卷 507《邦计部·俸禄》,第 5772 页。
④ 《新唐书》卷 54《食货志》,第 1379 页。

土盐商的遭遇来看,唐朝廷政策的不稳定性及盐茶机构的压榨,也使土豪盐商在从事官盐的贩运时经常面临着破产的风险。这些都使土豪层避开唐朝廷的盐茶专卖制度,转而从事私贩活动。此外土豪层本身便是盐茶商业活动的主要从事者,他们对盐茶行业的运作流程和人际网络相对熟悉,为他们从事私贩活动提供了方便。从前引文宗诏敕来看,江淮土豪大多列名盐籍以求影庇,也就是说他们明面上的身份是朝廷官商,但却从事私贩茶盐的活动,应当是与他们试图利用官商身份便利有关。

与从事茶盐专卖相同,私贩茶盐同样需要一定的经济实力,土豪层普遍能够负担收购贩运茶盐的经济成本。除经济实力外,贩运茶盐同样需要大量的人力从事购买、运输、防卫等各种事务,特别是在私贩要躲避官府的情况下,就需把众多人力、物力资源整合为一个小型贩运集团,同时形成成熟的分工合作体系,这就需拥有大量地方资源、号召力和组织能力的土豪来统筹,进而导致了由土豪领导的盐茶私贩集团甚或是武装私贩集团的形成。在杜牧所言私贩茶叶的江贼群体中便可看到配合江贼的有“沿江驾船之徒、村落负担之类”①,而集聚起他们的则是“雄健聚啸之徒”,也就是土豪。佐竹靖彦在研究宋代福建地区的盗贼集团形成问题时发现,当地农民往往在农闲期间组成百人以上规模的经商团从事私盐的贩卖活动,②他们往往“持甲兵旗鼓”在贩盐途中乘机进行劫掠活动,而他们聚众的形式是:“异时汀州人欲贩盐,辄先伐鼓山谷中,召愿从者与期日,率常得数

---

① 《樊川文集》卷11《上李太尉论江贼书》,第170页。
② 佐竹靖彦:《宋代福建地区的土豪型物资流通和庶民型物资流通》,《佐竹靖彦史学论集》,第202—207页。

百人已上与俱行。"①可以看到由于私盐贩运的需要和性质,私盐贩运集团往往是以村乡聚落为基础加以组织的。在杜牧关于江贼的论述中,同样可以看到以村乡聚落为基础的武装私贩组织,即"村乡聚落,皆有兵仗,公然作贼,十家九亲",这自然是基于在村乡聚落颇具势力的地方土豪(雄健聚啸之徒)的组织。

通过以下两个具体例子可以发现,唐后期江淮地区私贩茶盐的江贼集团,很大一部分便是乡居的土豪。第一例出自李公佐所写的《谢小娥传》,宪宗年间豫章人谢小娥"父畜巨产,隐名商贾间,常与段婿同舟货易,往来江湖。时小娥年十四,始及笄,父与夫俱为盗所杀,尽掠金帛"。谢小娥在江贼的劫杀中保住性命,后又经父及夫托梦,再经李公佐解梦得知杀人江贼的真实姓名乃申兰、申春。后谢小娥至浔阳遇大户招佣,入其家发现大户正是申兰。另一凶手申春则"住大江北独树浦,与兰往来密洽。兰与春每出经月,多获财帛而归"。可见作为江贼的申兰、申春平时是乡居的临江土豪大户,但在特定的时段会结伙出去劫掠。谢小娥正是抓住他们结伙之机,"兰与春会,群贼毕至,酣饮",手刃仇人。②另一例出自《折狱龟鉴》:

> 唐江阴令赵和,咸通初,以折狱著声。淮阴有二农夫,比庄通家。东邻尝以庄契契于西邻,后当取赎,先送八百千,自恃密熟,不取文证,再赍余镪至,西邻遂不认。东邻诉于县,又诉于州,皆不获伸理,遂来诉于江阴。和曰:"县政甚卑,何以奉雪?"东邻泣曰:"至此不得理,则无处伸诉矣。"

---

① (宋)李焘撰,上海师范大学古籍整理研究所、华东师范大学古籍整理研究所点校:《续资治通鉴长编》卷196"嘉祐七年二月"条,北京:中华书局,1995年,第4741页。

② (唐)陈翰编,李小龙校证:《异闻集校证》20《谢小娥传》,北京:中华书局,2019年,第201—202页。

问："尔果不妄否?"曰："焉敢厚诬!"乃召捕贼之干者赍牒淮
阴,云有劫江贼,案劾已具,其同恶在某处,姓名、状貌悉以
西邻指之,请梏付差去人。西邻自恃无迹,初不甚惧,至则
械于廷,和厉声诘之,囚泣诉其枉。和曰："事迹甚明,尚敢
抵讳! 所劫之物,藏汝庄中,皆可推验,汝具籍赀产以辨
之。"囚不虞东邻之越诉,乃供"折谷若干,庄客某人者;细绢
若干,家机所出者;钱若干,东邻赎契者"。和复审问,乃谓
之曰："汝非劫江贼,何得隐讳东邻赎契钱八百千?"遂引其
人,使之对证,于是惭惧服罪,梏回本县,检付契书,置之
于法。①

赵和为使赖契的西邻交出赎契钱,乃诈捕西邻以为江贼并逼迫
其交出契钱以证清白。赵和此计虽然诈伪,但亦说明当时的江
贼确实大多居于乡里,并且可能是有"折谷若干,细绢若干,钱若
干"的土豪富户,同时当地官府也可能知道他们的存在,因此赵
和方能运用此计。

　　佐竹靖彦在研究宋代福建地区的物资流通时提出了土豪型
物资流通的概念,即由于福建部分地区因地理环境面临交通运
输困难,使得包括盐在内的物资流通必须依靠土豪的力量,福建
官盐的运转是建立在官方和土豪共同协作的体制上的,同时小
规模的私盐流通也受到官方较为宽容的对待。② 事实上,可以扩
大土豪型物资流通这一概念并套用它解释唐后期江淮土豪盐茶
私贩行为。即国家在一定程度上要依靠土豪的地方资源网络来

---

　　① （宋）郑克编撰,刘俊文译注点校:《折狱龟鉴译注》卷 7《赵和断钱》,上海:上
海古籍出版社,1988 年,第 388 页。
　　② 佐竹靖彦:《宋代福建地区的土豪型物资流通和庶民型物资流通》,《佐竹靖
彦史学论集》,第 211 页。

进行盐茶等物资的流通,土豪富商与唐朝廷在官盐上的合作可以看作土豪献纳出自己的地方资源网络来获取利润和政治特权。但相比宋代较为友好的合作环境,从杜牧所论土盐商的遭遇中便可以看到唐代的合作环境是相对恶劣的。为此土豪层通过对他们掌握的地方资源网络的运用,构建出了一套排除国家的物资流通体系,即以私贩为特征的土豪型物资流通。在杜牧对江贼的描述中,可以清晰地发现这一物资流通的运作过程,首先江贼集团的组织者大多是沿淮两岸的土豪,他们对用于盐茶运输的河流网络是相当熟悉的,同时对沿江两岸的物资、人力资源甚至是武装资源都能够实现有效整合,从而建立了一整套物资流通网络。从江贼劫茶盐后的流向看,"劫得财物,皆是博茶北归本州货卖,循环往来,终而复始",通过这样一个江淮南北"相为表里"的流通体系,实现了盐茶等物资由江淮向北方的流通,这个过程中国家被部分排除出了地方物资流通的行列。① 在私贩过程中武装力量的组建更为土豪提供了对抗国家的底气,甚至还可借此进行劫掠,成为国家秩序的破坏者。因此,盐茶私贩和私贩武装的出现可看作土豪层与国家就盐茶之利展开博弈的极端状态。

针对土豪层的盐茶私贩及私贩武装问题,唐朝廷曾多次出台政策对私贩行为加以限制。如针对江贼,武宗赦文便将其排除在外,"如闻江淮诸道,私盐贼盗,多结群党,兼持兵仗劫盗,及贩卖私盐,因缘便为大劫。江贼有仗者,虽未杀人,不在该恩之限"②。同时中央政府还和江淮藩镇等地方政府合作展开了对江

---

① 在某些例子中甚至可以看到土豪层凭借在当地的资源网络完全垄断了地方物资流通,如懿宗年间"余姚民徐泽专鱼盐之利"。

② 《文苑英华》卷429《会昌五年正月三日南郊赦文》,第2175页。

贼持久的打击。[①]

　　尽管如此，由于盐茶私贩已经形成了一整套利益体系，利益各方对盐茶私贩问题的博弈已变得异常复杂。大中六年（852）的茶税纷争较为直观地体现了这一复杂的博弈关系：

> 　　大中六年正月，盐铁转运使裴休奏："诸道节度、观察使，置店停上茶商，每斤收搨地钱，并税经过商人，颇乖法理。今请厘革横税，以通舟船，商旅既安，课利自厚。今又正税茶商，多被私贩茶人侵夺其利。今请强干官吏，先于出茶山口，及庐、寿、淮南界内，布置把捉，晓谕招收，量加半税，给陈首帖子，令其所在公行，从此通流，更无苛夺。所冀招恤穷困，下绝奸欺，使私贩者免犯法之忧，正税者无失利之叹。欲寻究根本，须举纲条。"敕旨依奏。其年四月，淮南及天平军节度使并浙西观察使，皆奏军用困竭，伏乞且赐依旧税茶。[②]

　　首先值得关注的是，出于私贩屡禁不绝及保护正税茶商利益的考虑，裴休建议干脆承认私茶贩运者的地位，将私贩合法化并从中抽取利润，试图将私贩重新纳入国家体系之中。但这一措施却遭到了江淮茶叶重要产地和运路关键的淮南、浙西、天平三个藩镇的反对，其原因在于江淮藩镇已成为盐茶私贩利益链条中的重要受益者。

　　唐代盐茶之法是唐朝廷在正税系统之外另外开辟财源的一种方式，其运作是由中央专使直接控制，同时辅以设置在地方上

---

　　① 夏炎：《唐代州级官府与地域社会》第十三章《地方官府与江淮地域社会研究个案——以江贼为中心》，天津：天津古籍出版社，2010年，第369—395页。
　　② 《旧唐书》卷49《食货志》，第2130页。

但直属于中央专使的各级留后院、巡院、监、场等机构来实现的，就其制度架构来看是"一种中央易于控制，地方难于插手的财政收益方式"①，也就是地方政府实际上是被排除在盐茶系统之外的。尽管如此，对这一利润丰厚的领域，地方藩镇是不可能熟视无睹的，私设关卡收税正是藩镇攫取盐茶之利的主要手段。裴休改革的出发点之一也是因为江淮藩镇"置店停止茶商，每斤收揭地钱，并税经过商人"，侵夺了茶商的利益。在江淮藩镇设卡侵夺的茶利中，除正税茶商外，另外有很大一部分实际上来自私贩茶商，"是时江、吴群盗，以所剽物易茶盐，不受者焚其室庐，吏不敢枝梧，镇戍、场铺、堰埭以关通致富"②。茶叶私贩者的过关费用给地方藩镇带来了巨大的利益。同时部分私贩集团具有强大的武装力量，对江淮藩镇及其下属的镇戍关卡而言，若按照唐朝廷指令"布置把捉"实是一件风险极大之事，杜牧在论及江贼问题时指出："凡是镇戍，例皆单弱，止可供亿浆茗，呼召指使而已。镇戍所由，皆云'赊死易，就死难'。纵贼不捉，事败抵法，谓之赊死；与贼相拒，立见杀害，谓之就死。"③对江淮藩镇来说，显然是放私贩者过关所获利益更大一些。因此裴休停止江淮藩镇税茶并将私贩合法化的行为，等于切断了江淮藩镇从私贩盐茶者中获利的机会，其实质是将原来由地方政府占有的私贩茶利合法化并收归中央，这是江淮藩镇所不能同意的。可见随着地方政府加入盐茶之利的争夺，就江淮盐茶之利及茶叶私贩问题，形成了国家、地方政府、私贩商人（或许还可加上正税茶商）间的复杂博弈关系。

---

① 陈衍德、杨权：《唐代盐政》，第 133 页。

② 《新唐书》卷 54《食货志》，第 1380 页。

③ 《樊川文集》卷 11《上李太尉论江贼书》，第 169 页。

除地方政府外,大量的盐茶从业者也是盐茶走私的受益者。开成五年(840)十月,盐铁司连续上奏,提到不少产茶园户不通过官府设置的场铺将茶叶私自卖给茶商,而为茶园户和私贩茶商牵线的正是政府为促进官营贸易设置的官榷牙人,[1]"皆是主人、牙郎中里诱引,又被贩茶奸党分外勾牵"[2],更严重的问题是主管盐茶交易的场铺官吏亦与私贩者勾连起来,"伏以兴贩私茶,群党颇众,场铺人吏,皆与通连"[3]。

对唐朝廷来说要想解决盐茶私贩及私贩武装问题,就不仅仅是要和盐茶私贩者,而是要和这一利益链上的各种既得利益者展开博弈,而这并非易事。如在上述奏书中可以看到,茶园户一旦被官府发现私卖,往往采取"砍园"的激烈行为以逃避惩罚。文宗大和年间王涯改革茶政,其中一个措施是"以江淮间百姓茶园官自造作,量给其直,分命使者主之"[4],"茶山之人,移树官场,旧有贮积,皆使焚弃"[5],将茶园收归国有,由官府垄断茶叶的生产,这虽然能够解决茶园户私卖问题,但却触犯了广大茶园户的利益,以致江淮茶园户纷纷扬言:"果行是敕,止有尽杀使人,入山反耳。"[6]这句话不由使人想起韩愈在批驳张平叔过分压制土豪的盐业全面官营政策时所说的:"若必行此,则富商大贾必生怨恨;或收市重责,逃入反侧之地,以资寇盗。此又不可不虑

---

[1]　张剑光:《唐五代牙人活动之蠡测》,《唐代经济与社会研究》,上海:上海交通大学出版社,2013年,第13—20页。
[2]　《册府元龟》卷494《邦计部·山泽》,第5603页。
[3]　《册府元龟》卷494《邦计部·山泽》,第5603页。
[4]　《册府元龟》卷510《邦计部·重敛》,第5800页。
[5]　《唐会要》卷87《转运盐铁总叙》,第1593页。
[6]　《册府元龟》卷510《邦计部·重敛》,第5800页。

者。"①总之,自唐后期以来土豪层力量在江淮已经颇为壮大,以土豪层为主体的盐茶私贩体系已全面渗透到包括地方政府、盐茶管理者、盐茶生产者等各方面中,形成了完整的利益产业链条,唐朝廷若要真正打压他们,则不得不考虑土豪力量所带来的潜在破坏力及面临利益链条上各方面的压力,茶盐的私贩及私贩武装问题实已积重难返。

第六节 土豪与地方政治及社会秩序:以宣州康全泰之乱为中心

宣宗大中十二年(858)七月,宣州发生动乱,都将康全泰驱逐宣歙观察使郑薰。关于此次动乱,日本学者松井秀一通过对相关史料的分析,认为此事并非一次简单的动乱,康全泰之乱背后土豪势力的存在,反映出土豪层在藩镇政治中扮演了重要角色。②在其基础上,《剑桥中国隋唐史》认为该事件"揭示了唐代后期地方一级权力结构发展的重要方面"③。关于此次动乱记载最为详细的是当事者郑薰所写的《祭梓华府君神文》,松井秀一、《剑桥中国隋唐史》正是据此文中涉及的土豪李惟真等人在动乱中的行为判断土豪层在唐后期藩镇权力结构中的地位。除二文的分析外,该文和该事仍有更多细节和未尽之义可以挖掘,颇可借此揭示江淮土豪与地方政治、社会秩序关系的相关面相。因此以下先引用《祭梓华府君神文》相关内容,再以此进行阐发:

---

① 《韩昌黎文集校注》卷8《论变盐法事宜状》,第652页。
② 松井秀一「唐代後半期の江淮について——江賊及び康全泰・裴甫の叛亂を中心として」『史学雑誌』66编2号」,1957、116—117页。
③ 崔瑞德编:《剑桥中国隋唐史》,北京:中国社会科学出版社,1990年,第697页。

维大中十二年岁次戊寅十月己丑朔二十一日己酉，中散大夫守棣王府长史分司东都上柱国郑薰，谨斋沐驰心，请前潮郡军事押衙兼孔目院知勾汪玕，以清酌庶羞之奠，致祭于敬亭山梓华府君之灵。

薰以丙子岁自河南尹蒙恩擢受宣歙观察使。至止之后，修祀府君。愚以为圣朝爱人，上有尧舜，藩方重任，体合捐躯。直诚径行，仰托神理。遂不顾奸豪之党，惟以贫病为心。疲人受屈，必与伸雪。有押衙李惟真者，家道巨富，久为横害。置店收利，组织平人。薰召看店行人，痛加科责。其子自长，奸秽狼藉。都押衙崔敬能频来相见，恳请科惩。以惟真年齿甚高，特为容庇。乃自疑惧，潜蓄奸谋。讨击使余雄，置石斗门，绝却一百三十户水利，自取此水，独浇己田。推鞫分明，止于退罚。其子余悦，公然杀人，方系狱中，尚未断割，遂为同恶，以出其儿。小将康全泰，凶贼无赖，被妻告言，屠狗盗驴，罪戾频发，两度决杖，止於笞臀。过皆不轻，断悉非重。而乃不顾恩义，侮易朝章，同谋翻成，白刃胁逐。

薰此时深念，谓无神理，虽乏良术，且是苦心。猖狂若斯，灵祈不救。其后一家百口，同时出郭之后，首有百姓前潮郡押衙汪玕走来相接，扇盖畜乘，便济危途。秀才薛复，寻亦同到。汪生又招舟船，初则未有来者，汪生乃大呼曰："李惟真、康全泰等交扇凶党，迫逐大夫，口云怨大夫护惜百姓，今者无船可发，岂得不救。"舟船遂来，得以即路。至山庄后，有百姓姚元贞馈馔，兼钱二缗。续有前宣郡衙前虞候胡政，借船两只，及食物之辈，兼与汪生同在船中，慰安引接。及夜分到水阳南数里，有长乐氏子，其名曰康，借一大船，供给食物，兼赠粥药，与钱五千，殷重慰安，分逾骨肉。当此之际，凶徒充炽，白刃如雨，冤声震地。此五人者，乃致其性命，继来相救，虽义心所激，亦神理潜施。自此北去，一路顺风，若有牵持，更无阻滞。将取芜湖去路，已过丹阳湖口，闻一人语声云："不如丹阳湖过。"即便回船数里，却取丹阳湖路。丹阳湖水浅草深，过者多须两日，此时紧风吹渡，食顷百里，及到当涂，乃知芜湖路寻被贼党把断，不许船过。方悟言者，得非神欤！入江路后，四面雷电，唯有此船，更无风浪，两日两夜，遂达扬郡。然后知如此之事，皆非人力，固是神灵暗助。念其朴愚，直守章程，以理诋弊，昭昭之报，事实不诬。①

在《新唐书》的记载中，叛乱原因被描述为"前人不治，薰颇以清力自将。牙将素骄，共谋逐出之，薰奔扬州"②，似乎是一起军人集团与藩帅矛盾引发的兵变事件。然而通过此文可以发现事件的主谋并不只是身为宣歙小将的康全泰，还有既为宣歙押衙又是当地巨富的李惟真和广占田地的讨击使余雄，由此便把土豪层和此次宣歙兵变联系起来。

一、宣歙事件所反映的土豪层与藩镇的结托关系

随着藩镇体制在全国范围内的确立，藩镇军府成为影响地方社会的重要力量。由于藩镇军府有不少政治特权，对虽在地方形成势力但却无政治特权的土豪层来说，藩镇军府就成了一个可以结托的权力寻租对象。土豪层结托藩镇军府好处颇多，

---

① 《全唐文》卷790，第8274—8275页。
② 《新唐书》卷177《郑薰传》，第5288页。

最直接的好处是可以免除差科徭役，所谓"占军籍而蔽其家"①，"一武官便庇一户"②。列名军籍对政治地位不高的土豪商贾而言也是提升政治地位的好机会，如长庆二年（822）穆宗决定对天下将卒加以奖擢时出现了"商贾、胥吏争赂藩镇，牒补列将而荐之，即升朝籍"③的现象，富商豪吏通过占名军籍获得了升朝籍的机会。再者，列名军籍使土豪可借助军府之权以行其势，并获得军府的保护。韩愈曾为一件军人不法之事进言东都留守郑余庆，在文中他指出："坐坊市卖饼又称军人，则谁非军人也！愚以为此必奸人以钱财赂将吏，盗相公文牒，窃注名姓于军籍中，以陵驾府县。"④一个坊市卖饼之徒，尚且因列名军籍而凌驾府县之上并且在行为不法后受到庇护，对在地方颇具势力的土豪而言，列名军籍后可获得的威势和保护是毋庸置疑的。此外，土豪多从事商业活动或者本身就是商人，藩镇军府给予的特权和保护是其经商的有力保障。因此唐后期以来土豪结托藩镇军府以求荫庇的现象非常普遍，他们或挂名军籍，或勾连武官，或冒称官健，借此获取了多种特权。⑤ 在土豪富人众多的江淮地区，这一现象更为普遍，所谓"就中江南富人多，一武官便庇一户，致使贫者转更流亡"⑥。

对提供荫庇的藩镇军府和将吏而言，与土豪层的结合也是

---

① 《文苑英华》卷 812 郑吉《楚州修城南门记》，第 4289 页。

② （宋）宋敏求编：《唐大诏令集》卷 72《乾符二年南郊赦》，北京：中华书局，2008 年，第 402 页。

③ 《资治通鉴》卷 254"穆宗长庆二年三月"条，第 7812 页。

④ 《韩昌黎文集校注》卷 2《上留守郑相公启》，第 151 页。

⑤ 松井秀一「唐代後半期の江淮について——江賊及び康全泰・裴甫の叛亂を中心として」『史学雑誌』66 編 2 号、1957、94—122 頁。

⑥ 《唐大诏令集》卷 72《乾符二年南郊赦》，第 402 页。

有利可图之事。首先是直接的经济收入，土豪层为结托军府，往往以钱财贿赂军府将吏，也有纳助军钱以求列名军籍的，如《桂苑笔耕集》中便记载有商人朱郴因纳助军钱而被高骈署为讨击使之事。[1] 韩滉惩除浙西豪吏时，曾"置浙东营吏，俾掌军籍，衣以紫服，皆乐为之"，豪吏们皆乐掌军籍，实在于军籍有极大的运作获利空间，其获利对象则是希望列名军籍的土豪们。再者，土豪既多从事商业活动或者本身就是商人，军府往往利用其进行商业活动或在其商业经营中获取一定利润，更有甚者，自大历以来，多有禁军将领向富室借贷行贿宦官以获取藩帅之位。[2]

就实质而言，土豪层与藩镇的结托，土豪层利用掌握的地方财富和势力与政治权力进行结合的表现。和县乡吏诣豪吏化中展现的土豪层与国家间艰苦的渗透和反渗透博弈不同，为谋取各自利益，土豪层与藩镇的结合表现的更为主动、直接和赤裸，土豪纳富献利，藩镇还以政治特权，二者间基本上是一种权力寻租关系。

在宣歙事件中，李惟真和余雄虽带有押衙、讨击使的军府职衔，但就其表现和特征而言，李惟真"家道巨富""置店收利"，余雄"绝却一百三十户水利"而独浇己田，更像是韩愈所言的"坐坊市卖饼"的假军人。因此可以断定李惟真、余雄本是土豪出身，两人通过结托藩镇军府获得了列名军籍的机会，并借此成为当地"横害"。从《新唐书》所言"前人不治，薰颇以清力自将"的情况看，李惟真等人成为"横害"的一个重要原因是之前的藩帅采取了放任政策，虽不能确认李惟真等人是直接与藩帅还是和军

---

① 《桂苑笔耕集校注》卷14《朱郴补讨击使》，第459页。
② 张剑光：《唐代藩镇割据与商业》，《文史哲》1997年第4期，第74—80页。

府的将吏达成了结托关系,但至少可以认为前任藩帅们对李惟真等人的行为是采取默许态度的,也就是说宣歙军府对这一结托关系是予以承认的。

尽管唐后期以来土豪层与藩镇建立了普遍的结托关系,但这种结托关系却缺乏稳定性。它本质上是一种权力寻租关系,得以成立的前提是寻租对象(藩帅、将吏、军府)对这种寻租关系的认可,并相应地遵守在此基础上建立的利益交换机制。当寻租对象发生变化或者寻租对象不愿再遵守原本建立的利益交换机制时,寻租关系便会变得不稳定。在宣歙事件中,可以看到在之前藩帅的治下,李惟真等人和宣歙军府间形成了稳定的结托关系,双方对此保持着一定的默契。但郑薰到任后,这种关系发生了变化,他作为土豪层与宣歙军府结托的关键节点(藩帅),已不认可原来的结托关系,并且也不打算再遵守双方间的默契。另一方面,李惟真等人也没意识到随着结托对象关键节点(藩帅)的变化,新的规则已经登场,而是继续遵循以往规则下的行事机制,甚至更有过之。在此情况下,双方间的冲突就不可避免了。

二、宣歙事件所反映的军人集团、土豪层与 江淮藩镇的冲突关系

在宣歙事件中,与李惟真等人"同谋翻成"的小将康全泰是另一个重要人物。关于康全泰的谋叛,郑薰自述是因为康全泰"凶贼无赖,被妻告言,屠狗盗驴,罪戾频发",而他进行了惩罚所致。郑薰撰写此文很大程度上带有为自己激发兵变辩护的意图,因此对他描述的谋叛原因并不能尽信。事实上正如不少学者所注意到的,康全泰的谋叛和此时江淮藩帅与地方军人关系

的变化有关。在宣歙事件发生的同月,右补阙内供奉张潜曾上疏宣宗:

> 藩府代移之际,皆奏仓库蓄积之数,以羡余多为课绩,朝廷亦因而甄奖。窃惟藩府财赋,所出有常,苟非赋敛过差,及停废将士,减削衣粮,则羡余何从而致!比来南方诸镇数有不宁,皆此故也。[①]

唐后期,效命唐朝廷的江淮藩帅们往往通过克扣军饷、停废兵额等手段向中央进奉更多财赋,希冀得到中央认可,获取仕途的荣达。这一行为与地方军人集团的经济要求形成了矛盾,而使江淮藩帅与地方军人集团冲突频生。[②]

上供与供军的矛盾在唐代的藩镇中普遍存在,只是在上供和供军之间,不同类型的藩镇会有不同的倾向,总的来看河朔割据型、中原防遏型、边疆御边型藩镇往往会优先满足供军而少上供或不上供,而江淮财源型藩镇则更倾向多上供。为保证江淮藩镇的上供,唐朝廷多以出身中央的文臣出任藩帅,以加强江淮藩镇的向心力。宣歙作为财源型藩镇,自然是倾向上供多于供军的。至宣宗时,为加强对藩镇的控制,大量任用翰林学士出拜藩镇。[③] 郑薰便出身翰林学士,形同宣宗私臣,相当于强化了原来江淮藩镇以中央文臣出任的传统,他对唐朝廷或宣宗的向心力相比他的前任们是更加强烈的。因此,可以想象郑薰到任后必然会在原来的基础上增加上供的赋值,最直接的一个方法便是张潜上疏中所说的克扣军饷、停废兵额以减少供军支出。康

---

① 《资治通鉴》卷249"宣宗大中二年七月"条,第8071页。

② 李碧妍:《危机与重构:唐帝国及其地方诸侯》,第513—514页。

③ 黄楼:《唐宣宗大中政局研究》,天津:天津古籍出版社,2012年,第132—135页。

全泰的谋叛,有理由怀疑是郑薰在处理上供与供军关系时,做出了类似克扣军饷、停废兵额等有损军人集团利益之事而引发,而并非郑薰所言是因颇为无稽的"屠狗盗驴"之罪。

　　上供和供军的矛盾不但影响着藩帅与地方军人集团的关系,同样也影响着藩帅与土豪层间的关系。既然上供与供军是一个必然矛盾,对藩镇来说缓解这一矛盾的主要手段便是扩大财源以尽量同时满足上供和供军的需求,占有大量地方财富的土豪层成为他们压榨掠夺的主要对象。藩镇掠夺土豪层财富的手段颇为多样:较为平和者以权力设租,接受土豪的结托或利用土豪、商人进行商业活动;激烈者则运用政治手段搜刮土豪财富甚或直接进行暴力掠夺,如田悦"悉出府库所有及敛富民之财,得百余万,以赏士卒"①,陈敬瑄则"括富民财以供军"②,都是直接掠夺土豪财富解决供军问题。因此尽管唐后期以来土豪层与藩镇军府普遍建立了结托关系,但藩镇出于获取更多财富的需要(不论是上供、供军还是满足自身财富积累),仍有可能随时打破双方间的默契,以粗暴的方式进行掠夺。这种粗暴的掠夺方式是土豪不能忍受的,藩帅一旦处理不当,便会引发土豪的武装对抗。德宗年间,湖南的王国良叛乱事件便由此引起,史载:

　　　　(湖南观察使)辛京杲贪残,有将王国良镇邵州武冈县,豪富,京杲以死罪加之。国良危惧,因人所苦,遂散财聚众,据县以叛,诸道同讨,联岁不能下。③

王国良和李惟真一样,既有军府的身份,同时又是"豪富"的地方

① 《资治通鉴》卷227"德宗建中三年正月"条,第7315页。
② 《资治通鉴》卷258"昭宗大顺元年八月"条,第8403页。
③ 《旧唐书》卷131《李皋传》,第3638页。

土豪，从王国良聚众的方式（散财聚众）和乱事平定后负责平乱
的李皋令王国良手下"复农桑"的情况看，王国良反叛所依赖的
武装并非与其镇将身份关联的军人集团，而是以财富招纳的农
民层，这种散财聚众的方法正是土豪层组织武装力量的典型特
征。[①] 从辛京杲试图以死罪加之王国良而掠夺其财富及王国良
"因人所苦"煽动叛乱的过程看，双方的主要矛盾在于对地方财
富的争夺。值得指出的是，辛京杲出身中央禁军，是典型的中央
派出藩帅，他的"贪残"除自身财富积累的需要外，恐怕也与希望
借此增加上供财赋以获取中央奖擢有关。因此有理由断定这是
一场由藩帅试图粗暴掠夺土豪财富所引起的，土豪联合同样被
盘剥的农民武装对抗藩镇的乱事。

再来看宣歙此事，郑薰和作为地方土豪的李惟真、余雄等人
冲突的产生，乃在于郑薰试图改变李惟真等地方土豪原来与宣
歙军府通过结托关系建立的默契。郑薰改变这一默契的动机，
按其自叙是因他"惟以贫病为心"，但结合以上对藩镇与土豪争
夺地方财富的分析，对郑薰的动机宜重新加以考量。郑薰指责
李惟真所为"横害"的一个重要罪名是"置店收利"，事实上在唐
后期，置店收利是藩镇增加收入的常见手段。宪宗元和十三年
（818），时任盐铁使的程异上疏奏停诸道置店："其诸道先所置店
及收诸色钱物等，虽非擅加，且异常制，伏请准赦文勒停。"[②]由此
可见，藩镇置店收利虽异常制，但在特定条件下是得到唐朝廷允
许的（非擅加）。李惟真能置店收利，当与他和宣歙军府结托获
取了押衙身份有关，他置店所收之利很可能和宣歙军府间有一

---

① 堀敏一：《藩镇亲卫军的权力结构》，《日本学者研究中国史论著选译》第四卷
《六朝隋唐》，第 629—630 页。
② 《旧唐书》卷 48《食货志》，第 2108 页。

定的分割，所以双方皆对此保持默契，即郑薰所谓的"前人不治"。然而在郑薰上任后，他作为效命于宣宗的私臣，相比前任藩帅们有着更高的财赋上供追求。必然要在这一利益分割中追求更大比例，甚至是取消这一结托关系，遏制李惟真等人对地方财富的分割，双方便出现了利益冲突。另一方面李惟真等人作为权力寻租方，并没有意识到寻租规则已经发生变化，仍行旧规甚至所为更超出设租方（宣歙军府）所能承受的限度，从而激化了他们的冲突，这一点在余雄事件中展现得颇为明显。郑薰指责余雄的罪行是"置石斗门，绝却一百三十户水利，自取此水，独浇己田"，余雄利用权势侵占了公共水利设施，是对地方生产秩序的极大破坏。一个可资类比的例子是，代宗年间润州丹阳县的土豪长期霸占境内的练湖，"泄流为田，专利上腴"，以致"自丹阳、延陵、金坛环地三百里，数合五万室，旱则悬耜，水则具舟，人罹其害九十余祀"，引起当地民众极大的不满，"凡经上司纷纷与夺八十一断"①。最终此事在永泰二年（766）引起新任润州刺史韦损和时任诸道转运使刘晏的注意，二人合作，禁止了当地土豪隔断练湖的行为。同理余雄霸占水利之事，一则破坏了地方生产秩序，二则亦有可能引发当地民众的不满和二者间的冲突，颇怀疑其子余悦的杀人事件便与此有关。无论是霸占公共水利设施还是公然杀人事件，都是对宣歙军府控制下的地方秩序的公然破坏和挑战，这就逾越了双方间结托关系的底线。可以看出郑薰和李惟真、余雄等人的矛盾，实质是藩帅与土豪层在对地方财富、地方秩序控制权的争夺中产生的利益纠纷所致，双方出于

---

① 《文苑英华》卷 779 李华《润州丹阳县复练塘颂并序》，第 4110—4111 页。另可参看《全唐文》卷 370 刘晏《奏禁隔断练湖状》，第 3762 页。

对自身利益的强调,打破了原本默契的结托关系,转而"白刃胁逐"。

在宣歙事件中,土豪李惟真等人已成了此次叛乱的主要谋划者和参与者,此次叛乱爆发的原因也并非仅仅是以往藩镇常见的军人集团与藩帅的冲突,更包含着土豪层与宣歙军府间的冲突,更为重要的是李惟真等土豪已经能够在地方秩序的控制上与宣歙军府展开争夺,这标志着土豪层在地方权力结构中扮演起越来越重要的角色,也是松井秀一和《剑桥中国隋唐史》将此事作为"唐代后期地方一级权力结构发展的重要方面"的原因。但需要注意的是,以土地和财富占有为特征的土豪层并没有类似部曲的武装组织,他们在组织武装力量时,其初始兵力一般是庄户或者乡人,兵力来源相对狭窄,[①]往往需要通过招募徒众或者与其他武装力量(农民军、军人集团)结合来壮大自己的力量。在宣歙事件中,李惟真等人为对抗宣歙军府和康全泰等地方军人集团结成了同盟,这固然是因为两者在反对郑薰上具有一致立场,但更重要的原因在于土豪李惟真等人并没有自己的武装力量或者即便是有也是相对弱小的,他们必须依赖康全泰等地方军人集团。因此土豪层要想在政治上真正崛起并在地方权力结构中占据主导地位,必须要在财富和土地占有的基础上建立强大的武装力量,这一目标的实现是要到了唐末大乱之际江淮地方土豪武装大规模建立之时,此时诸如董昌等地方土豪武装的领导者,凭借自身控制的武装力量已俨然成了镇将的自然人选,江淮的地方权力结构也随之发生变化。

---

① 堀敏一:《藩镇亲卫军的权力结构》,《日本学者研究中国史论著选译》第四卷《六朝隋唐》,第 629—630 页。

三、土豪层在宣歙事件中展现的另一面相

相比研究者对李惟真、康全泰和郑薰等人的关注,《祭梓华府君神文》所叙宣歙事件中的另一群重要人物,即参与营救郑薰的五人却很少受到关注。如果对这一人群的身份和事迹加以细细分析的话,可以发现他们实际上展现出了土豪层在此事件中的另一面相。

据郑薰所述,在其遭到驱逐后参与营救的五人分别是前潮郡押衙汪玗、秀才薛复、百姓姚元贞、前宣郡衙前虞候胡政、长乐氏子康。郑薰言其出逃时"一家百口",《新唐书》也有郑薰"纠族百口,禀不充"①的记载,则郑薰出逃时携带家眷甚众,汪玗等人能够为众人准备"扇盖畜乘"及舟船,供给食物、粥药,馈以大量钱财,则这五人皆是宣歙当地土豪无疑。值得注意的是,汪玗为前潮郡押衙,胡政为前宣郡衙前虞候,也印证了当时土豪与藩镇结托的普遍性。这次营救郑薰的过程是对宣歙土豪所掌控的在地社会资源的集中展现。首先,兵乱在藩镇政治中本是一件极为敏感之事,兵乱过程中的混乱性和信息传播的滞后性,往往使得兵乱信息的呈现出现偏差。汪玗等人作为并未身在军府核心层的百姓却能够迅速准确的得到兵乱讯息,甚至能够快于叛军一步找到郑薰所在,无疑是令人奇怪的。因此有理由怀疑汪玗等土豪在当地建立了强大的信息网络,甚至渗透到宣歙军府之中。同时,汪玗等土豪间也当有一个互通声讯的网络,如此方有诸人的前后相继。另外如果抛却神异因素的构建,郑薰在逃亡过程中能够避开"被贼党把断"的芜湖而改走丹阳湖,当亦与参

---

① 《新唐书》卷 177《郑薰传》,第 5288 页。

与营救的土豪强大的信息网络有关。其次，郑薰所携家属众多，同时还面临着"凶徒充炽，白刃如雨"的恶劣环境，对郑薰的营救是一件极为考验汪玕等土豪在地资源保障能力之事。但在郑薰的叙述中，可以看到汪玕等人无论是在舟船的调遣，食物粥药的供给，钱物的馈赠还是慰安引接上，皆游刃有余，这些无疑都和汪玕等土豪强大的在地资源掌控能力密切相关的。

在宣歙事件中，与李惟真等强横土豪不同，汪玕等土豪展现出截然不同的面相，他们运用所掌握的在地资源，积极参与到营救郑薰的行动中去。汪玕等人何以作出此种抉择？其背后的动机是什么？或许可从郑薰此文所论的宣州梓华神信仰中得到解答。

梓华神信仰是宣州当地一个历史悠久的地方神信仰，据会昌年间担任宣歙观察使的崔龟从记载，梓华神信仰起于刘宋元嘉年间，梓华神本是钱塘江神，后因县令盛凝之纵火焚烧而逃至宣州的敬亭山。由盛凝之的行为可以推断，梓华神在信仰形成之初并未得到官方认可，被作为淫祠加以禁毁。在南朝后期及隋唐前期，梓华神信仰在当地得到平稳发展，但在诸如狄仁杰毁江南淫祠、李德裕在浙西大规模禁毁淫祠的活动中可能也遭受了一定的冲击。① 梓华神信仰在唐代首次得到官方的关注，要到了会昌时期崔龟从担任宣歙观察使时，为答谢梓华神对其身体健康的护佑，崔龟从相继写下《书敬亭碑阴》《宣州昭亭山梓华君神祠记》《敬亭庙祭文》三文详述梓华神信仰，然从《宣州昭亭山梓华君神祠记》一文最后的叙述来看，崔龟从对这一信仰仍有所保留：

---

① 张卫东：《一个个案——唐代宣州梓华神信仰的演变》，《唐代刺史若干问题论稿》，郑州：大象出版社，2013 年，第 234—267 页。

> 吴越之俗尚鬼，民有病者，不谒医而祷神。余惧郡人闻
> 余感梦之事，而为巫觋之所张大，遂悉纪其事，与祝神之文，
> 刊之于石。因欲以权道化黎甿，使其知神虽福人，终假医然
> 后能愈其疾耳。①

不难看出，崔龟从推崇梓华神是带有一定目的性的，即在尊重当地民众梓华神信仰的情况下，强调"神虽福人，终假医然后能愈其疾"，改变当地民众"不谒医而祷神"的局面。崔龟从推崇梓华神，实际上是借助梓华神在当地的影响力以行其教化的一种策略，很难说是对梓华神信仰的完全认可。

崔龟从之后再度推动梓华神信仰的官员便是郑薰。在《祭梓华府君神文》中，梓华神的主要事迹是为郑薰提供了逃亡的水路路线，并助力水路环境的安全，这是与梓华神原本作为江神的特性相符合的，增加了叙事的可信性，将梓华神信仰与此次营救事件紧密结合起来。与崔龟从的暧昧态度不同，郑薰毫无保留地表现出对梓华神神力的推崇，"然后知如此之事，皆非人力，固是神灵暗助"。此次营救事件最主要的助力者是前后相继的汪圩等地方土豪，甚至郑薰在逃亡路线上的选择，很可能也并非源于梓华神的指引，而是源于土豪们强大的信息网络，郑薰在文中虽详细记述了他们的营救事迹，但其中最为关键的功劳则被归功于梓华神，并强调土豪们的行为"虽义心所激，亦神理潜施"，亦转而把土豪们的营救功劳分诸梓华神。

郑薰何以着力去构建此次营救事件与梓华神的关系并毫无保留地对梓华神信仰加以推崇呢？当与汪圩等地方土豪在背后的推动有关。一般而言，土豪层控制下的乡里社会文化的主流

---

① 《全唐文》卷 729，第 7515 页。

是鬼神信仰、巫觋文化和果报观念,土豪阶层往往热衷于鬼神的祭祀活动。^① 崔龟从言及梓华神信仰时便提及"吴越之俗尚鬼,民有病者,不谒医而祷神"的现象,说明梓华神信仰的兴起与当地的乡里社会文化密切相关。这种庸俗化的乡里社会文化显然不是希望推行儒家教化的王朝国家所认可的文化秩序,因此有了地方官员多次的禁毁淫祠、行教化活动。这种地方信仰的兴起和禁毁,实质而言便是主导地方乡里社会文化秩序的土豪层与渴望在乡里社会建立儒家文化秩序的王朝国家间就地方文化秩序展开的博弈。此次对郑薰的营救给了作为地方文化秩序主导者的汪玗们一次绝佳的机会,通过构建梓华神在这次政治事件中的参与,使梓华神成为作为王朝国家代表的郑薰的庇护者,增加了梓华神信仰获得官方认同的可能性。从郑薰所言"虽义心所激,亦神理潜施"的情况看,可以大胆猜测汪玗等人在营救过程中应该有意无意中向郑薰提起自己之所以前来营救是得到了梓华神的暗示。他们的营救和建构也确实得到了回报,郑薰在乱事平定后写下《祭梓华府君神文》,在文中建构起了梓华神与此次营救事件的联系。郑薰委托主持祭祀梓华神者,正是参与营救的汪玗。由此,可以断定汪玗等人在推动郑薰建构梓华神与此次营救事件间的联系中起了关键作用。这一关系的建构为梓华神信仰得到官方认可增加了砝码,咸通年间,时任宣歙观察使杜宣猷对郑薰的祭碑进行了修缮,并再次强调了梓华神在郑薰营救事件中的功劳,^②表明这一关系的建构已成了梓华神信仰得到官方认可的重要因素。

---

① 吴铮强:《科举理学化——均田制崩溃以来的君民整合》,第63—72页。
② 《全唐文》卷765杜宣猷《郑左丞祭梓华府君碑阴记》,第7953页。

综上，通过这次营救事件，体现出了汪珏等土豪在当地强大的在地掌控力，他们献纳出了自己在地方的信息和资源网络对郑薰加以护救。对土豪层的献纳，王朝国家则以承认由土豪层主导的地方信仰作为回报，代表了王朝国家对土豪层地方影响力的一种认可。在这个层面上可以说，汪珏等土豪通过主动抓住参与政治事件的机会，成功地使其构建的地方文化秩序受到了王朝国家的认可，在一定程度上实现了与王朝国家在文化秩序层面上的结合。

四、从宣歙事件看土豪层发展的两个方向

通过对宣歙事件的考察，可以看到在唐后期的江淮地区，土豪层已在地方社会颇具势力，甚至通过和藩镇结托成为地方秩序的主导者。但这种权力寻租关系并非一种稳定的模式，作为权力设租对象的藩镇军府及藩帅们随时会因为利益的需求和土豪层破坏地方秩序的行为，而取消两者间的寻租关系，甚至对土豪层加以打击。因此对土豪层来说，其于地方上崛起后最大的问题是，虽然他们在地方上占有了大量的财富和土地，但是他们对地方社会的掌控并没有稳定的政治权力保障。土豪层对地方财富和秩序的控制必然会和试图争取更多地方财富和控制地方秩序的王朝国家形成矛盾，特别是在土豪众多而王朝国家又对财赋需求极大的江淮地区，这种矛盾更加突出，使他们不时遭到王朝国家的打击。在此局面下，李惟真等人选择与地方军人集团合作进行武装对抗，驱逐作为王朝国家代表的郑薰。汪珏等人则在此事件中为我们呈现了土豪层的另一种策略，他们站到了王朝国家一边，积极参与营救郑薰，并在此过程中贡献出在地方的信息和资源网络，在事件结束后王朝国家则以对其主导的

梓华神信仰的认可作为回报。通过此事件，汪玗等土豪顺利地将自己主导构建的地方文化秩序融入了王朝国家体系之中。

通过李惟真等人和汪玗等人两种不同的策略选择，可以发现土豪层要想在和王朝国家的博弈中获得发展，有两个可以选择的方向：对抗或者合作。对抗者，通过组织武装力量，以暴力手段将王朝国家的势力驱逐出地方社会或者迫使王朝国家承认其对地方社会的控制权，其发展的最终呈现应当是唐末江淮土豪武装集团崛起，江淮藩镇走向崩溃，唐朝廷势力退出江淮地区，土豪武装实现在地割据。合作者，则是找到某种途径使王朝国家认可其对地方社会秩序的构建，进而将他们在地方上的势力纳入王朝国家的体系之内，实现地方社会的国家化，其发展的最终呈现应当是自宋以来开始形成，而成熟于明清的地方士绅阶层。[①]

小　结

江淮地区由于其有别于北方地区的发展脉络，是土豪传统比较悠久的地区。江淮地区早期的土豪是由南方的土著人群自汉魏六朝以来的华夏化过程中转化而来的蛮族土豪和宗族土豪，他们都在地方社会拥有较强势力，但并无政治特权。在梁陈隋之际的政治变革中，宗族土豪曾一度于政治上崛起，但随即遭到陈隋统治者的军事打击，特别是在隋初的南方动乱中，宗族土豪遭到了隋政权的残酷打击而走向衰微。在隋唐之际延续了江

---

① 关于宋代地方社会与王朝国家的整合方案、士绅阶层的形成等问题，可参看吴铮强《科举理学化》一书。

淮土豪发展脉络的是汉魏六朝以来南方大土地所有制和商品经济发展情况下出现的富民土豪,由于隋唐统一南方后并没有对南方的制度进行较大规模的改变,使得富民土豪得到了持续发展,同时随着隋唐时期世家大族退出乡里社会及宗族土豪的衰微,富民土豪获得了更大的发展空间,他们凭借土地和财富的占有逐渐成为江淮地方秩序的主导者。

安史之乱后江淮地区成为唐朝廷依赖的财赋之地,由此带来的是江淮地区富民土豪责任的强化,最终江淮土豪因不堪唐朝廷的压榨而发动了武装叛乱。唐朝廷在平定叛乱后进行了一定程度的改革,缓解了双方间的紧张关系。尽管如此,土豪层作为江淮地方社会的主要力量,仍在多个层面与国家间形成了博弈状态,包括本章所重点讨论的豪吏化、盐茶之利的争夺、与藩镇军府的矛盾等,双方间存在着既合作又对抗的关系,并对江淮的地域政治和社会秩序产生了巨大影响。双方间这种既合作又对抗博弈关系形成的原因在于,就地方社会层面而言,土豪是有势无权,国家是有权无势,一方面土豪必须依赖国家获取政治特权或借国家之权壮大势力,实现自己的政治诉求,同时国家也要依靠土豪的财富和在地方社会的力量实现对基层的控制,由此促使了双方合作,另一方面国家对土豪过分渗透进地方政府、利用各种投机取巧的方式规避赋役、侵夺国家之利,甚至是直接组织武装对抗国家等行为颇为不满,而土豪也对国家干预他们对地方社会的控制、过分掠夺他们的财富、无法获得与经济地位相应的政治特权等事颇为不满,由此又导致了双方对抗的一面。在本章所讨论的几组博弈关系中,双方都看似找到了某种结合的方式,但在具体的运作中又会因各自的利益诉求而又都难以完全满意。

要消解国家与土豪间这种既合作又对抗的博弈状态,其方向无非有二:一是彻底的对抗,或国家消灭土豪势力,或土豪势力将国家驱逐出地方社会。随着江淮土豪势力的持续发展特别是土豪武装的兴起,土豪层有了彻底对抗唐朝的资本,其最终发展趋势是唐末江淮土豪驱逐唐朝廷势力实现在地割据;二是双方间找到某种使双方都能满意的结合方式,如本章所论宣州土豪汪玕等人的策略和此后王朝国家对地方神信仰认可的回报。事实上,在唐后期无论是王朝国家方面还是土豪层方面,都已有部分有识之士开始着意寻找双方结合的合理路径,以《北梦琐言》所记两则柳玭事迹为例:

> 唐柳大夫玭,直清重德,中外惮之。谪授泸州郡守……赴任路由渝州,有牟麐秀才者,即都校牟居厚之子,文采不高,执所业谒见。亚台奖饰甚勤,甥侄从行,以为牟子卷轴,不消见遇。亚台曰:"巴蜀多故,土豪倔起,斯乃押衙之子,独能慕善,苟不诱进,渠即退志。以吾称之,人必荣之,由此减三五员草贼,不亦善乎?"子弟窃笑而服之。[1]

> 唐柳玭大夫之任泸州,溯舟经马骁镇。土豪赵师儒率乡兵数千,凭高立寨,刑讼生杀,得以自专,本道署以军职。闻五马经过,乃棹扁舟,被褐衫,把杖子迎接。参状云:"百姓赵师儒。"亚台以其有职,非隶属邑,怪而辞之。师儒曰:"巴蜀乱离,某怀集乡人拒他盗,非敢僭幸,妄徼戎职。"亚台欣而接之,乃驻旌旆,馆于寨中,供亿丰备,钦礼弥勤。师儒亦有诗句,皆陈素心,亚台悉为和之。睹其清俭,不觉嗟叹曰:"我他

---

① 《北梦琐言》卷4《柳玭大夫赏牟麐》,第69—70页。

年若登廊庙,必为斯人而致节察。"盖赏其知分任真也。①

柳玭出身河东柳氏,柳氏家族向以重礼法、尚质实的家风闻名,是重德名家。但柳玭却能不顾身份,接引土豪之子牟廮和土豪赵师儒,并将他们向王朝国家所崇尚的文儒体系引导,这很可能是因为他已经意识到了土豪已成为地方社会的重要力量,一旦处置不当很可能产生不良后果,"苟不诱进,渠即退志"。因此注意通过把土豪往文儒体系引导,希冀将他们或他们的后代纳入王朝国家的秩序体系内,"由此灭三五员草贼"。另一方面,土豪之子牟廮的慕善学文,土豪赵师儒谦虚谨慎的话语、亦有诗句的表现,包括他们与柳玭的交往,都可说明部分土豪在实现了对地方的控制后,乃有意向王朝国家靠拢,并希望在此基础上实现文化层面的转型,进入王朝国家认可的体系之中。当然这种较为平和的结合方式由引导、靠拢到最终成型仍需较长时间,双方也仍需通过较长时间的摸索方能形成更为成熟的方案。至少在唐末的江淮地区,主流仍是土豪的在地割据。

---

① 《北梦琐言》卷 4《赵师儒与柳大夫唱和》,第 87 页。

第三章　唐末江淮藩镇的变局:以高骈及淮南镇为中心

　　伴随着宪宗时期对江淮藩镇问题的解决和一系列改革,及土豪层在肃代德时期的江淮动乱后不再以大规模武装对抗的形式与唐朝廷展开博弈,①江淮地区迎来了一个相对安定的时期,亦即所谓江淮的"平静时代"。然而随着唐末江淮乱事的兴起,无论是藩镇层面还是土豪层面都迎来了变局,两者在唐末的交织造就了江淮地方权力结构的变迁,本书第三、四章的讨论便是围绕这一问题展开。在本章中将先以在唐末江淮政治中扮演了关键角色的高骈及其统领下的淮南镇为中心,对唐末江淮藩镇的变局进行讨论。

----

　　①　虽然土豪层和唐朝廷在唐后期依然在各个层面展开了博弈,但至少不是以普遍的武装对抗形式呈现了。

第一节　江淮藩镇在唐末乱事中面临的挑战

正如学者所注意到的,江淮"平静时代"的结束是以宣宗大中末年发生的多项乱事为标志的。[①] 宣宗大中末年以来的江淮乱事,如表 3.1 所示。

表 3.1　大中末年以来的江淮乱事

年份	乱事	波及地区	性质
大中九年(855)	浙西观察使李讷为军中所逐	浙西	兵乱
大中十二年(858)	湖南观察使韩悰为将士所逐	湖南	兵乱
大中十二年(858)	江西都将毛鹤作乱,逐观察使郑宪	江西	兵乱
大中十二年(858)	宣州都将康全泰作乱,逐观察使郑薰	宣歙	兵乱
大中十三年(859)至咸通元年(860)	裘甫起义	浙东	民变
咸通九年(868)至咸通十年(869)	庞勋起义	湖南、浙西、淮南、徐州等	兵乱、民变
乾符二年(875)至乾符四年(877)	王郢起义	浙西、浙东	兵乱、民变
乾符二年(875)至中和四年(884)	王仙芝、黄巢起义	全数波及	民变

从表 3.1 中可以看出,江淮地区在唐末的动荡是从大中末

---

① 松井秀一「唐代後半期の江淮について——江賊及び康全泰・裘甫の叛亂を中心として」『史学雑誌』66 编 2 号、1957、116 頁;李碧妍《危机与重构:唐帝国及其地方诸侯》,第 519—510 页。

年的多次兵乱开始的。这些兵乱本身很可能就是由江淮藩镇的结构缺陷所引发的,这一点在前文已有涉及,兹不赘言。由于江淮藩镇军人集团规模较小且战斗力不强,这些兵乱尚能控制在一定范围内,唐朝廷平定起来也较为容易。对江淮藩镇真正造成冲击的是懿、僖年间的几次大动乱,其中庞勋起义和王仙芝、黄巢起义都是扰动全国的大动乱,裘甫起义和王郢起义的规模亦不在小,在这些动乱冲击下江淮藩镇军力孱弱的弱点开始暴露出来。为应对动乱,唐朝廷控制下的江淮军政格局开始发生变化,以下结合具体事例加以分析。

在论及唐后期的江淮维稳机制时,我曾以王式平裘甫乱事作为唐朝廷征调中央及诸道客军平定大型动乱的案例,但由于裘甫起义的规模较大,王式在主要依靠中原藩镇客军的情况下仍在一定程度上对浙东本土的军事力量进行了提振。首先是严肃军纪,一改以往郑祗德的懦怯作风,重振观察使的威信。其次是针对“官军少骑卒”的情况,招募安置在当地的吐蕃、回鹘俘虏,建立了一支百余人规模的骑兵部队。最关键者则是重用浙东土团,史载:“(王式)阅诸营见卒及土团子弟,得四千人,使导军分路讨贼;府下无守兵,更籍土团千人以补之。”[1]土团是具有团练性质的地方民兵,[2]由当地土人组成,对地方的情况相对熟悉,因此王式重用土团作为讨贼向导并在守兵缺失的情况下以土团防卫会府。经过这几项措施,王式完成了对浙东军事力量的整合。在平裘甫乱事的过程中,浙东的武装力量呈现出了新特点。《资治通鉴》记载王式的出军安排是:

---

[1] 《资治通鉴》卷250“咸通元年四月”条,第8085页。
[2] 朱德军:《唐五代“土团”问题考论》,《江汉论坛》2014年第9期,第123—129页。

于是阅诸营见卒及土团子弟,得四千人,使导军分路讨贼;府下无守兵,更籍土团千人以补之。乃命宣歙将白琮、浙西将凌茂贞帅本军,北来将韩宗政等帅土团,合千人,石宗本帅骑兵为前锋,自上虞趋奉化,解象山之围,号东路军。又以义成将白宗建、忠(武)将游君楚、淮南将万璘帅本军与台州唐兴军合,号南路军。[1]

从出军安排来看,王式平定裘甫乱事的军队构成非常复杂,包括浙东土军(会府及支州军队),土团,吐蕃、回鹘俘虏组成的骑兵,邻镇浙西、宣歙的援兵,唐朝廷征调的忠武、义成、淮南、昭义等镇军队。这样复杂的军队构成显示出江淮藩镇在经历多年的军事压制后,重组武装力量的多样性和复杂性。尽管在唐朝廷的维稳机制下,忠武、义成、昭义等中原藩镇依然是平乱的主力,但江淮藩镇本土军事力量的提振也是这次平乱中不可忽视的新特点。王式平裘甫乱事复杂的军队构成体现了新旧武装力量在江淮藩镇的交织,虽然此时江淮藩镇军事属性的增强是唐朝廷为应对乱事的临时措施,在恢复稳定后其江淮统治策略将再度恢复到此前的状态,[2]但在这一过程中以土团为代表的新兴武装力量已经悄然发展起来。当然由于唐朝廷一贯的限制江淮军事力量的策略及江淮新兴武装力量尚处在发展时期,在接下来应对庞勋起义和黄巢起义时,江淮藩镇还要再经历一番军事力量加强的过程。

咸通九年(868)七月,北上的徐州乱兵庞勋等人自浙西入

---

[1]　《资治通鉴》卷 250"咸通元年四月"条,第 8085 页。

[2]　这从平乱时的军事统帅李琢、王式、马举等在乱事平定后便很快被调离藩帅之位并由文官接任便可看出。

淮,淮南节度使令狐绹遣使抚慰,令狐绹部下李湘提出伏兵邀击,但"绹性懦缓,又以不奉诏命,谓湘曰:'长淮已南,他不为暴。从他过去,余非吾事也。'"①致使庞勋轻松渡淮。由于令狐绹的懦缓,丧失了阻遏甚至消灭庞勋叛军的最佳时机,而令狐绹那句"长淮已南,他不为暴。从他过去,余非吾事也"则再度显示了江淮文儒藩帅在面对乱事时的无所作为。当年九月庞勋叛军占据徐州,由于徐州军食匮乏,庞勋叛军开始剽掠与徐州相邻而颇为富庶的淮南。十月,叛军急攻江淮运路重要节点泗州,令狐绹派军五千前往救援,结果中了叛军诈降之计全军覆没。十一月,叛军连续进攻淮南的滁州、和州、濠州等州,这一过程中淮南守备力量的空虚和文官刺史的无所作为暴露无遗。叛军攻滁州时,滁州城内无兵,仅州界有淮南游奕兵三百,城陷后刺史高锡望被叛军将领手刃。进攻和州时,和州刺史崔雍竟与叛军商定:"城中玉帛、女子不敢惜,只勿取天子城池。"②叛军于是剽掠城中居民而去。濠州刺史卢望回在叛军攻陷濠州之后被囚,郁愤而死。叛军在淮南可谓横行无忌,史称"时两淮郡县多陷"③。

作为重要财赋地的淮南诸州被叛军袭扰、占据使唐朝廷意识到事态的严重,以左卫大将军马举代令狐绹为淮南节度使,并在咸通十年(869)正月派出十八位将领"分董诸道之兵七万三千一十人"进攻徐州,其中"将军高罗锐为楚州刺史、本州行营招讨使;将军秦匡谟为濠州刺史、本州行营招讨使;将军李播为宿州刺史,赴庐州行营招讨使"④,不仅在藩帅层面以武将取代文臣,

---

① 《旧唐书》卷172《令狐绹传》,第4466页。
② 《旧唐书》卷19《懿宗纪》,第664页。
③ 《旧唐书》卷172《令狐绹传》,第4467页。
④ 《旧唐书》卷19《懿宗纪》,第665页。

在州刺史的层面亦有以武将取代文臣，淮南及其周边地区的军事属性在庞勋乱事冲击下得到加强。同时对江淮民间的武装力量，唐朝廷亦加以利用整合。咸通十年（869）二月，唐朝廷派出司农卿薛琼出使淮南的庐、寿、楚等州，"点集乡兵以自固"[1]。经此一番大规模布置，庞勋乱事最终得以平定。与之前类似，乱事平定后马举便为文臣出身的李蔚取代，各支州的刺史也重新更换为文臣，淮南军事属性再度弱化，恢复到以往的军政格局中。

综上，在唐末江淮地区受到动乱冲击的情况下，唐朝廷不得不改变其江淮统治策略，加强江淮藩镇的军事属性，一方面继续运用以往的维稳机制，征调诸道军队进入江淮作战，并以强悍武将取代懦怯儒臣统帅平乱事宜。另一方面开始重视江淮本土军事力量的提振，充分利用当地诸如土团、乡兵、番兵等新兴武装力量。当然这些都是唐朝廷的临时措置政策，在乱事平定后江淮藩镇便在唐朝廷的调整下重新恢复旧日格局，只是在唐末江淮地区动乱多发的情况下，这样的反复多少有点频繁。在这样的反复中有两个值得注意的现象：一是土团、乡兵等江淮新兴武装力量在这一过程中有了长足发展，逐渐成为江淮地区重要的武装力量。二是由忠武、义成等北方军队在江淮地区的作战优势及徐州叛军在江淮地区的横行来看，北来武人的战斗力相较南方武装力量仍占有较大优势。[2] 正是这两者成了唐末唐朝廷势力退出江淮后争夺江淮地区统治权的主要武装力量。

---

[1] 《旧唐书》卷19《懿宗纪》，第666—667页。

[2] 此时江淮地区的土团、乡兵等武装力量在平乱中还是以辅助北方军队作战为主，诸如"导军""自固"等。

第二节　高骈镇抚江淮史事考辨

乾符三年(876)十二月,王仙芝、黄巢起义军转战至长江沿线,"王仙芝攻申、光、庐、寿、舒、通等州",一度威胁到扬州,引起唐朝廷对江淮地区安全的关注,郑畋上书指出"若使贼陷扬州,则江南亦非国有"①。从当时淮南节度使刘邺向唐朝廷请求增兵来看,即便是重镇淮南亦未有足够的兵力来应对起义军。庞勋乱事平定后,淮南的藩帅和各属州刺史又恢复为文臣,②从以往文臣在江淮乱事中的表现来看,一旦黄巢南下恐怕亦难以应付。在此情况下,江淮藩镇若要应对更为强势的黄巢起义的冲击,则必须弥补因兵力寡弱、上供丰赡、文儒之臣出镇的格局带来的军事力量薄弱、财政窘迫、文儒藩帅难以应对乱事等缺陷,在军政、财政、人事上加以全面革新,高骈正是在此背景下被调至江淮的。乾符五年(878)三月黄巢南下江淮后,高骈于六月被唐朝廷委以镇海军(浙西)节度使之职,乾符六年(879)十月又移镇淮南。

一、浙西时期对黄巢的积极围剿

高骈来镇浙西的消息可能对黄巢造成了一定的威慑,据顾云《武烈公庙碑记》:"(高骈)移从荆渚,代抚吴民,前茅高举于中途,大敌穷奔于外境。"③得知高骈在赴任途中后黄巢可能已解润

---

① 《资治通鉴》卷252"乾符三年十二月"条,第8186页。
② 江玮平:《唐末五代初长江流域下游的在地政治——淮、浙、江西区域的比较研究》,第19—20页。
③ 《全唐文》卷815顾云《武烈公庙碑记》,第8589页。

州之围而去。离开浙西后黄巢转而引兵攻浙东，并于当年八月、九月间相继攻陷杭州、越州。高骈派出亲信将领张璘（史书中又作潾、麟）收复越州，并进而派遣"张璘、梁缵分道击黄巢，屡破之，降其将秦彦、毕师铎、李罕之、许勍等数十人"①。《新唐书》系张璘收复越州事于乾符五年（878）九月，《资治通鉴》则系"张璘、梁缵分道击黄巢"事于乾符六年（879）正月，张璘出兵击黄巢时间似乎颇为矛盾，然细思之很可能是乾符五年九月（878）张璘收复越州后，高骈命他与梁缵继续追击流奔往江西、福建的黄巢军并且在追击途中"屡破之"，《资治通鉴》所系年月当是此场追击结束的时间并对追击的成果加以追述。② 因此两书所记时间并不矛盾，反而可从两书所系年月判断这是一场长达五个月的追击战，所取得的成果相当丰富，最终逼使黄巢远走岭南。

在追剿黄巢告一段落后，高骈受命对浙西内部进行整顿，"诏骈料官军义营乡团，归其老弱伤夷，裁制军食；刺史以下小罪辄罚，大罪以闻"③，即对辖区内的官兵、地方武装进行整合、精简并整肃境内纪律，这显然是在为剿灭黄巢做进一步的力量整合。同时，唐朝廷亦为防遏在岭南的黄巢作出布置，乾符六年（879）四月，宰相王铎出任荆南节度使、诸道行营兵马都统，五月，王铎又以李系为湖南观察使，"使将精兵五万并土团屯潭州，以塞岭

---

① 《资治通鉴》卷253"乾符六年正月"条，第8211页。方积六考辨认为李、秦、许三人投降高骈当在广明元年三、四月间，详见氏著《黄巢起义考》，北京：中国社会科学出版社，1983年，第111—113页。

② 胡如雷亦注意到了此时间矛盾，然其以《通鉴》所系之乾符六年正月为张璘开始追击的年月，进而认为高骈不可能在当年九月收复越州之后不对黄巢加以追击，而等到乾符六年正月远趋福建后才加以追击，因此断定《通鉴》所系年月错误。参见氏著《唐末农民战争》，北京：中华书局，1979年，第106页注9。

③ 《新唐书》卷224《高骈传》，第6394页。

北之路,拒黄巢"①。当年八月,高骈向唐朝廷提出了一个大胆的计划:

> 请以权舒州刺史郎幼复充留后,守浙西,遣都知兵马使
> 张璘将兵五千于郴州守险,兵马留后王重任将兵八千于循、
> 潮二州邀遮,臣将万人自大庾岭趣广州击黄巢。巢闻臣往,
> 必当遁逃,乞敕王铎以所部兵三万于梧、桂、昭、永四州
> 守险。②

此可谓彻底剿灭黄巢之策,但被唐朝廷拒绝,这可能和唐朝廷当时正与黄巢进行谈判有关。乾符六年(879)五月,时在岭南的黄巢连续上表求为天平节度使、广州节度使,唐朝廷经讨论后决定仅给予黄巢率府率的小官。黄巢于九月得到率府率告身后大怒,攻陷广州。可知高骈提出追剿计划的八月尚处于谈判期间,唐朝廷因而拒绝了高骈这一冒险计划。③ 没了唐军的进一步围剿,黄巢于乾符六年(879)九、十月间开始北进,高骈也于当年十月改任淮南节度使。

二、淮南初期的积极进取及张璘兵败后的避战自保

高骈于乾符六年(879)十月赴任淮南后,同样保持之前积极

---

① 《资治通鉴》卷252"乾符六年五月"条,第8214页。
② 《资治通鉴》卷252"乾符六年八月"条,第8216页。
③ 《新唐书》卷224《高骈传》于此记载不同,其称高骈献计后"帝纳其策,而骈率不行",黄清连及方积六认为不可信(黄清连:《高骈纵巢渡淮——唐代藩镇对黄巢叛乱的态度研究之一》,《大陆杂志》80卷第1期,1990年,第19页,注30;方积六:《黄巢起义考》,第100—101页),理由大致归纳如下:一则高骈其时尚对唐朝廷颇为恭顺,且此时正是他积极立功之际,不可能奉命不行。《新唐书》既列高骈于《叛臣传》,对高骈恐有求之过深的嫌疑;二则高骈此计较为冒险,若围剿失败,便有中原防守空虚之虞,唐朝廷不敢贸然赞同。

备战的态度，在扬州"缮完城垒，募军及土客，得锐士七万，乃传檄召天下兵共讨贼，威震一时，天子倚以为重"①。从唐朝廷的布置来看，此时王铎在长江中游、汉水流域，高骈在长江下游、淮河流域形成了两道防遏黄巢北上的防线。北上的黄巢却一路突破了湖南李系的防遏，并攻陷了由王铎镇守的江陵。但此后黄巢在荆门遭到江西招讨使曹全晸和襄阳节度使刘巨容的伏击，损失惨重，这一失败使黄巢北上的形势发生变化。唐朝廷以王铎为荆南节度使，本是希望遏制黄巢由长江中游渡江北上，尽管王铎没有守住江陵，但曹全晸和刘巨容的伏击却同样意外地取得了遏制黄巢北上的效果。在刘巨容以"国家喜负人""留贼以为富贵之资"为由放弃对黄巢的追击后，黄巢折而向东，"转掠饶、信、池、宣、歙、杭十五州，众至二十万"②。在此形势下，围剿黄巢的战略重心转移到了由高骈镇守的淮南。广明元年（880）三月，唐朝廷以高骈为诸道行营兵马都统，③全权负责围剿黄巢事宜。高骈当即派出张璘率部南下江西围剿黄巢，屡破黄巢军并攻克黄巢据守的饶州。五月，黄巢退屯信州，士卒遭遇疾疫死亡甚多。在张璘不断的攻势下，黄巢再度施展伪降之计，向高骈致书请降。高骈急于结束战端且被黄巢困境所迷惑，④在接受请降的同时要求朝廷遣散诸道援兵，史称：

> 时昭义、感化、义武等军皆至淮南，骈恐分其功，乃奏贼

---

① 《新唐书》卷224《高骈传》，第6394页。

② 《资治通鉴》卷253"乾符六年十一月"条，第8219页

③ 关于高骈何时为诸道行营兵马都统，诸史记载多有歧异，详见《资治通鉴》"广明元年三月"条司马光《考异》。考《桂苑笔耕集校注》卷2《让官请致仕表》有"二年忝都统之名"，高骈于中和二年（882）正月被唐朝廷免去都统之职，以"二年"逆推之，为广明元年（880）无误。

④ 详参本章第三节有关高骈纵巢渡淮的分析。

不日当平,不烦诸道兵,请悉遣归,朝廷许之。①

黄巢在侦知高骈遣散诸道军队后立即重新挑起战端,高骈命张璘前往讨击,结果张璘在信州兵败被杀。此战之后黄巢重新起势,亦成为高骈围剿黄巢态度变化的转折点,此后高骈再无之前积极出击的表现,而选择避战自保。

在信州击败张璘后黄巢继续向东剽掠浙西、宣歙等地,广明元年(880)七月,黄巢率军自宣州的采石渡过长江并开始围攻扬州所属的天长、六合,已经进入到淮南的心腹之地,然高骈仍按兵不动并向唐朝廷上表告急,史称:

> 骈以诸道兵已散,张璘复死,自度力不能制,畏怯不敢出兵,但命诸将严备,自保而已,且上表告急。②

高骈上表后引致唐朝廷“上下失望,人情大骇”。唐朝廷下诏切责高骈,高骈也与唐朝廷就由谁承担遣散诸道兵的责任产生龃龉,其上表称:

> 臣奏闻遣归,亦非自专。今臣竭力保卫一方,必能济办;但恐贼迤逦过淮,宜急敕东道将士善为御备。③

就此自称风痹不再出战。没了高骈方面的军事压力后,黄巢得以顺利通过江淮地区,此后一路势如破竹,直扑河南、关中地区并于广明元年(880)十二月攻克长安。

---

① 《资治通鉴》卷253“广明元年五月”条,第8225页。
② 《资治通鉴》卷253“广明元年七月”条,第8229页。
③ 《资治通鉴》卷253“广明元年七月”条,第8229页。

三、高骈第一次出兵的诸多疑点及合理猜测

虽对高骈纵巢渡淮颇有不满，然唐朝廷对高骈出兵征讨黄巢依然抱有极大期望。中和元年(881)二月九日，唐朝廷"诏骈巡内刺史及诸将有功者，自监察至常侍，听以墨敕除讫奏闻"①，给予高骈自行任免官员的权力。大约同时，又加高骈为检校太尉，并东面都统兼指挥京西、京北神策诸道节度兵马制置等使。②当时唐朝廷正布置对长安的围讨，此时加高骈以上诸职应是希望高骈能够带军入援，郑畋也在关中传檄诸藩声称："淮南高相公，会关东诸道百万雄师，计以夏初，会于关内。"③中和元年(881)四月五日，参加围讨的唐军一度攻入长安，但因军纪不严，掳掠财物且"诸军不相继"而被黄巢还袭，再度退出长安。大概由于此败，唐朝廷于四月十日向此时仍在淮南的高骈发出催兵的诏旨，希望他能够"东兵合势，剪灭元凶"④。于是高骈"悉发巡内兵八万，舟二千艘，旌旗甲兵甚盛"⑤，并于五月十二日⑥出屯东塘作出兵之势。然而"屯驻五旬"(即至七月初)后高骈仍未出兵，并向唐朝廷辩称迟迟不出兵乃是因为"江路多虞，风波未便，暂淹行色，用候良时"⑦。此后便发生了高骈此次出兵最具争议

---

① 《资治通鉴》卷254"中和元年正月"条，第8246页。《资治通鉴》系此事于中和元年正月，然据《桂苑笔耕集校注》卷13《行墨敕授散骑常侍》牒词，此诏乃发布于二月九日。

② 据《桂苑笔耕集校注》卷13《行墨敕授散骑常侍》牒词高骈所具衔，第399页。

③ 《旧唐书》卷178《郑畋传》，第4636页。

④ 《桂苑笔耕集校注》卷3《谢诏状》，第69页。

⑤ 《资治通鉴》卷254"中和元年四月"条，第8251页。

⑥ 《资治通鉴》系高骈出屯东塘时间为五月"乙未"，然该月并无"乙未"，当作"己未"，即五月十二日，与《广陵妖乱志》所记"自五月十二日出东塘"相符。

⑦ 《桂苑笔耕集校注》卷3《谢诏状》，第69页。

的事件,据高骈在《答襄阳郤将军书》中透露,他曾两次接到唐朝廷要求其撤军的诏旨:

> 及当中夏,乃出大军,既知其北路阻艰,遂决于西征利涉。寻奉诏旨云:卿手下甲兵数少,眼前防虑处多,但保淮南之封疆,协和浙右之师旅。为朕全吴越之地,遣朕无东南之忧。言其垂功,固亦不朽。某以兵机固难自滞,君命有所不从。已事征行,必期进发,占风选日,只欲奋飞。又奉七月十一日诏旨云:诸道师徒,四面攻讨,计度收克,朝夕可期。卿宜式遏寇戎,馈挚粟帛,何必离任,则是勤王。或恐余孽遁逃,最要先事布置。以此再承纶旨,遂驻舟师,唯广利权,宜供戎费。殊不知进退唯命,始终无亏。①

因此不得已于九月撤军,在《请巡幸江淮表》《告报诸道征会军兵书》《光州李罕之》《让官请致仕表》等表文中高骈也有类似表达。② 这两诏成为讨论高骈是否真心出兵者争论的焦点。新旧《唐书》、《资治通鉴》等书皆失载两诏,并谓高骈出兵乃是为"襄雉雏之变"③,实无赴难之心。周连宽、孙永如等则以此两诏为高

---

① 《桂苑笔耕集校注》卷11,第348—349页。

② 《桂苑笔耕集校注》卷2《请巡幸江淮表》:"寻蒙陛下远许分忧,不令离任,臣进退惟命,始终无亏。……是以仰奉敕书,已班师旅。"第54页;卷11《告报诸道征会军兵书》:"某去年羽檄先驰,牙旗后举,唱义声于遐迩,养勇气于偏裨。……而乃未施豹略,频降凤书,已知诸道进军,不许远藩离任。诏旨云:为朕全吴之地,遣朕无东南之忧。是以再阅纶音,遂回组甲。"第321—322页;卷12《光州李罕之》:"此去年齐驱猛锐,将扫顽凶,寻奉丝纶,俾安淮海。诏书云:为朕全吴越之地,遣朕无东南之忧。遂乃旋师,不敢违命。"第373页;卷2《让官请致仕表》:"及至成军已出,又缘奉诏却回。"第62页。

③ 此说法源于《广陵妖乱志》,但恰如司马光所指出:"骈先锐后怯,致京邑丘墟;吕用之妖妄奸回,致广陵涂炭;皆人所深疾,故众恶归焉,未必实然也。"因此以妖异之事指摘高骈、吕用之者,不可全然相信。

骈辩护,认为"不是高骈不想北上,而是僖宗屡下诏旨不许其北上"①。方积六以诏旨的送达速度证明高骈九月六日回军前不可能接到唐廷七月十一日的诏旨,所以高骈"反复声称的'仰奉敕书,已班师旅',是故意捏造事实,掩盖他不肯出兵的真相"②。然他所依据判断诏旨送达时间的三个例子,其中两个乃是宦官宣慰时间与诏敕发出时间的差距,实则宦官宣慰不代表诏旨的送达时间。唐朝廷的文书传递,最紧急者可达日行五百里,③成都至扬州约三千里,即便再慢,两月之内总可送达,此等军情文书更不可能借宦官宣慰而慢慢送达。至于其所依据判断的第三个例子,即高骈的《谢诏状》写于屯驻五旬后的七月初,而要其进军的诏书四月十日即已发布,高骈需两个半月方能收到诏书。然细品《谢诏状》上下文意,实则高骈乃是在说他在接到四月十日诏旨后就起军,而在屯驻五旬期间,唐朝廷可能又曾发诏催其进军,因此高骈在《谢诏状》中有"今则仰睹凤衔之诏"的字句,其《谢诏状》谢的不是四月十日的诏书,而是后来催其进军的诏书,所以不可能证明诏书送达要近三月之久。另藩镇在中央皆设有进奏院,观《桂苑笔耕集》所录的贺表、谢表等,唐朝廷的诏敕高骈亦有多由进奏院状报得知者,如《谢加侍中兼实封状》中高骈言"右得进奏院状报,伏奉十一月十一日恩制"④,其中并无"去年"二字,证明高骈当年便由进奏院得知此事,即便以迟至当年

---

①　孙永如:《高骈史事考辨》,《唐史论丛》第 5 辑,第 212—213 页。

②　方积六:《黄巢起义考》,第 183—184 页。

③　《文苑英华》卷 422《元和十四年七月二十三日上尊号敕》:"敕书日行五百里,布告天下,咸使知闻。"第 2141 页。另顾炎武《日知录》卷 10《驿传》条(顾炎武著,陈垣校注:《日知录校注》,合肥:安徽大学出版社,2007 年,第 599—600 页)亦多有列举唐文书传递之快者,可参看。

④　《桂苑笔耕集校注》卷 6,第 148 页。

年底计算也不到两月。所以唐朝廷与高骈就军情的交流不可能
有此迟滞。

那么高骈真是有心出兵而被唐朝廷下诏不许吗？为何会出
现唐朝廷前脚还要求高骈进军，且已任命高骈为指挥京西、京北
神策诸道节度兵马制置等使并郑畋已大肆宣扬高骈即将入援的
情况下，后脚又连发两诏要求高骈退军的前后矛盾呢？个人猜
测原因应当是：一则唐朝廷在连发两诏催高骈进军而高骈仍加
拖延并以天气为借口久驻东塘后，发现高骈并无进军意图；二则
当时因高骈的屯兵，引发了淮南周边藩镇的不安，认为高骈想借
出兵关中之机"别兴异见，遽起他谋"①，对高骈严加防范。如若
高骈继续屯兵拖延，恐怕会引发江淮藩镇间的混乱，这是视江淮
为财赋之地的唐朝廷所不愿看到的。唐朝廷也只能因势下诏劝
勉："卿手下甲兵数少，眼前防虑处多，但保淮南之封疆，协和浙
右之师旅。为朕全吴越之地，遣朕无东南之忧。"②从诏旨用辞和
语气来看都是些虚应故事的套话，并无具体的作战方略或指令，
多少也显示出唐朝廷的无奈。有趣的是高骈于七月初发出《谢
诏状》向唐朝廷表明其"即冀朝离江北，暮到汉南"的决心后，更
于七月八日发布了《檄黄巢书》③，似乎是对唐朝廷质疑其不愿进
兵的公开回应。唐朝廷应是在接到他的《谢诏状》后便明确了他
无心赴难的态度，④在七月十一日给高骈降下诏旨："诸道师徒，
四面攻讨，计度收克，朝夕可期。卿宜式遏寇戎，馈辇粟帛，何必

———

① 《桂苑笔耕集校注》卷11《答浙西周司空书》，第330页。
② 《桂苑笔耕集校注》卷11《答襄阳郄将军书》，第349页。
③ 《桂苑笔耕集校注》卷11，第311—313页。文章所系日期为"广明二年七月
八日"，僖宗于当年七月十一日方改元"中和"，因此高骈发檄时仍用"广明"年号。
④ 《谢诏状》中高骈虽有表决心之言，然亦多为自己不出兵辩解之词。

离任,则是勤王。或恐余孽遁逃,最要先事布置。"①相比前诏态度明确许多,一面向高骈晓示关中的良好态势,②另一面要求他保障财赋供给同时注意防遏黄巢军。高骈在接此诏后开始撤兵,并于九月六日完成撤兵。唐朝廷本是以此两诏为虚与委蛇之计,未曾想高骈却以此作为勒兵不进的借口,此后又多次以此为自己不出兵辩解。在诏令高骈留守后,唐朝廷在九月九日把高骈指挥京城兵马的都统之职交由郑畋暂代,③表明唐朝廷对高骈入援不再抱以希望。

在高骈写给部下的两封委曲中也隐约透露出高骈对出军并不持积极态度。楚州刺史张雄曾在当年秋天"点练兵士,兼请出军西去,讨逆贼徒",但高骈以"然彼州司,事力犹困,未可便谋征役,且宜更候指挥"为由拒绝了张雄的请求。④ 在高骈被罢去诸道都统的中和二年(882)春天,寿州刺史张翱率军奔赴新任都统王铎军前效力。张翱此次出军应是奉了唐朝廷旨意,据记载:"(杨复光)寻收邓州。复召徐州、宋州、寿州、荆门等军,赴援京师,皆从之,众逾二万。"⑤高骈此时已被罢去都统,不再有权如当年要求张雄般要求张翱"更候指挥",只能加以劝勉。⑥

因此,高骈此次出军虽是奉唐朝廷之命,也一度作出赴难架势,但确实没有进军关中之意,借故屯兵拖延甚或有图谋邻镇之

---

① 《桂苑笔耕集校注》卷 11《答襄阳郡将军书》,第 349 页。
② 实际上关中形势远非诏旨中所说的"计度收克,朝夕可期",由此也可见唐朝廷所言乃是无奈之词,详可参见陈志坚:《桂苑笔耕集的史料价值试析》,沈善洪主编《韩国研究》第 3 辑,第 71 页。
③ 《桂苑笔耕集校注》卷 3《谢示权令郑相公充都统状》,第 71 页。
④ 《桂苑笔耕集校注》卷 12《楚州张雄》,第 379 页。
⑤ 《册府元龟》卷 667《内臣部三·立功》,第 7692 页。
⑥ 《桂苑笔耕集校注》卷 12《寿州张翱》,第 383—384 页。

嫌,引发邻镇不安,以致唐朝廷失去耐心而不得已下诏劝慰,后来却被高骈反复拿来作为其勒兵不进的辩解之词,高骈和唐朝廷之间在此时已貌合神离。

四、高骈连失利权、兵权及与唐朝廷的交恶

中和元年(881)十一月十一日,唐朝廷罢去高骈的盐铁转运使之职,但为安抚高骈,同时加授侍中并加食封一百户。[①] 中和二年(882)正月,唐朝廷又罢去高骈的诸道行营都统之职并任命王铎为诸道行营都统。[②] 据《旧唐书》《资治通鉴》记载,高骈在"既失兵柄,又解利权"后曾"攘袂大诟",上表驳斥朝廷,言辞颇为不逊,唐朝廷则令郑畋草诏切责。《旧唐书》详录两文,成为后世指责高骈悖逆唐朝廷的重要证据。为高骈辩护者则以两文与事实不符之处颇多且言辞过于激切而怀疑两文有假,周连宽更直言此奏为"历史上的伪奏"[③]。然而新旧《唐书》及在对待高骈史料上颇为审慎的司马光[④]都收录了此表,说明此表并非没有切实来源,双方作文时皆处极端情境之中,夸大言辞以作激愤也颇可理解。此外高骈与郑畋的矛盾、高骈对唐朝廷对待武将态度的不满以及盐铁转运使和诸道都统两职对高骈统领江淮的重要性,都是高骈"攘袂大诟"的重要原因。[⑤]

另据高骈致《光州李罕之》书所言:"此乃藩镇功亏,朝廷计

---

① 《桂苑笔耕集校注》卷6《谢落诸道盐铁使加侍中兼实封状》,第150页。

② 《资治通鉴》卷254"中和二年正月"条,第8261页。

③ 周连宽:《唐高骈镇淮事迹考》,《岭南学报》1950年第2期,第31页。

④ 如在论高骈为何纵巢渡淮时,司马光就因"骈先锐后怯,致京邑丘墟;吕用之妖妄奸回,致广陵涂炭;皆人所深疾,故众恶归焉,未必实然也"的理由,而未采用吕用之劝高骈勿出军之语。

⑤ 详下文。

尽,遂将大任,专付老儒。"这一观点与他在上表中称王铎与崔安潜"岂二儒士,能戢强兵,万一乖张,将何救助"的观点颇为相似。[①] 在《让官请致仕表》中高骈也直言:"然臣也,先轸以直言逞志,曹植以深过责躬。"[②]从"直言逞志""深过责躬"的用语来看,则高骈确实有过对唐朝廷言辞不逊之举。周连宽、孙永如等借以为高骈辩护的《谢就加侍中表》《谢赐宣慰兼加侍中实封表》《谢就加侍中兼实封状》《谢加侍中兼实封状》《谢落诸道盐铁使加侍中兼实封状》中所表现出的恭顺态度,实则皆是高骈谢加侍中兼实封之辞,无一表言及被罢都统一事,仅有一表言及落盐铁使事。观高骈"攘袂大诟"表所关注的焦点乃在得不到唐朝廷信任,兵权被剥夺,所以其在加侍中兼实封上的恭顺态度并不能证明其于兵权被罢上对唐朝廷无不满之情。另《桂苑笔耕集》中就一事所收录之表状以此事为最多(五篇),有学者怀疑这些表状乃是因崔致远所作并不令高骈满意,因而多有改作,并在最后采用顾云表奏。[③] 因此,《桂苑笔耕集》所收这些表状并不能完全反映高骈当时真实态度。总之,所谓"攘袂大诟"表应当理解为高骈在极为复杂的心态下所作的激愤之语。

五、高骈第二次出兵与徐泗扬兵争的关系

高骈"攘袂大诟"表的另一处矛盾是,据《资治通鉴》记载高骈上此表乃在中和二年(882)五月,而据高骈在《答襄阳郗将军

---

① 张卉:《从〈桂苑笔耕集〉看唐末高骈镇淮史事》亦注意到此点,中央民族大学硕士学位论文,2007年,第31页。

② 《桂苑笔耕集校注》卷2,第62页。

③ 田廷柱《论〈桂苑笔耕集〉的史料价值——兼评高骈其人》,《辽宁大学学报(哲学社会科学版)》1996年第5期,第23—24页;张卉:《从〈桂苑笔耕集〉看唐末高骈镇淮史事》,第33页。

书》中透露,中和二年(882)五月他正筹划第二次出兵入援,[①]此时如何可能一面与朝廷交恶,一面又出兵入援?考《资治通鉴》记此表于中和二年(882)五月乃是因其误记高骈罢盐铁转运使于当年五月,实则据《谢落诸道盐铁使加侍中兼实封状》,乃是在中和元年(881)十一月十一日,而后又有中和二年(882)正月被罢诸道都统之事。从"攘袂大诟"表焦点乃在兵权看,应该是在中和二年(882)正月高骈被罢诸道都统后所上。由此可知,高骈的第二次出兵乃是在上表与唐朝廷交恶后。既然高骈当时与唐朝廷关系已近破裂,为何又有这第二次出兵呢?似可从中和年间徐泗扬之间的兵争中得到解释。

中和年间,淮南与邻镇徐州曾就泗州的归属问题发生激烈争夺。[②]泗州属高骈势力范围但又是徐州旧属,是控制南北运路的重要节点。因此当徐州妄图侵吞泗州时,引发了淮南的强烈反应。当时淮南、泗州和徐州争相上奏唐朝廷,希望在泗州的争夺上得到唐朝廷的支持,[③]从而获取政治主动。对高骈不利的是,中和二年(882)正月,他相继被唐朝廷解除了盐铁转运使和诸道都统之职,他对泗州的控制无论是在军政上还是在财政上都失去了职权依据。对高骈更不利的是,中和二年(882)正月二十八日,徐州节帅时溥被唐朝廷任命为"催遣纲运租赋防遏使",等于说唐朝廷让时溥掌握了江淮运路的控制权,这为时溥控制作为运路重要节点的泗州提供了极大便利。时溥打着为唐朝廷

---

① 《桂苑笔耕集校注》卷11《答襄阳郄将军书》:"某自五月初再谋征讨,已排劲卒,欲援令公(王铎)。"第349页。

② 关于该事始末,可参看陈志坚:《唐末中和年间徐泗扬兵争之始末》,《鲁东大学学报(哲学社会科学版)》2008年第5期,第20—25页。

③ 《桂苑笔耕集校注》卷11《答徐州时溥书》:"泗州以实奏陈,岂为谤讟,仆也虽惭知己,尝敢荐贤,亦尝录诏寄呈,必合垂情见悉。"第342—343页。

"通流馈辇"的旗号，"云奉朝廷意旨，收徐泗封疆，广出师徒"①，出兵进攻泗州。

既然时溥以为唐朝廷"通流馈辇"的名义获得了政治主动，那么高骈自然要在政治姿态上作出回应以重新争取主动，当时最能为高骈在政治上争取主动的行动莫过于出兵入援关中了，于是便有了高骈的第二次出兵之举。高骈为此次出军做足了声势，声称"某自五月初再谋征讨，已排劲卒，欲援令公（王铎），兼差都押衙韩汶先赍一百万贯，救济都统军前"②。同时还于中和二年（882）五月十二日发出了《告报诸道征会军兵书》，要求诸道"相应军谋，共兴王略"，"各勤训练，同愿诛锄"③，向诸道高调宣称将出兵入援关中。时溥果然上当，就在韩汶押着这一百万贯"尽载舟船，将临道路"时，时溥"又兴甲兵，来扰疆陲，把断淮河，蔟成寨栅"④，诸道纲运因此一度停滞。⑤ 高骈趁机以"东道主人"⑥自居，管起纲运事务，向诸道发布了《告报诸道征促纲运书》，表明自己将"拣征骁勇，往讨顽凶，伫静封疆，便登道路，必可豁通纲运，广备供输"⑦。在向时溥宣战的同时，也以此形式向诸道宣告自己对泗州的控制权及时溥"乃作黄巢外应，久妨诸道进军"的罪名，为自己争取唐朝廷和各道舆论的支持。

---

① 《桂苑笔耕集校注》卷11《答徐州时溥书》，第343页。
② 《桂苑笔耕集校注》卷11《答襄阳郄将军书》，第349页。
③ 《桂苑笔耕集校注》卷11，第322页。
④ 《桂苑笔耕集校注》卷11《答襄阳郄将军书》，第349页。
⑤ 《桂苑笔耕集校注》卷11《答襄阳郄将军书》："况无诸道纲船，曾过泗州本路，今则皆因此寇，却滞诸纲。"第350页。
⑥ 《桂苑笔耕集校注》卷11《告报诸道征促纲运书》："行称东道土人，非无意也。"第325页。
⑦ 《桂苑笔耕集校注》卷11，第325页。

　　实际上早在此次出兵前,高骈就有过以邻藩阻隔出军为由争取政治主动的行为。在中和元年(881)十二月六日写给江西王尚书的信中,高骈就表示他第一次出兵受阻是因为浙西的周宝、宣歙的景虔贞和徐州的时溥"暗资积衅,相应密谋,各兴梗路之兵戈,遍告沿江之郡邑。以至练成战阵,锁断征途",甚至强调其为最主要原因:"虽云帝命斯遵,实乃邻兵所阻。"①然在高骈于中和元年(881)七月初写给唐朝廷的《谢诏状》中,其自述出兵受阻原因并没有言及邻镇阻隔,而是更多归结于天气。随着与邻藩关系日渐紧张,高骈开始更多地以邻藩阻隔作为其出兵入援受阻的托辞,这种说辞一方面是给自己不出兵开脱,另一方面也是想借此给邻藩施予政治压力,从而使自己在与邻藩的争夺中占据主动。

　　高骈高调出兵入援及时溥因与高骈争夺泗州而阻扰高骈进军、阻滞纲路的行为,在高骈的大肆宣扬下引起了唐朝廷注意。中和二年(882)六月十六日唐朝廷派来宣慰高骈的供奉官刘叔齐到达扬州,②而就在同一天高骈写下了《答徐州时溥书》③,这应该不是一个巧合,刘叔齐的宣慰应该是带有唐朝廷调和高骈、时溥矛盾的任务。高骈于当日写下的《答徐州时溥书》要求时溥搁置争议,"且先报国之诚,无急罚邻之役",并不无威胁地向时溥指出:"苟或上负君命,下违物情,隔碍征途,侵凌近境,则亦难辞借一,用试当千。必见伤禽易惊,困兽犹斗,悔须防后,险已居

　　① 《桂苑笔耕集校注》卷11《答江西王尚书书》,第335—336页。
　　② 《桂苑笔耕集校注》卷2《谢赐宣慰兼加侍中实封表》:"六月十六日,供奉官刘叔齐至,奉宣圣旨,慰谕臣及将校。"第51页。
　　③ 《桂苑笔耕集校注》卷11《答徐州时溥书》:"六月十六日某白仆射足下。"第341页。

前。"①显然是在向时溥强调自己已经取得唐朝廷（君命）和各道舆论（物情）的支持，时溥如果继续与其争夺泗州就犯下了"上负君命，下违物情，隔碍征途"的重大政治错误。刘叔齐的宣慰标志着高骈借此次假意出兵之举顺利达成了目的：一则以出兵之举获得了唐朝廷对他与时溥之争的支持，争取政治上的主动；二则在"攘袂大诟"后，以此假意出兵部分修复了与唐朝廷的关系，这从他在交由刘叔齐带回的《谢赐宣慰兼加侍中实封表》中过分谦恭的措辞中也可看出来。

因此高骈的第二次出兵实际上是在徐泗扬兵争形势下，为争取唐朝廷支持和政治主动而采取的一次假意出兵之举，是一场政治作秀。

综上，高骈在移镇江淮后一度对围剿黄巢事宜采取积极态度，唐朝廷对他也颇为倚仗，然在广明元年（880）五月张璘信州兵败后，高骈态度转为保守，采取避兵自保政策，这一转变间接导致黄巢顺利北上攻陷长安。此后高骈虽有过两次意图出兵之举，实则政治作秀成分居多。他对唐朝廷的态度也不再恭顺，甚至作出"攘袂大诟"之举。尽管此后高骈出于政治考量，与唐朝廷关系有所修复，但已不复往日恭顺。其重要表现除上述事项外，再如赋税上供，史言中和二年（882）高骈与唐朝廷交恶后"贡赋遂绝"。从高骈所上表状也可看出他在唐朝廷"方隅阻绝，国命未振"的情况下，未有多少贡献，"贵息寇戎之患，难丰进献之仪"②。在纵巢渡淮及两次出兵未遂后，高骈及淮南镇基本上走

---

① 《桂苑笔耕集校注》卷11，第343—344页。
② 《桂苑笔耕集校注》卷5《进绫绢锦绮等状》，第132页。

向了自立状态。①

第三节　高骈离心事件辨析

　　高骈原本是唐末乱事冲击下唐朝廷安排在江淮应对乱事和控御江淮的关键人物，高骈及其统领的淮南镇在初期也确实在应对江淮乱事中发挥了重要作用，然而随着上述一系列事件地发生，高骈及其统领的淮南镇走向了离心自立。其离心自立一则导致黄巢起义军难以迅速平定，二则使唐朝廷失去淮南在军政及财政上的支持，三则使唐朝廷失去了控御江淮的关键节点，②总的来看高骈及淮南镇的离心自立对唐末江淮乃至全国局势造成了巨大影响，以致王夫之发出了"唐之分崩灭裂以趋于灰烬者，实骈为之"③的感慨。对于高骈离心事件及其造成的后果，史家多有检讨，然多以指责高骈为主而欠缺深入探讨。④ 黄清连曾撰文探讨高骈纵巢渡淮的主客观因素，指出其客观因素乃在于当时唐朝廷复杂的政争环境及唐末藩镇普遍存在的握兵自保心态，就高骈主观而言，则欲借纵巢渡淮震慑朝中政敌。⑤ 他以政争因素解释高骈的离心虽给人以启发，但就其重点论述的纵

---

　　① 在《旧唐书》卷19《僖宗纪》描述僖宗光启元年（885）回驾长安后全国藩镇形势时，"高骈据淮南八州"已位列"自擅兵赋，迭相吞噬，朝廷不能制"的割据藩镇行列。

　　② 关于此点，详本章第六节。

　　③ 《读通鉴论》卷27《僖宗四》，第833页。

　　④ 如《旧唐书》卷182使臣评价曰："高骈起家禁旅，颇立功名，玩寇崇妖，致兹狼藉。后来勋德，可诫前车。"（第4719页）王夫之亦认为："唐之分崩灭裂以趋于灰烬者，实骈为之。……使骈收拾江、淮，趋河、洛，扼其东奔之路，巢且困死于骈之掌上。"（《读通鉴论》卷27《僖宗四》，第833页）

　　⑤ 黄清连：《高骈纵巢渡淮——唐代藩镇对黄巢叛乱的态度研究之一》，《大陆杂志》第80卷第1期，1990年，第3—22页。

巢渡淮一事而言,政争因素是否是高骈应对此事的主要动机仍值得商榷。同时尽管他揭示了唐末藩镇普遍的离心自保心态及其对高骈心态的影响,却并未对这一心态形成背后的政治文化根源作出分析。因此关于高骈离心事件的探讨仍大有余义,以下拟先对高骈离心事件中纵巢渡淮这一关键性事件进行辨析,再基于对唐后期武将政治生态的考察,揭示高骈离心的政治文化根源。

一、高骈与僖宗朝政争

《旧唐书》言及高骈纵巢渡淮的原因时记载:"骈怨朝议有不附己者,欲贼纵横河洛,令朝廷耸振,则从而诛之。"[1]把高骈在围剿黄巢态度上的变化与僖宗朝的政争联系起来。因此在对高骈纵巢渡淮事件作出辨析前,有必要对高骈与僖宗朝政争间的关系作一论述。

僖宗朝时期的政争主要集中在郑畋和卢携两人身上,[2]政争的主要事件,一是对南诏的和议,二是对王、黄起义军的围剿,两事均与高骈有密切关系。在高骈于西川平定南诏后,对南诏的和议最早便是由高骈派僧人景仙作民间的和议为先导的。乾符五年(878)四月,南诏派出使者请求和亲,礼部侍郎崔澹表示反

---

① 《旧唐书》卷182《高骈传》,第4704页。
② 郑畋与卢携因何构怨,史未明言。细究史籍,似与牛李党争中的吴湘案不无关联。郑畋之父郑亚与李德裕关系密切,《旧唐书》卷178《郑畋传》言:"李德裕在翰林,亚以文干谒,深知之。出镇浙西,辟为从事。"(第4630页)后来郑亚因受吴湘案牵连而被贬循州。卢携之父卢求则与吴湘案主谋之一的白敏中关系密切,曾在白敏中任西川节度使期间被辟为从事并为白敏中编纂彰显其"异绩"的《成都记》。郑畋曾因白敏中、令狐绹秉政而"久不偕于士伍"。由此看来,郑亚与卢求虽都是李翱女婿,但在政治上颇为敌对,或间接影响其子郑畋与卢携的关系。

175

对并指责其时已转任荆南节度使的高骈"不识大体,反因一僧咕嗫卑辞诱致其使"。为此,高骈上书与崔澹发生激辩。到了五月,郑畋与卢携就此事再度发生激辩,卢携支持高骈,力主和亲,郑畋"固争以为不可"①。广明元年(880)六月,唐朝廷听信卢携奏言,应允南诏和亲。从高骈所上《谢示南蛮通和事宜表》来看,他持续参与了其事,并受到唐朝廷"此事首末,自卿良谋者"②的夸赞。再来看王、黄起义军围剿之事。卢、郑二派在人事安排、围剿策略上多有争夺,其间涉及内容颇多,③以下仅就体现高骈和卢携关系者言之。乾符六年(879)在黄巢被高骈逼到岭南并求方镇节钺归降时,唐朝廷曾就此事发生激烈争论:

> 宰相卢携与骈素善,以骈前在浙西已立讨贼之效,今方集诸道之师于淮甸,不宜舍贼,以弱士心。郑畋议且宜假贼方镇以纾难。二人争论于朝,以言词不逊,由是两罢之。骈方持兵柄,闻朝议异同,心颇不平之。④

卢携为支持高骈立下剿灭黄巢的功劳,力主对起义军采取强硬

---

① 《资治通鉴》卷253"乾符五年五月"条,第8204页。
② 《桂苑笔耕集校注》卷2,第36页。
③ 关于僖宗朝政争对唐朝廷王、黄平乱策略及人事任免的影响,详可参见潘子正:《唐僖宗朝前期(873—880)的政治角力分析》第四章《郑卢党争》,台湾师范大学硕士学位论文,2013年,第305—403页。
④ 《旧唐书》卷182《高骈传》,第4704页。

政策,与主张暂与起义军妥协的郑畋激烈争论,竟付出罢相代价。① 此后随着黄巢的北上,郑畋一派支持的王铎因在荆南失守而被罢相,卢携推荐的高骈则屡破黄巢。乾符六年(879)十二月,卢携得以重任宰相,并于广明元年(880)三月举荐高骈为诸道行营兵马都统。从卢携种种支持举荐高骈的行为,不难看出高骈与卢携关系的密切。除交结高骈以为外援外,卢携对宦官田令孜也竭力交结,史称"宰相卢携素事令孜,每建白,必阿邑倡和"②。卢携当时"内倚田令孜,而外寄戎政于骈,与夺惟所爱恶"③,可谓唐后期外结藩镇,内连宦官的朝臣典型。

　　高骈与宦官集团的关系也颇为复杂。高骈出身神策军,年轻时曾被宦官权贵称誉。在高骈的职业生涯中,也有与宦官通力合作的经历。如征安南时,高骈得到监阵敕使宦官韦仲宰的援军,得以继续进击。再如高骈镇抚西川时遭遇突将作乱,正是西川监军出面谈判,帮高骈暂时平息了事端。尽管如此,高骈的职业生涯亦曾因宦官集团的内部斗争而受到影响。据黄楼考证,高骈曾两次受到宦官集团的打压。第一次是高骈任秦州经

---

　　① 关于卢携、郑畋何日罢相,史籍记载颇为不同,一言两人于乾符五年(878)五月因议南诏和亲事罢相,一言两人于乾符六年(879)五月因议黄巢招降事罢相。严耕望置两人罢相于乾符六年(879)五月(《唐仆尚丞郎表》卷10《辑考三下·尚书吏部侍郎》"崔沆"条,北京:中华书局,1986年,第617—618页)。然若依此,则乾符六年(879)五月高骈尚未徙镇淮南,卢携何得言"今方集诸道之师于淮甸",颇不可解。或如《新唐书》卷184《卢携传》所记:"是时,黄巢已破广州,势张甚,表求天平节度使,诏宰相百官议。携素厚高骈,属令立功,乃固不可巢请,又欲激巢使战而败铎,因授率府率。又徇骈与南诏和亲,与畋争,相根晋,由是罢为太子宾客,分司东都。"(第5399页)黄巢招降事与南诏和亲事或发生于同一年,即乾符六年(879)五月,两人因此二事的分歧而罢相,《新唐书》中卢携亦未言高骈于淮南事,时间的矛盾或可解决。然不论两人因二事中何事、何时罢相,皆与高骈有关,亦可证卢携支持高骈之竭力。

　　② 《新唐书》卷208《田令孜传》,第5885页。

　　③ 《新唐书》卷184《卢携传》,第5399页。

略使期间，诱降吐蕃将领尚延心，从吐蕃手中取得河、渭二州。唐朝廷因河、渭二州的取得而升秦州为天雄军，首任节度使却非立下大功的高骈，而是和宣、懿两朝势力强盛的杨氏宦官家族关系密切的王晏实。第二次则为安南之役，高骈除被桂管监军李维周从中作梗外，又在即将攻下交趾之际，差点被同样出自王氏家族的王晏权接收胜利果实。① 两次战功被攘夺，一方面使高骈对朝廷颇有不满，②另一方面可能也让高骈意识到结交宦官及朝臣以固功的重要性，促进了他与卢携及田令孜的合作。③

就田令孜而言，也有与卢携及高骈合作的必要。当时田令孜在宦官集团中的主要对手是"世为权家"的杨氏宦官家族的杨复恭、杨复光兄弟。除家族势力外，军功是杨氏兄弟成为当时宦官领袖的重要原因。杨复恭曾因在河阳监军任内镇压庞勋有功而入为宣徽使，后又任枢密使。杨复光则历任宋威、曾元裕、王铎等围剿黄巢诸军的监军，更曾诱降王仙芝大将尚君长。史称在黄巢围困长安之际"（田）令孜颛威福，斫丧天下，中外莫敢忤，惟复恭屡与争得失"④。田令孜若要在与杨氏宦官家族的竞争中占据上风，则必须要通过军事上的成功来获取资本。此时最好的获取军功途径便是参与平定黄巢的行动，选择支持卢携及曾与杨

---

① 黄楼：《吐蕃尚延心以河、渭降唐事迹考略——兼论唐末高骈与宦官集团之关系》，《魏晋南北朝隋唐史资料》第 28 辑，2012 年，第 202—213 页。

② 征安南时，高骈与唐朝廷消解误会重返前线时曾作诗《赴安南却寄台司》："曾驱万马上天山，风去云回顷刻间。今日海门南面事，莫教还似凤林关。"（凤林关事即指在秦州功劳被夺一事）表达对朝廷的不满。

③ 黄楼推测高骈于西川时期就已与田令孜结交，高骈出镇西川是田令孜希望利用强势的高骈击杀西川突将，进而为陈敬瑄出镇西川扫平障碍，这恐怕有求之过深的嫌疑。

④ 《新唐书》卷 208《杨复恭传》，第 5889 页。

氏家族在军功上有过过节的高骈便成了田令孜的最佳选择。

在僖宗朝政争的背景下，高骈、卢携、田令孜三人出于各自目的，高骈为固功、卢携为固权、田令孜为固宠，在围剿黄巢事件中结成同盟。高骈通过卢携的支持获取了围剿黄巢的军政、财政大权，而他围剿黄巢的战功又回馈到卢携身上，史言：

> 初，兵部尚书卢携尝荐高骈可为都统，至是，骈将张璘等屡破黄巢，乃复以携为门下侍郎、平章事，凡关东节度使，王铎、郑畋所除者，多易置之。[①]

卢携因高骈战功而重新任相，并借此一举除去了王铎、郑畋在关东的势力。在高骈"屡破黄巢"的情况下，这一合作可谓顺风顺水。

二、高骈纵巢渡淮的合理解释及心态变化

由此再来看高骈纵巢渡淮的动机，似乎很难把它和《旧唐书》所言"欲贼纵横河洛，令朝廷耸振，则从而诛之"联系起来，因为高骈若要"令朝廷耸振"，选择的时机显然不对，据记载：

> （广明元年六月，）卢携病风不能行，谒告；己亥，始入对，敕勿拜，遣二黄门掖之。携内挟田令孜，外倚高骈，上宠遇甚厚，由是专制朝政，高下在心。既病，精神不完，事之可否决于亲吏杨温、李修，货赂公行。豆卢瑑无他材，专附会携。崔沆时有启陈，常为所沮。[②]

此事发生于张璘五月兵败后，黄巢九月渡淮前，可见即便当时高

---

① 《资治通鉴》卷253"乾符六年十二月"条，第8219页。
② 《资治通鉴》卷253"广明元年六月"条，第8226页。

骈刚经历兵败,但在黄巢未渡淮威胁关中时,唐朝廷对卢携、高骈仍相当信任。卢携健康状况虽已不理想,地位却很稳固,另外两个宰相豆卢瑑、崔沆只能附会或无所作为。此时朝中并无对高骈、卢携、田令孜三人同盟构成威胁者,高骈此举是要使何人"耸振"? 颇不可解。因此高骈此时纵巢渡淮,"实不能制"①的可能性更大。至于曾"屡败黄巢"的高骈如何变成对黄巢"实不能制",与其自身兵力的损失及判断失误有很大关系。

虽然在黄巢诈降前张璘"屡破黄巢军",但张璘所部很可能付出了较大代价,史言:"时江、淮诸军屡奏破贼,率皆不实,宰相已下表贺,朝廷差以自安。"②即便张璘"屡破黄巢军",也很可能是一场惨胜。高骈此时兵力的损失,还可以从他对待黄巢态度的变化上看出来。以往卢携、高骈一派的策略是对黄巢采取强硬态度,卢携甚至因此丢掉相位,高骈也曾提出出击岭南的强硬战略。史籍记载:

> 初,黄巢将渡淮,豆卢瑑请以天平节钺授巢,俟其到镇讨之。卢携曰:"盗贼无厌,虽与之节,不能止其剽掠,不若急发诸道兵扼泗州,汴州节度使为都统,贼既前不能入关,必还掠淮、浙,偷生海渚耳!"从之。既而淮北相继告急,携称疾不出。③

可见即便在黄巢渡淮之际,卢携仍持强硬态度,并希望借诸道之兵阻遏黄巢入关,使其"还略淮、浙",似乎仍在期望高骈在淮、浙立功。既然卢、高一派一向对黄巢持强硬态度并希望借此立功,

---

① 《资治通鉴》卷253"广明元年七月"条引司马光《考异》,第8230页。
② 《资治通鉴》卷253"广明元年四月"条,第8224页。
③ 《资治通鉴》卷254"广明元年十一月"条,第8234—8235页。

那么在乾符六年（879）四月黄巢提出归降时，高骈为何一反常态，不但接受请降并主动帮黄巢请求节钺呢？一个可能的解释就是此时高骈的兵力也受到了很大的损失。

在接受黄巢请降后，高骈又做了一件自损兵力之事，便是奏请唐朝廷遣散诸道增援兵马。对这一举动，以往都以高骈企图独占功劳解释，所谓"骈恐分其功，乃奏贼不日当平，不烦诸道兵，请悉遣归，朝廷许之"①。然观察高骈的职业生涯，这并非他第一次有类似行为，早在西川平南诏时，高骈就有过要求朝廷遣还诸道援军的类似举动，他的理由是"其左右神策长武镇、鄜州、河东所抽甲马兵士，人数不少，况备办军食，费损尤多"②。也就是说诸道援军的到来，会带来军费的巨大消耗。如前所述，唐代藩镇军队出境作战，有所谓"食出界粮"制度，即出境作战的军需钱粮等，一律由中央度支支出，同时平叛后对各藩镇将士的赏赐亦是重大的财政支出，征调藩镇军队出境作战是一项耗费极大的举动。因此唐朝廷在征调藩镇军队出境作战时往往会面临一个两难的问题，如若对敌军实力过于高估，征调过多兵力，就会造成军费虚耗。如高骈在西川的例子，唐朝廷并没有完全同意他撤诸道军的要求，而是仅不差发河东的一千二百人。等到长武援兵到达西川时，南诏早已退军，于是便出现"长武兵士竟至蜀而还，议者惜其劳费而虚邀出入之赏也"③的情况。反过来，若从节约军费，征调较少兵力，则在敌军实力相对强势的情况下，又会导致动乱难以迅速平定。为减少军费虚耗，同时又保证动乱的平定，唐朝廷及前线将领就需要对敌军实力作出较为准确

① 《资治通鉴》卷 253"广明元年五月"条，第 8225 页。
② 《旧唐书》卷 19《僖宗纪》，第 692—693 页。
③ 《旧唐书》卷 19《僖宗纪》，第 693 页。

的评估。然具体到黄巢起义军,其作战的流动性和对民众的裹挟性,使得前线将领很难对起义军数量和实力作出准确的评估,^①早期负责围剿王、黄起义军的宋威就曾在军费、投入兵力与能否克敌三者关系的判断上吃过亏。^② 对高骈而言,此时作出遣散诸道援军的依据是张璘的"屡破黄巢军"及黄巢军遭遇疾疫而请降的局面。另一方面,诸道援兵的到来确实给淮南带来了财政压力,高骈曾向唐朝廷抱怨:"臣散征诸道兵甲,尽出家财赏给,而诸道多不发兵,财物即为己有。"^③在黄巢请降后继续接受诸道援兵,就很可能重蹈当年西川平乱虚耗军费的覆辙。唐朝廷也吸取了上次西川军费虚耗的教训,同意了高骈的奏请。然正如吕思勉在讨论到黄巢实力时所论,黄巢之所以难以平定,不在于其裹挟的兵力有多少,而在于其有一股中坚力量:"有随从之众,必有为中坚者,使为中坚者而亦散亡,所谓'流寇'即遁已矣。然则'流寇'初起时,看似所至皆遭击散,实则其众初未尝坏,此其所以终能强大也。"^④高骈所依据作出判断的"屡败黄巢军"的状况正是吕思勉所说的"看似所至皆遭击散",实则黄巢军的中坚力量在此情况下并未有重大损伤,这也是黄巢后来得以"复振"的重要原因。由此可以断定高骈要求诸道退兵,实是在权衡兵力多寡与军费开支关系时,对敌军实力出现了判断失误所致,这一失误又与黄巢起义军本身的性质导致难以对其实力

---

① 如关于黄巢在淮南时的兵力,史籍里分别有百万、六十万、十五万、二万等说法,很可能就是由于黄巢军作战的流动性和裹挟性,导致高骈等人在不同情境下对黄巢军人数作出了不同估计所致。

② 潘子正:《唐僖宗朝前期(873—880)的政治角力分析》,第315—317页。

③ 《旧唐书》卷182《高骈传》,第4705页。由此看来当时诸道出兵的"食出界粮"或由担任盐铁转运使的高骈负责,又或者此赏乃淮南对诸道援军的额外赏给。

④ 吕思勉:《隋唐五代史》,上海:上海古籍出版社,2005年,第416页。

作出准确评估相关。不论如何，这直接导致后来黄巢重新挑起战端时，高骈未有足够兵力加以应对。

之后对高骈实力造成打击的则是张璘的战败。张璘的出身与经历史籍并没有太多的记载，然从高骈对他的信任和屡次率军击巢的经历看，张璘很可能与和他同击黄巢的梁缵一样出身战斗力较强的中原藩镇，张璘所部应该是高骈手下最具战斗力同时也是对黄巢起义军最为熟悉的一支军队。这一支核心力量战败后，高骈恐怕难以在短时间内组织起另一支"中坚力量"来抵御黄巢。

在"实不能制"的情况下，避兵自保就成了高骈的选择，后来黄巢在关中对唐军宣称"吾道淮南，逐高骈如鼠走穴"[1]，虽有夸张，但多少也道出了高骈无力抵御起义军的窘态。

高骈纵巢渡淮，史书形容当时的舆论是"上下失望，人情大骇"[2]，高骈自述状况则是"徒招玩寇之讥，孰擅弭兵之誉"[3]。在此情况下，高骈和卢携、田令孜的政治联盟走向破裂。这一联盟得以成立和牢固的关键就在于高骈的战功，但是高骈的纵巢渡淮使在朝中支持高骈的卢携和田令孜陷入尴尬境地。田令孜在听闻黄巢入关后急切地撇清了与卢携和高骈的关系，"恐天子责己，乃归罪于携而贬之"[4]，卢携在巨大的压力下选择饮药自杀。卢携之死实际上标志着卢携、高骈、田令孜一派在政争中的失败，高骈自此在朝中失去可依赖之人。此后相继掌权的郑畋、王铎等人本就是高骈的政敌，高骈对郑畋、王铎等儒臣也颇怀偏

---

① 《新唐书》卷 225《黄巢传》，第 6457 页。
② 《资治通鉴》卷 253"广明元年七月"条，第 8229 页。
③ 《桂苑笔耕集校注》卷 11《告报诸道征会军兵书》，第 321 页。
④ 《资治通鉴》卷 254"广明元年十二月"条，第 8239 页。

见。尽管在中和元年(881),高骈因强大的实力仍被唐朝廷寄予厚望,命他进援关中,但刚经历了多方非议,并失去朝中奥援的高骈很难不再重生出"莫教还似凤林关"的顾虑,唐朝廷主事者在纵巢渡淮事件后也难以再对高骈抱以绝对信任。由此就不难解释中和元年(881)高骈奉命出兵之际长期犹疑观望,而唐朝廷在高骈屯兵引发周边藩镇不安后的两次退兵诏旨也多少暗含着对高骈的不信任。

概言之,高骈纵巢渡淮,并未存有"耸振朝廷"之心,更多的是力不能制情况下的避战自保策略。但其引发的后果导致了高骈与卢携、田令孜同盟的破裂,高骈由此失去朝中奥援。在黄巢乱事的平定中,高骈与唐朝廷的政治互信是借由与卢携、田令孜结盟以为朝中奥援实现的,在此同盟破裂后,高骈借以实现与唐朝廷政治互信的途径被掐断。唐朝廷及舆论对其纵巢渡淮的指责,使他颇感不满。纵巢渡淮事件的发生及曾经政敌的掌权,也使唐朝廷的主事者很难再对高骈抱持绝对信任。此事件后,高骈与唐朝廷之间彼此都心怀芥蒂,再难建立起政治互信。从这个层面说,纵巢渡淮事件并非高骈在政争情况下心态变化所导致的结果,而是其心态发生变化的转折点

三、唐后期武将政治生态与高骈离心的关系

安史之乱后,随着藩镇体制的建立,武人阶层实现了权力的全面扩张,跋扈藩镇的存在及武人群体的不时反叛,造成了唐朝廷对整个武人群体的不信任。郭子仪在大历年间的一番话道出了安史之乱后唐朝廷在藩镇武人跋扈的情况下对武将的不信任状态:

> 子仪尝奏除州县官一人,不报,僚佐相谓曰:"以令公勋

德，奏一属吏而不从，何宰相之不知体！"子仪闻之，谓僚佐
曰："自兵兴以来，方镇武臣多跋扈，凡有所求，朝廷常委曲
从之；此无他，乃疑之也。今子仪所奏事，人主以其不可行
而置之，是不以武臣相待而亲厚之也；诸君可贺矣，又何怪
焉！"闻者皆服。①

在郭子仪看来，唐朝廷对跋扈武臣的要求"常委曲从之"，实则暗
含猜疑，朝廷对他所奏事的不许可，则恰显示出朝廷不以跋扈武
臣看待他。其话里的潜在逻辑是，武将等于怀疑不信任，非武将
（文臣、宦官）等于亲厚信任，他正是为自己作为武将却受到唐朝
廷非武将般的亲厚待遇而高兴。

考诸史籍唐朝廷对武将群体的猜嫌可谓俯拾皆是，即便功
臣如郭子仪、李光弼、李晟等人亦不能免。最典型者，德宗自奉
天之难受尽武人背叛之苦后，不再信任武将，史言奉天之难平
定后：

（德宗）不欲武臣典重兵，其左右神策、天威等军，欲委
宦者主之，乃置护军中尉两员、中护军两员，分掌禁兵，以
（窦）文场、（霍）仙鸣为两中尉，自是神策亲军之权，全归于
宦者矣。②

德宗对武将的不信任导致宦官掌握了神策军兵权。在定难功臣
的封赏中，德宗也存在刻意压制武将功劳的状况。③　事实上，代、
德两朝仆固怀恩、李怀光等人的反叛，对武将功劳的处置不当实
是重要因素。德宗之后，除宪宗因用事藩镇需要而对武将加以

---

① 《资治通鉴》卷225"大历十年八月"条，第7231页。
② 《旧唐书》卷184《宦官传·序》，第4754页。
③ 《旧唐书》卷139《陆贽传》，第3797页。

重视外,唐朝廷基本上延续了对武将的不信任态度,文宗、宣宗等好儒雅的皇帝更是毫不掩饰对文人儒臣的喜爱,武将的政治地位和空间就相对受到压制。宣宗上台后,在藩帅的选用上有意识地用文臣代替武将,文臣藩帅的比例大大提高,甚至连以往由武将出镇的御边型藩镇也换成了文臣出镇,原因在于宣宗认为党项的反叛是因为武将的贪婪。①

在此背景下,唐朝廷及文臣间普遍存在着猜疑压制武将的氛围,这往往引发武将群体的不满情绪。德宗贞元年间,宰相张延赏与名将李晟有矛盾,利用"上(德宗)亦忌晟功名"的心理,以吐蕃离间之言诽谤李晟,两人虽经韩滉和刘玄佐的调解一度和好,张延赏仍数言李晟不宜久典兵,最终德宗以当时正与吐蕃和亲而李晟与吐蕃有怨为由,罢去李晟兵权,这实际上是德宗君臣二人合力压制李晟之举,引发了武将群体的不满。史载:

> 初,韩滉荐刘玄佐可使将兵复河、湟,上以问玄佐,玄佐亦赞成之。滉薨,玄佐奏言:"吐蕃方强,未可与争。"上遣中使劳问玄佐,玄佐卧而受命。张延赏知玄佐不可用,奏以河、湟事委李抱真;抱真亦固辞。皆由延赏罢李晟兵柄,故武臣皆愤怒解体,不肯为用故也。②

此后发生的吐蕃劫盟事件,恐怕多少与力主吐蕃不可轻信的李晟不受信任及由此引发的经验丰富的武将们消极抗拒河湟之事不无关系。可见作为武人领袖的李晟受到德宗君臣不公正待遇时,很容易引发武将们的不满和抗拒情绪。对唐后期文武之间对立情绪展现最典型者,则莫过于韩愈平淮西碑的立废之

---

① 黄楼:《唐宣宗大中政局研究》,第153—154页。
② 《资治通鉴》卷232"贞元三年闰五月"条,第7485页。

争。平淮西的两位重要人物，李愬是李晟之子，所在李氏家族是唐后期重要的武将家族，是典型武将代表，而出身闻喜裴氏的裴度，"始自书生以辞策中科举，数年之间，翔泳清切"①，是典型儒臣代表。平淮西归功于谁的论争就不仅是两人功劳孰高的问题了，更是两人所代表的武将与儒臣群体的一次博弈。② 就儒臣群体来看，在武将借军事领域的强势实现权力的全面扩张，而儒臣在军事领域影响力日渐式微的情况下，裴度的出现给他们带来了极大的鼓舞，③再加上朝野上下压制武将的环境，④对武人抱有"不肯循法度"成见的韩愈自会极力颂扬裴度之功，对以李愬为首的武将群体加以抑制。就武将群体来看，本来就长年处在猜忌压制的环境中，在舍身冒死立下战功后，还要被刻意贬低，这种赏不当功的行为是他们不能接受的。若听任这种行为，只会使他们的处境更为恶劣，此事可看作当时武将群体对唐朝廷及文臣群体压制武人政治生态的反弹。在此政治生态下，武将群体的心态不会不发生改变，所谓"设不幸更有一淮西，其将略如愬者，复肯为陛下用乎？"⑤武将们与唐朝廷的关系正在日渐

---

① 《旧唐书》卷 170《裴度传》，第 4433 页。

② 方震华：《才兼文武的追求——唐代后期士人的军事参与》，《台大历史学报》第 50 期，2012 年，第 16 页。以往学者对平淮西碑立废之争往往以党争论之，近年则颇有学者以文武关系探讨该事，除方文外，尚有黄楼：《〈平淮西碑〉再探讨》，《魏晋南北朝隋唐史资料》第 23 辑，2006 年，第 116—132 页。

③ 以致多年以后，郑畋在回应高骈对儒臣的贬低时仍以裴度为儒臣领兵的典型，谓"裴度平元济于淮西，未必儒臣不如武将"（《旧唐书》卷 182《高骈传》，第 4708 页）。

④ 在淮西平定之后，唐朝廷就对李愬就多有压制之举，详参黄楼《〈平淮西碑〉再探讨》，《魏晋南北朝隋唐史资料》第 23 辑，2006 年，第 116—132 页。

⑤ （唐）罗隐撰，雍文华校辑：《罗隐集·谗书》卷 5《说石烈士》，北京：中华书局，1983 年，第 229 页。此文虽颇多疑点，然若用以反映当时武人心态则无大问题。

疏离。

相比唐初才兼文武、出将入相的文臣,唐后期的所谓儒臣普遍存在不知兵的情况,虽有部分儒臣试图参与到军事行动上去,但更多是扮演"知权制变"的角色,徒具形式上的统帅权。[①] 总体而言绝大部分儒臣对军事的参与度并不高,所谓"卿大夫行列进退,一如常时,笑歌嬉游,辄不为辱。非当辱不辱,以为山东乱事,非我辈所宜当知"[②]。即便在战乱之际,只要不涉及自身,儒臣仍能对战事置之度外。某些儒臣则更对武事持鄙薄姿态:

> 唐薛尚书能,以文章自负,累出戎镇,常郁郁叹息。因有诗谢淮南寄天柱茶,其落句云:'粗官乞与真抛却,赖有诗名合得尝。'意以节将为粗官也。镇许昌日,幕吏咸集,令其子具橐鞬,参诸幕客。幕客怪惊,八座曰:'俾渠消灾。'时人以为轻薄也。盖不得本分官,矫此以见志,非轻薄乎?[③]

"以文章自负"的薛能虽然累出戎镇,却因认为节帅是粗官而闷闷不乐,更把象征武人形象的橐鞬用于消灾。正如孙光宪的朋友指出的:"唐自大中已来,以兵为戏者久矣。廊庙之上,耻言韬略,以橐鞬为凶物,以钤匮为凶言。"[④]在此氛围下,薛能之辈对武事避之唯恐不及,更何谈知兵用兵。

在唐末动乱遍布全国的情况下,不知兵的儒臣们不得不面临军事上的挑战,其中承平已久且向来以文儒之臣出任藩帅的江淮藩镇受到冲击最大,如前文所论咸通元年(860)浙东裘甫乱

---

① 方震华:《才兼文武的追求——唐代后期士人的军事参与》,第12—17页。

② 《樊川文集》卷10《注孙子序》,第151页。

③ 《北梦琐言》卷4《薛氏子具军仪》,第67页。

④ 《北梦琐言》卷14《儒将成败》,第282页。

事中，作为浙东观察使的郑祗德无论是对邻道兵马强横的要求还是本道兵马避乱自保的行为都毫无办法，根本无法统御平叛军队，不知兵的弱点暴露无遗，深知"祗德懦怯"的唐朝廷只好考虑用武将代替他。

尽管在面对乱事时唐朝廷不得不转而依赖武将，但对武将仍多有防范。大中十二年（858）与浙西相邻的宣歙发生康全泰之乱，出于平叛需要，唐朝廷用武将李琢代替了翰林学士出身的浙西观察使萧置。康全泰的叛乱很快平定，李琢却遭到唐朝廷的怀疑，史言："兵罢后，谤者言琢虚署官健名，广占衣粮，没入私家。"①尽管经过御史按覆，证明李琢"无一卒虚额者"，但仍可以看出唐朝廷上下对处于江淮财赋重地藩帅位置上的武将的不信任，李琢很快被调离了浙西。李琢的遭遇或可作为后来刘巨容所说唐朝廷"急则抚存将士，不爱官赏，事宁则弃之，或更得罪"武将政治生态的一个注脚。事实上，若有能力足够的儒臣，唐朝廷也尽量不派遣武将前往江淮平叛，如裘甫起义时唐朝廷虽曾一度考虑用武将代替郑祗德，但最终还是派遣虽是"儒家子"却军事经验丰富的王式前往。

因此在对乱事的平定中，唐朝廷经常陷入两难境地，儒臣可信，但军事能力低下，武将军事能力强悍，但又不能绝对加以信任，使得其在用人上经常出现反复，体现到黄巢乱事中就是统军将领在儒臣和武将之间频繁更迭。②再加以长期以来武将恶劣的政治生态，前线武将们的心态在这样的反复中不会不发生变化。围剿起义军的首位统帅宋威，在乾符三年（876）十二月被郑

---

① （唐）裴庭裕：《东观奏记》下卷，北京：中华书局，1985年，第132页。

② 关于统帅更迭的详细情况，可参看方积六《唐王朝镇压黄巢起义领兵统帅考》，《魏晋隋唐史论集》（第1辑），北京：中国社会科学出版社，1981年，第232—251页。

畋指责“殊无进讨之意”，僖宗罢其都统之职前对部下曾元裕说过一段颇具离心意味的话，史载：

> 时威老且暗，不任军，阴与元裕谋曰：“昔庞勋灭，康承训即得罪。吾属虽成功，其免祸乎？不如留贼，不幸为天子，我不失作功臣。”故蹑贼一舍，完军顾望。[①]

从宋威举康承训功成得罪的例子及当时朝野对其完军顾望的指责，不难看出以往武将的恶劣政治生态及现时的政治纷争对其心态造成的影响。[②] 在此背景下再来考察同样曾为统帅的高骈在黄巢乱事中的心态变化，答案就不难得出了。

与黄巢乱事中离心的宋威、刘巨容等人不同，高骈虽出身将门，却非典型武将。高骈颇为好文，年轻时“多与儒者游”[③]，同时在书法、诗文上也颇具造诣，是一个文武兼资的将领。《北梦琐言》中有一则记载颇能反映高氏将门由高崇文至高骈在文的层面的演进：

> 唐高相国崇文，本蓟州将校也，因讨刘辟有功，授西川节度使。一旦大雪，诸从事吟赏有诗，渤海遽至饮席，笑曰：“诸君自为乐，殊不见顾鄙夫。鄙夫虽武人，亦有一诗。”乃口占云：“崇文崇武不崇文，提戈出塞号将军。那个髀儿射落雁，白毛空里落纷纷。”其诗著题，皆谓北齐敖曹之比也。太尉骈，即其曾孙也。……或一日闻奏乐声，知有改移，乃

---

① 《新唐书》卷225《黄巢传》，第6452页。

② 关于宋威罢职与朝廷政治纷争的关系，可参看黄清连：《宋威与王、黄之乱——唐代藩镇对黄巢叛乱的态度研究之二》，史语所编《中国近世社会文化史论集》，1992年，第1—36页。

③ 《旧唐书》卷182《高骈传》，第4703页。

题《风筝》寄意曰："夜静弦声响碧空，宫商信任往来风。依稀似曲才堪听，又被移将别调中。"旬日报到，移镇渚宫。①

高崇文出身将校，文学并非所长，却要参与到文士聚会中去，这说明在当时普遍崇文抑武的环境下，与跋扈武人不同，作为朝廷将领的高崇文若想获取唐朝廷的信任，必须对唐朝廷的观念加以认同，并希望借此行为表明自己并非纯粹武将。② 从高崇文颇富打油诗意味的口占诗到高骈颇富才情的寄意诗，说明高家经过三代，至高骈时已经从纯粹的武将转变为儒将，高骈的文武兼资是高氏将门门风转变的结果。在当时的政治生态中，才兼文武的高骈显然更容易获得唐朝廷的信任，卢携向僖宗举荐高骈为诸道都统时就特别指出"骈有文武长才"③。高骈也颇以此自许，在其幕僚顾云所写的《武烈公庙碑记》中，时镇浙西的高骈被视为"丞相司徒燕国公，军谋出众，儒术超群……以诗书礼乐之兼才，领征伐牢笼之重寄"④。若无高骈本人的认可，顾云是绝不会在文中对高骈的"儒术超群"加以赞赏的。

尽管高骈颇具文的特性并以此自许，却仍免不了了因武将身份而被多次怀疑，亦曾有过与康承训、宋威等武将类似的"功成得罪"的经历。最早可追述者，高骈在秦州诱降尚延心后却功成不赏，被调离秦州。又有安南之役因李维周的诋毁而被认为玩寇不进，引发唐朝廷震怒。在西川时，亦曾因修成都罗城，引发唐朝廷的猜疑。⑤ 在由西川调往荆南时，又有"依稀似曲才堪

---

① 《北梦琐言》卷7《高崇文相国咏雪》，第162—163页。
② 正如郭子仪为唐朝廷不以纯粹武将待己而高兴一样。
③ 《资治通鉴》卷253"广明元年七月"条，第8229页。
④ 《全唐文》卷815，第8589页。
⑤ 《北梦琐言》卷7《高崇文相国咏雪》，第162—163页。

听,又被移将别调中"的诗句,字里行间不难看出对被唐朝廷频繁征调的无奈。如果说随着高骈后来的不断被重用,并由于与卢携、田令孜的结盟而获得某种程度上的信任,这些经历尚不至彻底激发高骈对唐朝廷的不满情绪的话,那么在纵巢渡淮后,高骈就不可避免地要招来更多非议了。虽然唐朝廷及舆论对高骈的指责并非全无道理,但如果联系到在防遏黄巢北上过程中另一要员儒臣王铎的表现,就会发现这样的待遇对高骈来说颇为不公。

在把黄巢逼至岭南后,唐朝廷布置王铎、高骈分别坐镇荆南、淮南,在长江中游和下游对黄巢进行堵截。儒臣王铎在江陵的表现如何呢?《北梦琐言》里记载有一则王铎坐镇江陵时期的趣闻:

> 唐王中令铎,重德名家,位望崇显,率由文雅,然非定乱之才。镇渚宫为都统,以御黄巢。寇兵渐近。先是,赴镇以姬妾自随,其内未行,本以妒忌。忽报夫人离京在道,中令谓从事曰:"黄巢渐以南来,夫人又自北至,旦夕情味,何以安处?"幕僚戏曰:"不如降黄巢。"公亦大笑之。①

姑且不论此事真假,②至少反映出唐末儒臣如王铎者在面对乱事时普遍无所作为的现象,即所谓"一旦宇内尘惊,闾左飙起,遽以褒衣博带,令押燕颔虎头,适足以取笑耳"③。虽然并没有如幕僚所说投降黄巢,王铎在江陵的表现同样颇为拙劣。乾符六年

---

① 《北梦琐言》卷3《王中令铎拒黄巢》,第50页。

② 黄清连以其他史料所记王铎的个性和生活习惯佐证此条材料可信,详参氏撰《王铎与晚唐政局——以讨伐黄巢之乱为中心》,《史语所集刊》第63本第2分,1993年,第231页。

③ 《北梦琐言》卷14《儒将成败》,第282页。

(879)十月黄巢北上,王铎推荐起用的湖南观察使李系避战自保,结果被黄巢军攻下潭州,所领甲兵五万尽为所杀。李系虽是李晟曾孙,然史言其"无将略,微有口才,军政不理"①,王铎却"以其家世良将,奏为行营副都统兼湖南观察使,使将精兵五万并土团屯潭州,以塞岭北之路,拒黄巢"②。在李系的任用上,王铎犯下了用人不当(胡三省批评其为"以世而不考其才"③)的错误。王铎的战略部署也颇值得商榷,几乎把全部主力布置在潭州而一战尽墨,导致战略地位更为重要的江陵军力薄弱,仅不满万人。④ 在黄巢直逼江陵后,王铎竟"自帅众趣襄阳,云欲会刘巨容之师",他留下来镇守江陵的刘汉宏则大掠江陵,致江陵"焚荡殆尽,士民逃窜山谷。会大雪,僵尸满野"⑤。若非曹全晸和刘巨容在荆门伏击成功,黄巢大可从汉水流域北上直扑关中,高骈纵巢渡淮的罪名恐怕要被王铎纵巢渡荆的罪名取代了。就性质而言,王铎弃城而走的行为比高骈避兵自保的行为更加恶劣,然史言"天子不之责"⑥,王铎虽一度因此事被罢相,但仍于中和二年(882)正月取代高骈,被重新起用为诸道行营都统。

即便高骈同时具备出身中央禁军、功臣之后、文武兼资等特点,在纵巢渡淮后仍摆脱不了类似以往武将的遭遇,被朝野舆论非议,更被解除诸道都统之职。与此同时,王铎等儒臣虽碌碌无为,甚至所为性质更加恶劣,却仍被唐朝廷信任,武将和儒臣受

---

① 《旧唐书》卷 164《王铎传》,第 4283 页。

② 《资治通鉴》卷 253"乾符六年五月"条,第 8214 页。

③ 《资治通鉴》卷 253"乾符六年五月"条胡三省注,第 8214 页。

④ 《资治通鉴》卷 253"乾符六年十月"条:"时诸道兵未集,江陵兵不满万人",第 8217 页。

⑤ 《资治通鉴》卷 253"乾符六年十月"条,第 8217—8218 页。

⑥ 《旧唐书》卷 164《王铎传》,第 4283 页。

到的待遇和舆论压力可谓天悬地隔。事实上当时朝野上已有人对唐朝廷一味任命王铎等儒将拒敌颇怀忧虑了,谏议大夫郑宝在王铎重任诸道都统后上书规劝王铎:

> 未知令公以何人为牙爪,何士参帷幄? 当今大盗移国,群雄奋戈,幕下非旧族子弟、白面郎君雍容谈笑之秋也。[1]

时议也认为:"黄巢过江,高太尉不能拒捍,岂王中令儒懦所能应变乎?"[2]甚至连王铎的对手黄巢也对王铎说:"相公儒生,且非我敌,无污我锋刃,自取败亡也。"[3]这样的区别对待和当时的舆论导向,无疑给以往积极向文靠拢的高骈极大刺激,在与王铎等儒臣的对立中强化自身的武将身份认同。中和二年(882),在听闻王铎重任诸道都统后,高骈写下一诗:"炼汞烧铅四十年,至今犹在药炉前。不知子晋缘何事,只学吹箫便得仙。"[4]以修道成仙事比喻功名仕途,自己为唐朝廷征战多年(炼汞烧铅四十年),却仍不为唐朝廷信任重用(至今犹在药炉前),[5]王铎寸功未立(不知子晋缘何事),却只因出身"重德名家""率由文雅"[6]的做派,便位至将相,至此又重任诸道都统(只学吹箫便得仙),字里行间不无对唐朝廷有功不赏、区别对待武将儒臣的愤懑。在同年写给李罕之的信中,对王铎再任诸道都统事,高骈评论道:"此乃藩镇功亏,朝廷计尽,遂将大任,专付老儒。虽漫传声,必难济事。"[7]再

---

① 《北梦琐言》卷14《儒将成败》,第282页。
② 《北梦琐言》卷3《王中令铎拒黄巢》,第50页。
③ 《北梦琐言》卷14《儒将成败》,第282页。
④ (宋)计有功:《唐诗纪事》卷63《高骈》,北京:中华书局,1965年,第951页。
⑤ 此两句或亦可理解成高骈多年以来积极地向文的一面靠拢,展现自己文武皆资的儒将做派,却仍不能得到唐朝廷对待儒臣般的赏识和信任。
⑥ 《北梦琐言》卷3《王中令铎拒黄巢》,第50页。
⑦ 《桂苑笔耕集校注》卷12《光州李罕之》,第373页。

度表达了对唐朝廷和其宠任的儒臣的轻蔑与不满。由此再来看高骈在中和二年（882）所上的导致其与唐朝廷决裂的"攘袂大诟"奏书，其情绪的激愤也就容易理解了。在奏书中高骈早已经忘了自己曾以儒术自许，对王铎、崔安潜等儒臣得到重用颇为不满：

> 陛下今用王铎，尽主兵权，诚知狂寇必歼，枭巢即覆。……陛下安忍委败军之将，陷一儒臣？崔安潜到处贪残，只如西川，可为验矣，委之副贰，讵可平戎？况天下兵骄，在处僭越，岂二儒士，能戢强兵，万一乖张，将何救助？①

更对自己得不到唐朝廷的信任表示无奈："自是陛下不用微臣，固非微臣有负陛下。"②正如林至轩指出的，相比讨论这封奏书的真实性，"不如说这封奏书解释反映了当时文武勋臣间的不和氛围，与镇守地方的藩将不受中央朝廷所信任的窘况"③。这些都标志着高骈抛弃了文的一面，强化了自身的武将认同，以武将身份站到了儒臣及信任儒臣的唐朝廷的对立面，并俨然以"功亏"藩镇自居，冷眼旁观唐朝廷及其所信任儒臣的成败，则无论在行动上还是心理上，高骈与唐朝廷都已渐行渐远。在僖宗于光启元年（885）回驾长安时，高骈及其统领的淮南镇已然位列"自擅兵赋，迭相吞噬，朝廷不能制"④的跋扈藩镇之列。

---

① 《旧唐书》卷 182《高骈传》，第 4706 页。
② 《旧唐书》卷 182《高骈传》，第 4707 页。
③ 林至轩：《从能臣到叛臣——高骈与唐末政局》，台湾清华大学硕士学位论文，2013 年，第 79 页。
④ 《旧唐书》卷 19《僖宗纪》，第 720 页。

第四节　高骈经营下的淮南

一、高骈镇淮后淮南军政格局的变化

乾符六年(879)十月,高骈移镇淮南,并于广明元年(880)三月担任负责围剿黄巢的诸道行营兵马都统之职。通过高骈的招纳整合,淮南汇集了大规模的武装力量,史称高骈在扬州"缮完城垒,募军及土客,得锐士七万,乃传檄召天下兵共讨贼,威震一时,天子倚以为重"①。淮南的军政格局在高骈统领下发生了极大变化:首先,高骈作为武将的到来,本身就是对淮南藩帅向以"道德儒学"担任的军政格局的改变。同时高骈以淮南节度使身份兼任诸道都统之职,突出了淮南在乱事平定行动中的主导地位;其次,也是最富实质意义的转变,即淮南的军事力量在高骈的统领下迅速壮大,成了"威震一时,天子倚以为重"的军事强藩。以下便重点考察高骈时期淮南在军府、支州及基层三个层级军事力量的壮大,以明了这一变化过程。

(一)高骈淮南军府的构成和组织模式

高骈虽出身神策军,但职业生涯大部分时间却在地方任职。由于唐朝廷平定外患内乱的需要,高骈曾被多次调动,历经多镇。高骈每次离镇大多是前往新镇平乱,使其经常征调与自己关系良好的旧镇军将前往新镇履职。西川突将之乱时,"天平都将张杰帅所部数百人被甲入府击突将"②,说明高骈从天平调任

---

① 《新唐书》卷 224《高骈传》,第 6394 页。
② 《资治通鉴》卷 252"乾符二年四月"条,第 8178 页。

西川时带了部分天平军前往。在被调往荆南时，高骈"以蜀兵万五千赍糒粮"①，在淮南时又有为西川都将任从海等请衣粮事，②则又有部分蜀兵跟随他来到淮南。高骈镇荆南期间曾提拔武陵洞蛮雷满为裨将，雷满后来带蛮军随他移镇江淮。③ 除历任节镇外，高骈对平乱时统领的其他诸镇将士也多有吸纳，典型者如梁缵，"本以昭义兵西戍，骈表隶麾下"④，跟随高骈历经多镇。从后来扬州围城时守城将士"多山东人，坚悍颇用命"⑤的情况看，高骈吸纳的诸镇将士数量当不在少。在史籍记载中淮南军府有一批被称为高骈旧将的群体，包括梁缵、陈珙、冯绶、董瑾、俞公楚、姚归礼等人，⑥应该就是上述两类高骈在历任节镇或平乱过程中吸纳的诸镇军将。总之，由于长期在地方任职并持续率军平乱，使高骈有条件吸纳一批各镇精兵强将，这些将士中既有高骈上奏朝廷隶属自己统领的，也有自愿跟随高骈效力的。通过这样的形式，高骈建立了一支"皆良将劲兵"⑦的部队，并将其带到淮南，成了淮南军府的核心力量。

从中和二年(882)高骈为在淮南效力的西川都将任从海等人请奏衣粮的情况看，这支部队虽跟随高骈多年，但仍遵循唐朝廷征调藩镇出兵时的"食出界粮"制度，军需钱粮和将士家属在原藩镇的生活保障仍由唐朝廷和原属藩镇负责。在人身关系上

---

① 《新唐书》卷225《黄巢传》，第6453页。

② 《桂苑笔耕集校注》卷5《奏论天征任从海等衣粮状》，第120—121页。

③ (宋)薛居正等：《旧五代史》卷17《雷满传》，北京：中华书局，1976年，第236页。

④ 《新唐书》卷224《高骈传》，第6394页。

⑤ 《新唐书》卷224《高骈传》，第6399页。

⑥ 《资治通鉴》卷254"中和二年四月"条，第8265页。

⑦ 《资治通鉴》卷253"广明元年七月"条引司马光《考异》，第8230页。

这些将士也仍隶属原藩镇,即高骈所言"身在东吴,职居西蜀"①。对高骈而言这种组织部队的模式有不少好处:首先,"食出界粮"制度减轻了他供养军队的财政压力,将士原属藩镇对将士家属生活来源的保障,也解除了他帐下将士的后顾之忧;其次,以往临时征调诸道军队联合作战,往往存在实战指挥不灵的问题,②高骈把诸道精锐捏合在自己手下,长期加以统领,就不会出现指挥不灵,配合不默契的问题,对军队战力是很大提高;再者,高骈后期任职的地区西川、荆南、浙西、淮南等地并不以军事见长,当地将士的战斗力有限,带领一支能征善战的军队前往镇抚,是对其军事成功的有益保障。

除这支核心力量外,高骈还吸纳了投降他的黄巢将领毕师铎的力量进入淮南军府。从史称"初败黄巢于浙西,皆师铎、梁缵之效也"③来看,毕师铎在投降后转而成为围剿起义军的得力将领并和高骈旧将群体建立了合作关系。毕师铎后来官至淮南军府的左厢都知兵马使,说明这支力量进入了淮南军府的核心。

此外据高骈在《谢诏示徐州事宜状》中引唐朝廷诏旨:"据时溥奏,卿本道羌兵侵境杀伤,令务止遏者。"④及在《浙西周宝司空书》⑤中提到曾派羌都将梁楚部领马军为周宝讨袭叛逃将士看,他手下应该还有一支由羌人组成的骑兵部队,并在与邻镇的冲突中多有出征。从史料记载来看,唐时西川似有使用羌兵的传

① 《桂苑笔耕集校注》卷5《奏论天征军任从海等衣粮状》,第120—121页。高骈于奏状中言及任从海等人已五年于役,高骈于乾符五年(878)离任西川而带部分蜀兵赴镇荆南,加上五年,此状当写于中和二年(882)。
② 张国刚:《唐代藩镇行营制度考》,第83—84页。
③ 《旧唐书》卷182《毕师铎传》,第4713页。
④ 《桂苑笔耕集校注》卷3,第76页。
⑤ 《桂苑笔耕集校注》卷11,第353—355页。

统，如杜甫在《东西两川说》中言及西山的兵力构成除汉兵外尚有"兼羌堪战子弟，向二万人，实足以备边守险"，并建议"仍使兵羌各系其部落，刺史得自教阅"①，又文宗大和三年（829）南诏进围成都时，茂州刺史窦季馀"自茂总摄生羌，得众一旅，鸣鼓东下，为之救援"②，又文宗大和六年（832）吐蕃维州悉怛谋请降时，李德裕提出："若以生羌三千，出戎不意，烧十三桥，捣戎之腹心，可以得志矣。"③因此有理由猜测这支羌兵应是高骈自西川带过来的。结合上文，高骈自西川移镇荆南、江淮时应是带了不少在西川招纳的战斗力颇强的部伍。

（二）降将势力与淮南州级军事力量的增强

在与黄巢的作战中，高骈招降了不少黄巢将领，其中成规模的主要有三次：第一次是在乾符五、六年（878、879）间黄巢南下之际，时任镇海军（浙西）节度使的高骈派张璘、梁缵分道追击黄巢，此过程中有不少黄巢将领投降，其中包括毕师铎及其副将郑汉章；第二次则是在广明元年（880）三、四月黄巢北上转战江淮期间，当时黄巢被困信州，不少部将率军向高骈投降，如"李罕之以一军投淮南"④，大约与此同时，秦彦、许勍也投降了高骈；⑤第三次是中和元年（881）四月，被黄巢派遣镇守潼关的成令瓌"擘队奔逃"，南下蕲州、黄州一带劫掠，高骈派人招降成功。据高骈奏书，此次招降规模颇大，成令瓌手下有"徒伴四万人、马军

---

① 《杜诗详注》卷 25，第 2210—2211 页。

② 周绍良主编：《唐代墓志汇编》大和 069《唐故茂州刺史扶风窦君墓志铭并序》，上海：上海古籍出版社，1992 年，第 2146 页。

③ 《旧唐书》卷 172《牛僧孺传》，第 4471 页。

④ 《旧唐书》卷 19《僖宗纪》，第 706—707 页。

⑤ 《资治通鉴》系李罕之、秦彦、许勍等人投降高骈于乾符六年（879）正月，与毕师铎同时，误，详参方积六：《黄巢起义考》，第 109—113 页。

七千骑"①。除黄巢起义军外,高骈对江淮地区的贼盗势力也多有招降,其中规模最大者当属对福建道溪洞草贼何嵪等人的招降,这伙草贼人数多达八万人并曾侵入信州境内,高骈在吸纳了其部分兵力后作放散处理。② 据高骈奏书,招降的江淮地区贼盗势力还包括赵词、孙端等人。③

高骈对降将及部伍的处置,首先便是进行整编和放散,即高骈奏书中说的"愿在军门及放散人数,请续具申奏"④。而在后续安置中也曾经历曲折,如秦彦和许勍在投降后并未立即得到安置,而是经历了"累奏"⑤的过程。孙端在投降后长期得不到安置,高骈不得不写信安抚。⑥ 从结果看,这些降将最终都得到了安置。毕师铎被高骈纳入淮南军府,官至左厢都知兵马使,其副将郑汉章则担任了淮宁军使。大部分降将被安置到淮南下辖各州镇,李罕之被安置在光州,秦彦、许勍同时被授予和州、滁州刺史,徐约为六合镇将,赵词曾权摄和州,孙端一度权知舒州,后又被高骈承制授以宣歙观察使,成令瓌被安置到了楚州。降将势力被分别安排在了军府、州、镇三个层级,主要以州为主,这应该是和降将的实力相匹配的。

从以往庞勋乱事中淮南各州文官刺史的拙劣表现及各州孱弱的兵力来看,淮南在州一级的军事实力并不足以应付较大乱

---

① 《桂苑笔耕集校注》卷5《奏诱降黄巢下贼将成令瓌状》,第111页。关于成令瓌投降高骈时间的考订,参陈志坚:《桂苑笔耕集的史料价值试析》,第66页。

② 《桂苑笔耕集校注》卷5《奏诱降福建道草贼状》,第114—115页。

③ 《桂苑笔耕集校注》卷13《赵词摄和州刺史》,第446—447页;卷4《奏请归顺军孙端状》,第105—106页。

④ 《桂苑笔耕集校注》卷5《奏诱降黄巢下贼将成令瓌状》,第112页。

⑤ 《旧唐书》卷182《秦彦传》,第4715页。

⑥ 《桂苑笔耕集校注》卷12《归顺军孙端》,第377页。

事。通过对降将及其部伍的安排，高骈大大加强了降将所在支
州的军事实力，后来唐朝廷下诏从淮南抽发兵士时，由降将统领
的滁州、和州已经和淮南的传统军事强州庐州、寿州并列其中
了。① 另一方面，高骈统领淮南时期，周边藩镇徐州、浙西、宣歙、
蔡州等都与淮南有着激烈争夺，高骈若要在与周边藩镇的争夺
中占据优势，势必要加强支州特别是和上述邻镇存在冲突的支
州的军事实力。由此再来观察高骈给降将安排的州，不难发现
高骈以降将势力防遏淮南周边敌对势力的意图。李罕之就任的
光州有寿州豪强王绪势力活动，同时还面临蔡州秦宗权势力的
压力。秦彦、许勍被授予的和州、滁州则临近宣歙、浙西，能对宣
歙和浙西形成一定的军事威慑，这从后来秦彦由和州入据宣州
便可看出。最能体现高骈以降将抑制周边敌对势力意图的，当
属孙端的安置。在孙端投降后，高骈曾承制以孙端为宣歙观察
使，这无疑是对宣歙的挑衅且有诱导孙端引兵进入宣歙的嫌疑，
因而引发镇海军（浙西）节度使周宝和宣歙观察使裴虔馀的不
满，周宝为此事上奏唐朝廷，并与裴虔馀发兵抗拒孙端。至于成
令瓌被安置在楚州，高骈在给唐朝廷的奏书中直言不讳地表示：

> 伏缘楚州与徐州，涟水对岸，今春曾被寇戎骤来攻劫，
> 虽频讨逐，未尽诛擒。况涟水贼徒，久蓄奸谋，潜行侦谍，常
> 排战舰，欺视孤城，再欲奔冲，终为患害。臣以此特将此郡
> 权授令瓌，既能投信义而来，必得破顽凶之窟。②

就是要利用成令瓌强大的军事实力抵御来自邻镇徐州的进攻。
　　综上，在与黄巢起义军及江淮地区贼盗的作战中，高骈招纳

---

① 《桂苑笔耕集校注》卷5《奏论抽发兵士状》，第122—123页。
② 《桂苑笔耕集校注》卷5《奏诱降黄巢下贼将成令瓌状》，第111—112页。

了不少降将,这部分武装力量经过一定程度的整编后,大部分被高骈安排到淮南下属各州。这些降将及部伍的安置,大大增强了淮南各州的军事实力,成为高骈应对乱事及防遏周边敌对势力的重要力量。

关于淮南支州层级的军事力量,还需特别指出的是楚、寿两州。由于防遏邻近两大骄藩淮西和淄青的需要,两州长期保持团练州建制,地位高于一般支州,沈亚之言寿州"为之守者皆佩将军印,幕府符书之设,拟于方镇,而有副使之官焉"①,吕让言楚州"扬州属都,楚实甚大,提兵五千,籍户数万,其事雄富,同于方伯"②。与淮南他州不同,两州在军事上颇为强悍,在唐朝廷的平乱活动中也多有参与。③ 延至高骈时期,两州仍颇不受节制,如寿州刺史张翱在中和二年(882)不受高骈节制出兵关中,④楚州刺史张雄在中和元年(881)亦有过出兵之举而为高骈制止,⑤这两州是淮南本地军人势力的代表。

(三)基层武装力量的兴起

唐朝廷在江淮的基层军政策略在高骈移镇江淮前便已发生变化。庞勋起义时唐朝廷曾派出司农卿薛琼出使淮南的庐、寿、楚等州,"点集乡兵以自固"⑥。王、黄起义爆发后的乾符三年(876)二月,唐朝廷"敕福建、江西、湖南诸道观察、刺史,皆训练

---

① 《沈下贤集校注》卷5《寿州团练副使厅壁记》,第91页。

② 《文苑英华》卷802吕让《楚州刺史厅记》,第4239页。

③ 如淮西李希烈叛乱时,寿州刺史张建封曾"于霍丘竖栅,严加守禁",李希烈派出的大将杜少诚对此无可奈何。在平定淄青李师道的战役中,楚州刺史李听亦曾率淮南军队攻下海州,立下奇功。

④ 《桂苑笔耕集校注》卷12《寿州张翱》,第383—384页。

⑤ 《桂苑笔耕集校注》卷12《寿州张雄》,第379页。

⑥ 《旧唐书》卷19《懿宗纪》,第666—667页。

士卒；又令天下乡村各置弓刀鼓板以备群盗"①。所谓群盗，指的并非只是王、黄起义军而已，在当时南方地区还存在着不少反政府武装力量，皮光业曾这样描述王、黄起义后的江南地方形势：

> 其始者，王仙芝结衅中土，首构祸阶，虽已诛夷，犹残支党，自此丛祠乌合，草泽蜂飞，轻薄者固自披攘，谨厚者亦为慓悍。江南则朱直叛乱于唐山，孙端寇尊于安吉，西侵宛水，东患苕溪，郡县则终日登陴，生民则长时伏莽。②

在"群盗"纷起扰乱地方的情况下，唐朝廷开始加强江淮地区的基层防御力量，土团、乡兵等地方武装广泛参与到州县对贼盗势力的平定中。③ 需指出的是由于与唐朝廷关系或立场、行事作风的不同，江淮地区的地方武装力量或被官方称为土团、乡兵，或被称为"贼""盗"，借用镇海军节度使周宝所说即"为吾用则吾兵，否则寇也"④。总之，无论是土团乡兵还是贼盗，皆说明此时江淮地方的新兴武装力量已普遍发展起来，⑤如何有效地整合组织这些武装力量便成为稳定江淮基层社会的关键。

高骈统领的淮南及其周边地区存在着大量各种新兴地方武装力量，对其中势力较大者，高骈以招降安抚为主，如福建溪洞草贼、赵词、孙端等。对强悍不服者，如光州的王绪集团，高骈则加以声讨。⑥ 从高骈和后来统治淮南的杨行密都有遣将平定"乡

---

① 《资治通鉴》卷252"乾符三年二月"条，第8182页。
② 《全唐文》卷898皮光业《吴越国武肃王庙碑铭》，第9372页。
③ 如董昌、钱镠等领导的八都军就曾多次参与平定地方贼盗势力。详参何勇强《钱氏吴越国史论稿》，杭州：浙江大学出版社，2002年，第45—53页。
④ 《新唐书》卷186《周宝传》，第5417页。
⑤ 关于江淮土豪武装的兴起，详参第四章第二节。
⑥ 《桂苑笔耕集校注》卷12《光州王绪》，第390—391页。

盗"的记载看，①当时淮南境内县、乡一级的武装力量亦不在少。当然由于各方所处立场不同，这些"乡盗"的性质很难区分究竟是贼盗还是自卫武装，可借此说明的是当时在淮南县乡一级已遍布各种武装。

《桂苑笔耕集》中，多有涉及淮南境内基层武装力量的材料。如卷12《庐江县令李清》，高骈言及庐江县境内有"十八寨之义兵"，而庐江县令李清"宽将猛济，惠与威行"，以恩威并施的手段招纳、整编十八寨义兵，"熊罴聚党，尽得降心"②。再如卷12《戴卢》，高骈言及"（戴）卢竭诚报国，倾产忘家，纠集义军，训齐宗族，抚宁羸瘵，捕袭寇戎，六年于兹，一邑获赖，有功不伐，唯善是从。遂领县曹，永安乡党"③，则戴卢本是当地土豪，通过组织义军获取了当县的控制权。从高骈赞赏李清、戴卢等人"不惟除郡邑之灾，亦可定国家之难""永安乡党"的用语看，这些地方自卫武装在保卫乡党、安定地方方面发挥了巨大作用。个别强大的自卫武装甚至可以"定国家之难"，如卷14《宿松县令李敏之充招讨都知兵马使》一牒中，高骈言及李敏之"假百里之威，则疲甿获赖；作万夫之长，则义旅知归。遂得县道肃清，邻藩倚赖"，可知李敏之曾招纳义旅保卫乡里，后来势力更发展至"邻藩倚赖"的程度。此时李敏之正"欲破蕲春之狡窟"，跨境至鄂岳的蕲春县破贼，高骈认为李敏之"既设援于他邦"，不可师出无名，为了"俾

---

① 《资治通鉴》卷255"中和三年三月"条："骈使二将（俞公楚、姚归礼）将骁雄卒三千袭贼于慎县"；《九国志》卷1《陶雅传》："行密据合肥，遣雅平乡盗秦定、过修己等。"（路振撰，吴在庆、吴嘉骐点校，傅璇琮等主编《五代史书汇编》，杭州：杭州出版社，2004年，第3220页）

② 《桂苑笔耕集校注》，第367页。

③ 《桂苑笔耕集校注》，第389页。

振军声",令李敏之"充节度衙前兵马使,兼充西南招讨都知兵马使"①。在给庐江县令李清的信中,高骈亦急切地希望授予李清军职:"然而军务既常独理,职衔须有可称,未见所求,固难抑致。为复愿兼知戎役,却守县曹,为复欲改辙从知,乘机立事,察斯二者,决取一途。"②可见当时淮南的基层自卫武装力量已发展到相当普遍和成熟的阶段,高骈为笼络羁縻这一力量,往往要对其统帅假以军职,将其纳入淮南的军政体系内。

　　通过高骈的整合,淮南在军府、支州、基层三个层级的军事力量都得到了加强。军府军事力量的加强主要来自高骈所带部伍,该部伍由高骈在各方征战时招纳的诸镇将士组成,是淮南军府的核心力量。支州军事力量的加强则源于高骈对黄巢降将及南方贼盗势力的安置,这些降将大多具备较强实力,对他们的安置成为高骈应对乱事和防遏周边敌对势力的重要手段。基层武装力量崛起的契机则在于乱事在江淮日渐兴起,县、乡官员及土豪层自行组织土团、乡兵等自卫武装,以弥补基层防御力量的不足,高骈则通过授予其领导者军职的方式将其纳入淮南军政体系内。总之,通过高骈和他所统领部队的到来、对降将的安置、对基层武装力量的招纳,淮南形成了由军府——高骈部队、支州——降将势力、基层——自卫武装组成的颇具层次的军政格局,其核心和维系者则是高骈军府。

二、盐铁转运使、诸道都统及墨敕授官与
高骈对淮南及江淮的支配

　　自宪宗时期各项改革后,唐朝廷成功夺回江淮利权,限制了

---

① 《桂苑笔耕集校注》,第 476 页。
② 《桂苑笔耕集校注》,第 368 页。

江淮藩镇的军事力量,同时削弱了江淮藩镇对支州在军政、财政上的支配,使得江淮藩镇再难对唐朝廷展现出强势姿态。但随着唐末江淮地区形势的变化,唐朝廷原有的统治格局被逐渐突破,最突出的体现便是江淮藩镇特别是重镇淮南的军事属性大大增强。藩镇属性的变化,自然需要改变相应的支配机制,特别是在淮南区域内各种力量交错纷呈的情况下,高骈若不突破原有机制则难以实现对淮南的全面支配,亦难自立于各方势力构成的复杂江淮政局中。

(一)盐铁转运使之职与高骈对淮南及江淮财政的支配

乾符五年(878)正月,迁任荆南节度使的高骈同时兼任盐铁转运使,[①]开始其长达四年的盐铁转运使任期。自李锜叛乱后,唐朝廷为防止江淮藩镇分割中央利权,不再以江淮藩帅兼任盐铁转运使,[②]高骈能以节度使身份兼任盐铁转运使,其原因大致有二:一是高骈被唐朝廷派遣围剿黄巢期间所历诸镇——荆南、浙西、淮南均为盐铁转运的重镇。据李锦绣统计,唐代三司(度支、盐铁、户部)在诸道所设巡院中,荆南有4个(其中盐铁巡院3个),浙西有2个(其中盐铁巡院2个)、淮南有8个(其中盐铁巡院7个),为各道中数量较多者,[③]荆南的江陵院和淮南的扬子院更是各自区域巡院的核心。在黄巢起义军侵扰此三道的情况下,唐朝廷以高骈任盐铁转运使之职,实则有借高骈的军事力量

---

① 关于高骈何时任盐铁转运使,史籍记载多有歧异,但从高骈在《让官请致仕表》(《桂苑笔耕集校注》卷1,第62页)中所言"当荆门失守之时,乃是楚塞宿兵之际。忝趋戎旃,兼绾牢盆"及"四载主铜盐之务,不能富国赡军"来看,其任诸道盐铁转运当在乾符五年(878)正月任荆南节度使之际。

② 其间仅有穆宗长庆年间的淮南节度使王播一个例外,然王播在任淮南节度使前就担任着盐铁转运使,与德宗时期担任浙西观察使后方兼任转运使的体例不同。

③ 李锦绣:《唐代财政史稿》下卷,第407—411页。

保护此三道盐铁转运的意图；[1]二是自转任浙西起，高骈所率军队便成为围剿黄巢的主力，在淮南时更被任命为诸道行营兵马都统，兼任盐铁转运使一职也是唐朝廷为其提供财政上的便利以配合军事行动。高骈在给人信中也透露，其在淮南的一个主要工作是"唯广利权，宜供戎费"[2]，也就是以盐铁利权为军事行动服务。据李锦绣研究，在唐代的盐利收入中，供军支出约占了一半的比例，她以贞元二年（786）的盐利支用为例，指出江淮盐利曾被移用于充将士赏钱。[3] 从后来高骈在奏书中抱怨"臣散征诸道兵甲，尽出家财赏给，而诸道多不发兵，财物即为己有"来看，其所谓"家财"很有可能就是用于赏军的盐利。综而言之，高骈任盐铁转运使乃是唐朝廷出于围剿黄巢、保护江淮财赋需要而在财权上加以配合之举，既以军护财，又以财赡军。

　　盐铁转运使一职的获得，为高骈实现对江淮地方财政的支配提供了便利。高骈任盐铁转运使期间的具体事迹，其大端者《资治通鉴》载之曰：

> 　　度支以用度不足，奏借富户及胡商货财；敕借其半。盐铁转运使高骈上言："天下盗贼蜂起，皆出于饥寒，独富户、胡商未耳。"乃止。高骈奏改扬子院为发运使。[4]

依此概而言之有二：一为保护江淮地区的商业利益；二为对盐铁转运机制进行地方化改造。

---

[1]　与此前以江淮藩帅兼任盐铁转运使的韩滉、李若初、王播等人不同，高骈武人出身，并没有相关的财政经历，唐朝廷以其出任盐铁转运使当是着重于其军事实力而非财政能力。

[2]　《桂苑笔耕集校注》卷11《答襄阳郤将军书》，第349页。

[3]　李锦绣：《唐代财政史稿》下卷，第853—854页。

[4]　《资治通鉴》卷253"广明元年二月"条，第8221页。

　　在战乱时通过税商、借商等手段解决财政困难并非在唐末才出现，早在安史之乱时便有肃宗派康云间、郑叔清"于江淮间豪族富商率贷及卖官爵，以裨国用"之举，[①]此后税商、借商成为唐朝廷解决财政危机、筹措经费的常用手段。[②] 除唐朝廷外，各藩镇为解决本道财政的困境亦对商税多有征收，在某些商业繁荣的藩镇，商税甚至成为地方财政收入的重要来源。[③] 正因为商税存在如此巨大的利益，往往成为中央与地方争夺的焦点。从唐朝廷此次借商诏旨中特地提到"胡商"来看，此措施针对的主要应是江淮地区，因为淮南的扬州正是当时胡商聚集之地，所谓富户自然也包含了众多的江淮商人。尽管税商、借商是唐朝廷面临财政危机时的常用手段，但肃宗时亦仅为"籍其家资，所有财货畜产，或五分纳一"[④]，至此次则变为"借其半"，如若任唐朝廷肆意掠夺，则必对淮南商业造成破坏，对淮南的商税收入亦是极大的打击。高骈奏止此举，应有保护淮南地方商业利益进而保证淮南商税收入的意图。

　　高骈任盐铁转运使的另一项重要举措为"改扬子院为发运使"，关于高骈此举的背景和意图，李锦绣在其《唐代财政史稿》中已有精到论述，[⑤]以下引述其观点并稍加补充。据李锦绣研

①　《旧唐书》卷 48《食货志》，第 2087 页。

②　详参李锦绣：《唐代财政史稿》下卷，第 1304—1306 页。

③　可参看李锦绣对徐泗商税的分析，《唐代财政史稿》下卷，第 1309 页。

④　《通典》卷 11《食货十一·杂税》，第 250 页。

⑤　详参李锦绣：《唐代财政史稿》下卷，第 225—229 页、第 402—407 页。

究,高骈针对巡院掌盐利和转运的职责,将扬子巡院①的职责分成了两部分:其一为扬子院盐利常务,包括榷盐、粜盐等,置榷粜使;其二将扬子院改为发运使,发运并不仅限于盐铁,实际上为三司发运。

对于前者,通过榷粜使的设置,直接指挥监场盐利,侵夺了巡院司掌盐务的职权,高骈曾派其亲信同时也是吕用之党羽的吴尧卿出任榷粜使一职。此外,高骈还将巡院过去兼掌的茶酒场税等业务分离出来,形成了各"务",如《桂苑笔耕集》中便有《诸葛殷知酒务》《徐莓充榷酒务专知》《柳孝谦知白沙场榷酒》等公文,从而从内部架空了巡院的职掌。原本在地方财政事务中常见的"务"在盐铁系统的普遍设立,实际上是巡院财政地方化的体现,正如李锦绣指出的:"节帅侵夺了巡院业务后,对所得财利,不能也没必要设立与中央密切相连的巡院主掌,而是沿用节帅经营财利的机构'务'来接管巡院财政。"②在高骈设立的各"务"中,其掌管者大多为诸葛殷这样的亲信,成为高骈控制巡院财政的重要手段。

对于后者,李锦绣认为发运使的设立背景乃在于王、黄扰乱江淮后,经济破坏,强藩擅赋,税源成为问题,三司转运无调发之

───────────

①　自刘晏在各道设置盐铁巡院以来,唐朝廷又在大都要邑中设置盐铁留后一职,成为统辖各大转运区的财政长官,如宪宗时就曾有诏旨,以"扬子盐铁留后为江淮已南两税使,江陵留后为荆衡汉沔东界、彭蠡已南两税使"(《旧唐书》卷49《食货志》,第2120页),一度使盐铁留后统辖正税的征收,所以唐后期地方的盐铁转运机构大致形成了留后院、一般巡院及监、场的序列。而无论是胡三省的注还是李锦绣的理解,都认为此"扬子院"为扬子留后院,发运使乃由扬子留后院改置而来,但据杜牧在大中五年《上盐铁裴侍郎书》中所言"盖以江淮自废留后以来,凡有冤人,无处告诉"(《樊川文集》卷13,第196—197页),则江淮的盐铁留后至迟至宣宗大中年间已经废置,则此扬子院当为扬子巡院,而非已经废除的留后院。

②　李锦绣:《唐代财政史稿》下卷,第406页。

所,无赋可运,国家财政的关键由转运变为发运。高骈将扬子巡院改为扬子发运使,除继承其转运职责外,更成为掌江淮三司纲运的统辖机构。在中和二年(882)五月高骈第二次出兵时,虽已被撤去盐铁转运使之职,却仍发布了《告报诸道征促纲运书》,指出"其浙东、浙西、宣州、江西、鄂州、荆南、湖南、岭南、福建等道,今欲逾年,未聆发运"①,这正是他以淮南的扬子发运使统辖江淮地区纲运的职权展现。正如李锦绣所言:"高骈实际上通过改留后院为发运使,使其基地淮南成为国家征收江淮赋税的第一据点,扬子发运使可说是第一个三司发运使。"②通过发运使的设置,高骈统领的淮南获得了统括江淮地区三司纲运的法理地位,高骈即便在盐铁使被罢之后仍可以促诸道纲运。通过扬子发运使掌三司纲运的便利,高骈的淮南镇获利不少,如"(吕)用之侍妾百余人,自奉奢靡,用度不足,辄留三司纲输其家"③,这样截留的三司纲运应不在少数。

总之,高骈的这些财政措施乃是为适应财政地方化的需要而施行,他充分利用了盐铁转运使的权力,改革盐铁转运机构,同时派出亲信来接管分化出来的巡院职掌,侵夺了唐朝廷在江淮地区的利权,实现了对淮南乃至江淮地方财政的控制,加速了淮南财政的地方化转型。这一地方化转型,正如李锦绣所指出的:"巡院使职化、分务化、地方化,是其在晚唐发展变化的几个特色,而发展的核心,是地方化,作为中央设于地方的办事机构,地方化对巡院而言,无异于釜底抽薪。"④

---

① 《桂苑笔耕集校注》卷11,第326页。
② 李锦绣:《唐代财政史稿》下卷,第227页。
③ 《资治通鉴》卷254"中和二年四月"条,第8267页。
④ 李锦绣:《唐代财政史稿》下卷,第406页。

（二）诸道都统、墨敕授官与高骈对淮南及江淮的支配

广明元年（880）三月，高骈被唐朝廷任命为诸道行营都统，这意味着他成为唐朝廷围剿黄巢起义军的最高统帅，这一职务为他对淮南乃至江淮地区的支配提供了便利。

诸道都统的职权对高骈增强淮南的军事力量是极大助力，他开始以围剿黄巢的名义公开吸纳各种武装力量，所谓"募军及土客，得锐士七万"①。浙西的董昌曾被高骈以围剿黄巢之名招纳到淮南，但钱镠劝董昌说："观高公无讨贼心，不若以捍御乡里为辞而去之。"②说明高骈以诸道都统的"讨贼"名义，确实吸纳了不少江淮当地的武装力量。

如前所述，高骈淮南军府部队的组织遵循的仍是唐朝廷以往的军政机制，征调诸道军队，施行"食出界粮"制度，其维系需唐朝廷的支持。高骈能把这支部队改造为个人嫡系部队乃在于其长期在地方任职，同时赴各道皆为平乱，使他有合理、合法的理由长期统领这支由他历诸道时所招纳的军队。此时高骈为平定黄巢的诸道都统，使他对麾下这支由众多客军组成的嫡系部队的统领有了法理依据，同时唐朝廷及兵士原属藩镇则仍需给他们提供相应的财政支持，对其麾下将士的利益是极大的保障。

诸道都统的任命，同样为高骈吸纳黄巢降将势力提供了正当性和权威性。除却与黄巢交锋时期收降的将领外，高骈中和元年（881）对成令瓌的招降颇可显示高骈的诸道都统之职在招纳黄巢将领中的作用。据高骈在招降成令瓌的奏书中透露，③成

---

① 《新唐书》卷224《高骈传》，第6394页。
② 《资治通鉴》卷254"中和元年九月"条，第8258页。
③ 《桂苑笔耕集校注》卷5《奏诱降黄巢下贼将成令瓌状》，第111—112页。

令瓌当时劫掠的地区主要是长江中游的蕲、黄两州,乃鄂岳巡属。由于高骈为诸道都统,因此在成令瓌"所在劫烧"的情况下,有责任加以征讨。但高骈选择了"暂缓征讨,先加告谕"的政策,从淮南派人招降成令瓌。成令瓌从鄂岳一路来到淮南的楚州向高骈投降,而并非就地向鄂岳藩帅请降,当是因为身为诸道都统的高骈作为围剿起义军最高统帅所具有的权威性。高骈还将这一职权运用到了对江淮本地盗贼的招降中,如孙端,从其活动的地域来看,应属浙西、宣歙一带的贼盗,但是却向淮南的高骈投降,此外福建道溪洞的草贼也由高骈出面招降,这应该都是高骈行使诸道都统职权的体现。

更甚者,高骈还以行使诸道都统讨贼职权的名义发展在邻藩的势力。在《答江西王尚书书》[1]中,高骈提到在中和元年(881)初春,曾有寇盗侵扰宣州,[2]此时宣州"前廉已去,新帅未来"[3],于是高骈以宣州有"既无御捍之权,恐落奸凶之便"的风险为由,开始行使诸道都统的讨贼职权,"曾奉诏书,特许便宜从事,凡于制置,得以指麾",派遣亲信冯绶前往宣州安抚。然而他的这个行为却引发了当时暂时统领宣歙的景虔贞的激烈反应,引发流血事件,高骈声称:"景虔贞常侍菽麦不分,兰莸莫辨,谓言专辄,遂有侵凌,杀害军人,劫掠财物。冯绶几临死所,劣得生还。"这虽是高骈利用都统职权侵凌邻藩遭到抵抗的例子,但换个角度来看,高骈通过诸道都统职权的行使,确实能把自己的支

---

① 《桂苑笔耕集校注》卷11,第334—336页。

② 从高骈后来在《浙西周宝司空书》里所言"且如去年,陈儒徒伴,唐突贵镇封疆,仅有六万余人,宣州日告危急"来看,此时侵扰宣州的很可能是陈儒的军队。据《吴越备史》记载,陈儒本是黄巢之党,大概此时正带着六万党徒在江淮一带活动。

③ 据《资治通鉴》"广明元年十一月"条,该月华州刺史裴虔馀徙宣歙观察使,至中和元年(881)初春,仅差一两个月,则裴虔馀尚未正式到达宣歙就任。

配权部分扩展到淮南以外地区。

诸道都统一职对高骈约束支州将领也起了重要作用。中和元年(881)秋天，楚州刺史张雄准备起兵西去征讨黄巢时，高骈对张雄进行了制止。楚州和寿州长期以来是团练州且有专奏之权，具有很大的自主权，因此高骈对张雄西去征讨黄巢的约束很大程度上是出于诸道都统的职权，而非作为淮南节度对支州的支配权。可作对比的是，在他被罢去诸道都统的中和二年(882)，寿州刺史张翱统兵前往新任都统王铎军前效力时，高骈就再难以劝阻张翱，只能加以抚慰勉励。

中和元年(881)二月九日，唐朝廷发布诏书，允许"诸道承制除官"①。据高骈《行墨敕授散骑常侍》一牒的援引，诏旨内容为："应诸州有功刺史及大将军等如要劝奖者，从监察御史至常侍，便可墨敕授讫，分析奏闻。"②则高骈掌握了对州刺史及将领给予职事官封赏的权力。又据《授高霸权知江州军州事》："应诸州刺史，如有军功，卿量加爵赏；如有罪犯，卿宜书罚，别差人知州，具状申州。"③则与他道节度使不同，高骈可能由于诸道都统的地位还另外收到过唐朝廷关于墨敕授官的诏旨，除墨敕授职事官外，高骈的墨敕权力还延伸到了州刺史的任免上，这为高骈实现对淮南甚至江淮各州的人事支配提供了条件。

首先，高骈很有可能运用墨敕授官的权力安置了诸多降将。据陈志坚研究，在唐末大小割据广泛、唐朝廷失去对大部分地区州长官实际任命权的情况下，出现了大量"权知军州事"这种非正式的州长官名称，实则是唐末地方割据者为解决"行割据之实

---

① 《桂苑笔耕集校注》卷3《谢诏止行墨敕状》，第78页。
② 《桂苑笔耕集校注》卷13，第399页。
③ 《桂苑笔耕集校注》卷13，第405页。

的同时又要在形式上服从中央"的矛盾而想出的折中办法。^① 对割据藩镇或割据州而言,自可径行任命将领或自领"权知军州事",再待唐朝廷正授即可。对当时尚未与唐朝廷交恶的高骈而言,虽可以利用诸道都统和强藩地位对收降将领加以临时安置,但恐怕并不能轻易地以类似"权知军州事"的名义径行安置。高骈若要合理合法地任命降将仍需通过奏请唐朝廷下诏的形式,这一过程往往十分漫长,如据《旧唐书》记载秦彦投降高骈后"累奏授和州刺史"^②,所谓"累奏"应是一个长期而繁复的过程。更有降将因这一形式的掣肘长期得不到安置,江淮贼盗孙端投降后长久未能安置,高骈写信向其解释原因,乃在于"使司累具奏荐,朝廷则有指挥"^③,也就是说对孙端的安置,高骈并无任命权,而仅有推荐权,最终决定权仍掌握在唐朝廷手中。无合理合法的州长官任命权成了高骈安置降将的重大掣肘,墨敕授官的权力给了他解决这一窘境的办法,使他具备了直接任命州长官的法理依据。从《桂苑笔耕集》所载墨敕举牒《授高霸权知江州军州事》来看,高骈行使墨敕授官权力下授予的州长官同样是以"权知军州事"为名的。由此再来考察高骈对诸多降将的安排,不难发现高骈正是运用了墨敕授官的权力,孙端的"权知舒州军州事"^④,应该就是高骈在得到墨敕授官的权力后作出的安置之举,成令瓖在投降之初也是被高骈授予"权知楚州军州事"^⑤。

　　其次,墨敕授官成为高骈笼络手下将领的重要手段。在《桂

朝廷、藩镇、土豪——唐后期江淮地域政治与社会秩序

的同时又要在形式上服从中央"的矛盾而想出的折中办法。[①] 对割据藩镇或割据州而言,自可径行任命将领或自领"权知军州事",再待唐朝廷正授即可。对当时尚未与唐朝廷交恶的高骈而言,虽可以利用诸道都统和强藩地位对收降将领加以临时安置,但恐怕并不能轻易地以类似"权知军州事"的名义径行安置。高骈若要合理合法地任命降将仍需通过奏请唐朝廷下诏的形式,这一过程往往十分漫长,如据《旧唐书》记载秦彦投降高骈后"累奏授和州刺史"[②],所谓"累奏"应是一个长期而繁复的过程。更有降将因这一形式的掣肘长期得不到安置,江淮贼盗孙端投降后长久未能安置,高骈写信向其解释原因,乃在于"使司累具奏荐,朝廷则有指挥"[③],也就是说对孙端的安置,高骈并无任命权,而仅有推荐权,最终决定权仍掌握在唐朝廷手中。无合理合法的州长官任命权成了高骈安置降将的重大掣肘,墨敕授官的权力给了他解决这一窘境的办法,使他具备了直接任命州长官的法理依据。从《桂苑笔耕集》所载墨敕举牒《授高霸权知江州军州事》来看,高骈行使墨敕授官权力下授予的州长官同样是以"权知军州事"为名的。由此再来考察高骈对诸多降将的安排,不难发现高骈正是运用了墨敕授官的权力,孙端的"权知舒州军州事"[④],应该就是高骈在得到墨敕授官的权力后作出的安置之举,成令瓖在投降之初也是被高骈授予"权知楚州军州事"[⑤]。

　　其次,墨敕授官成为高骈笼络手下将领的重要手段。在《桂

---

① 陈志坚:《唐代州郡制度研究》,第 52—57 页。
② 《旧唐书》卷 182《秦彦传》,第 4715 页。
③ 《桂苑笔耕集校注》卷 12《归顺军孙端》,第 377 页。
④ 《桂苑笔耕集校注》卷 14《孙端权知舒州军州事》,第 457—458 页。
⑤ 《桂苑笔耕集校注》卷 5《奏诱降黄巢下贼将成令瓖状》,第 111—112 页。

214

苑笔耕集》保存的五篇行墨敕的举牒中有三篇乃是授予手下将领职事官封赏。最能体现高骈笼络将领意图的是封降将许勍的妻子刘氏为彭城郡君之事,[①]高骈显然是希望通过对许勍家人的封赏来拉拢许勍。除《桂苑笔耕集》所记外,这样的封赏当还不在少,高骈在《谢诏止行墨敕状》中提到:

> 臣前年虽奉诏旨,未欲施行。却缘亲率军兵,远期征讨。此时久屯南浦,将泛西江,忽被镇海节度使周宝欲惑军情,潜施巧计,便以无功将吏,悉皆超授官荣。臣所领士卒既多,将校不少,彼安坐者犹为甄奖,此远行者岂免怨嗟。递口传声,从头愤激。臣若不依周宝,必恐事生。遂准诏书,得行军赏,已曾一一具事由申奏讫。[②]

周宝利用墨敕的权力大肆赏军,引发了高骈手下将吏的"怨嗟""愤激",高骈"恐事生",不得不加以跟进。且不说这是不是高骈以墨敕授官权肆行军赏的借口,但可明显看出墨敕授官之权在笼络手下将吏上的有力作用。

　　高骈亦有综合利用都统之职及墨敕授官之权支配江淮邻藩的举动。从《授高霸权知江州军州事》的墨敕牒措辞来看,高骈借以干涉作为江西巡属的江州的人事任免的依据乃在于他诸道都统的职权,即所谓"大元帅之权,既资成命"[③]。在此情况下,他运用了手中可以"别差人知州"的墨敕授官权力授予亲信高霸"权知江州军州事"一职,实现了对江州的支配。

---

① 《桂苑笔耕集校注》卷13《许勍妻刘氏封彭城郡君》,第406—407页。
② 《桂苑笔耕集校注》卷3《谢诏止行墨敕状》,第78—79页。
③ 《桂苑笔耕集校注》卷13《授高霸权知江州军州事》,第405页。

需指出的是中和元年(881)十一月一日,①唐朝廷便已降诏停止诸道墨敕授官的权力,其原因乃在于诸道利用这一职权滥行军赏。据高骈形容,当时的情况是:"人人而竞弄笔端,处处而皆夸墨敕。长蛇封豕,犹匿暴于神州;狗尾羊头,已成群于列镇。"②但就实际执行的情况看,此时威权下坠的唐朝廷已很难再制止强藩们自行其是了,从高骈在中和三年(883)的《谢诏止行墨敕状》中所说"已两度降敕止绝""大君善教,已至再三"的情况来看,诸道并没有立即遵循唐朝廷的诏旨,以致唐朝廷多次降旨,而高骈直至中和三年(883)仍在回复唐朝廷有关停止诸道墨敕授官的诏书,说明了他本人也未遵守其事,尽管他辩称自己近日所招贼徒,"只与往时先赐官告"。

由诸道与唐朝廷在墨敕授官上的纠纷,不难发现当时存在于诸道和唐朝廷之间的微妙政治生态。即在唐朝廷威权下坠的情况下,诸道割据者虽大多已自行其是,但从形式上看唐朝廷仍为法理上的最高统治者,诸道割据者若要使其支配具有法理上的正当性,则仍必须在形式上达成对唐朝廷的效忠,进而借唐朝廷的名义来行使其支配权。墨敕授官权的授予,正给了他们以唐朝廷名义行使人事任命权的正当性和便利性。由此也就不难理解无论是在军政上还是财政上,高骈主导下的淮南地方化是部分架构在唐朝廷原有运行机制上的,高骈必须借助唐朝廷授予的淮南节度使、诸道都统、盐铁转运使、墨敕授官等职权的辅助,以增加其对淮南乃至江淮地区支配的正当性和便利性。分析到此,便也能明白高骈为何在失去诸道都统和盐铁转运使之

---

① 《桂苑笔耕集校注》卷3《谢诏止行墨敕状》云:"自奉前年十一月一日敕旨。"第79页。

② 《桂苑笔耕集校注》卷3《谢诏止行墨敕状》,第78页。

职后，向唐朝廷上了那封让他为后世史家所诟病的"攘袂大诟"之奏了。

综上，通过对淮南地区各武装力量的整合，同时辅以唐朝廷授予的各项职权，高骈及其经营下的淮南镇突破了原有的江淮藩镇格局，实现了对淮南军政、财政的提振和支配，成为"天子倚以为重"①的强藩，也成了高骈逐渐走向离心自立的重要资本，而令人意想不到的是这个江淮强藩竟在不久就走向了败亡的结局。

第五节　高骈淮南镇的败亡

光启三年（887），淮南发生严重内乱，高骈在乱中死去，其统领的淮南镇分崩离析。关于高骈淮南镇的败亡，史家往往因高骈晚年迷信道家方术事，而将其归因于吕用之党的乱政。这种简单的"乱政——败亡"模式，无疑影响了对高骈淮南镇败亡问题的全面探讨。② 本节拟从高骈淮南镇的军政机制、淮南地方势

---

① 《新唐书》卷224《高骈传》，第6394页。

② 周连宽在、孙永如等人虽经辨析认为以高骈之才智勋业，不至于崇信妖佞，然并无对淮南镇败亡原因提出新解。（周连宽：《唐高骈镇淮事迹考》，《岭南学报》1950年第2期，第11—45页；孙永如：《高骈史事考辨》，《唐史论丛》第5辑，第208—222页）山根直生则把高骈淮南镇的败亡置于唐末全国军政、财政的崩溃背景下考察，并以此解释吕用之党的发迹，认为商人出身的吕用之是高骈改革淮南军政、财政的"旗手"，则有矫枉过正之嫌。（山根直生：《唐朝军政统治的终局与五代十国割据的开端》，《浙江大学学报（人文社会科学版）》，2004年第3期，第71—79页）林至轩则把淮南军府将领与吕用之党简化为军人与商人两派，并认为"淮南崩解的纷争，绝对与这两派人马之间的对立有关"。（林至轩：《从能臣到叛臣——高骈与唐末政局》，第79页）总之，论者对高骈淮南镇败亡原因的探讨仍大多集中于吕用之党上而欠缺对高骈淮南镇问题的全面考量。

力的动向及吕用之党与淮南军府的内部矛盾等方面进行分析，对高骈淮南镇的败亡作出合理解释。

一、高骈淮南军府军政机制的难以维持

通过前文对高骈镇淮后淮南军政格局的考察，可以知道淮南军府军事力量的加强主要来自高骈所带部伍，该部伍由高骈在各方征战时所招纳的诸镇将士组成。这支部队"皆良将劲兵"[1]，是淮南军府的核心力量。因此，对这支部队的维系就成为高骈维持淮南军府的关键。

中和二年(882)，高骈曾上奏唐朝廷，请唐朝廷责成西川军府发放在淮南效力的西川都将任从海等人的衣粮。[2] 由此不难推断，尽管任从海等人已在高骈帐下效力多年，形同高骈私军，但在形式上仍属唐朝廷为平乱征调的诸道客军，其运作遵循的仍是唐朝廷以往机制，即在乱时征调诸道军队组建行营，施行"食出界粮"制度，由唐朝廷及各原属藩镇提供财政支持。一般而言，这种为平乱临时集结的军队往往在乱事平定后便会被唐朝廷遣归各道，高骈的特殊之处在于利用自己长年在地方任职且持续领兵平乱的条件对这种机制进行了改造，建立了一支长期为他效力的部队。但从根本而言，仍需依赖唐朝廷和诸藩镇提供兵源和财政上的保障。同时，这支部队的形成又带有高骈的个人色彩，无论是梁缵的"表隶麾下"，还是雷满因高骈的提拔以蛮军相随，都可看出这支部队的组成是建立在高骈个人威望及和军将的密切关系上的。此外，丰厚的赏赐也是这批军将愿

---

① 《资治通鉴》卷 253"广明元年七月"条引司马光《考异》，第 8230 页。
② 《桂苑笔耕集校注》卷 5《奏论天征军任从海等衣粮状》，第 120—121 页。

意跟随高骈的重要原因,如西川突将之乱时,天平军出来抵抗突将,事后高骈"厚以金帛赏之"①。由于高骈频繁地被唐朝廷委派平定乱事,这批将士有了借乱立功获取富贵功名的机会,高骈也需借助他们的力量来平定乱事,二者可谓形成了一个利益共同体。

由此不难看出这支部队存在着一对矛盾关系,即既与唐朝廷和原属藩镇存在着人身和经济上的联系,同时又对高骈个人保持较强的依附性。但此种矛盾并非无法克服,原因在于高骈统率的这支部队长期以来都是以为唐朝廷平乱为目的,在平乱一事上,唐朝廷、诸藩镇、高骈、将士这四者的立场和利益无疑是一致的,这也是唐朝廷和诸藩镇愿为这支颇具高骈个人色彩的军队提供保障的原因。也就是说在高骈本人效忠唐朝廷、与唐朝廷及诸藩镇立场一致的情况下,将士对高骈的依附性与对唐朝廷和原属藩镇的人身关联间的矛盾并不构成太大问题。因此高骈这支部队的维持需依赖两个重要条件:一是唐朝廷及诸藩镇在军政运作上的保障;二是高骈与唐朝廷、诸藩镇及依附他的将士在政治立场和利益上的一致。然而随着一系列事件的发生,包括高骈纵巢渡淮,高骈被唐朝廷解除诸道都统、盐铁转运使等职,高骈及淮南镇走向离心自立等,使上述两个条件发生了变化。

首先,由于黄巢起义的冲击,唐朝廷和诸藩镇再难在军政运作上对淮南提供支持。唐朝廷出逃西川后威权失坠,史言当时诸藩镇"自擅兵赋,迭相吞噬,朝廷不能制"②。在此情况下,唐朝

---

①　《资治通鉴》卷252"乾符二年四月"条,第8178页。

②　《旧唐书》卷19《僖宗纪》,第720页。

廷再难对军政运作作出有效安排,诸道也不再遵守唐朝廷的军政调配。最关键者,原本因"食出界粮"制度而需给高骈部队提供财政支持的诸藩镇很可能趁机断绝了在人身关系上隶属本道,实际却在高骈帐下效力将士的军资钱粮供给。高骈在为西川都将任从海等请衣粮的奏状中透露,任从海等人接到家信,西川军府停掉了任从海等人的衣粮。根据"食出界粮"制度,出道将士的军资钱粮包括三部分,一是由中央度支支出的出境作战的军需钱粮,二是本道给予的"资遣",三是由本道给付的出道将士原本在本道享有的钱粮待遇,这部分钱粮往往被出道将士留给妻子家人,保障出征后家人的生活来源,即所谓"每出境者,加给酒肉,本道之粮,又留妻子。凡境一人,兼三人之粮"①。西川军府停掉的正是出道将士留给妻子们的"本道之粮",这等于断绝了将士家人的生活来源。即便将士本人在淮南仍可获得优渥待遇,但留在本道的家人却面临无米之炊的局面,即高骈在奏状中所述"远路音远,难写征人之恨;贫家亲戚,先怀饿殍之忧"。是回归本道求得家庭团圆温饱,还是弃家人于不顾继续为高骈效力,成为"身在东吴,职居西蜀"的任从海等人面临的选择。尽管高骈上奏唐朝廷请求"特令本道(西川)却给全粮",但唐朝廷恐怕已难作出有效安排。据《资治通鉴》所载"(昭宗大顺元年四月)陈敬瑄遣蜀州刺史任从海将兵二万救邛州,战败,欲以蜀州降王建"②,任从海等人应该是在断粮后回到了西川效力。除西川将士外,高骈这支部队还有很大一部分将士来自征役频繁而供军紧张的天平、昭义等中原藩镇,对财政空虚的他们来说,切

---

① 《册府元龟》卷484《邦计部·经费》,第5488页。
② 《资治通鉴》卷258"大顺元年四月"条,第8395页。

断依附于高骈的将士的本道衣粮并非不可能。由此不难推断,此时高骈手下将士因家庭原因回归本镇的当不在少,与史言高骈晚年"部下多叛去"的状况相符合。

再者,随着高骈与唐朝廷的疏离,并在中和二年(882)正月被唐朝廷解除诸道都统之职,高骈部下将士对他的依附性与对唐朝廷和原属藩镇的人身隶属关系间的身份认同矛盾开始凸显。诸道都统一职的失去,意味着高骈不再是平乱统帅,他对手下这支以平乱为目的而隶属于他的部队的统领就失去了法理依据。高骈在围剿黄巢上消极的态度,也与唐朝廷希望高骈率军入援关中的政策大相径庭。同时在黄巢乱事中,诸道对唐朝廷的态度也发生了变化,当时藩镇中普遍存在着离心自保心态。①在此情况下,原本因平乱而效命高骈的诸道将士因高骈及诸道对唐朝廷态度的变化,其身份认同矛盾也凸显出来,究竟是效命唐朝廷、回归本道,还是继续为高骈效力? 政治立场的选择成为将士们必须考虑的问题。对那些原本想跟随高骈博取功名的将领来说,高骈此时因纵巢渡淮、失去诸道都统等职而威望大坠,依附高骈变得无利可图,如携部曲随高骈来到淮南的雷满便率部逃归朗州,又如光启元年(885)正月淮南将领张瑰、韩师德叛高骈,据复、岳二州自称刺史。②

总之,在唐朝廷威权失坠、诸藩自立的情况下,原有军政机制难以再继续维持,建立在这一机制上的高骈部队亦难以继续维持,特别是在诸镇出道作战将士本道军粮被切断而家人失去生活来源的情况下,将士面临回归本道的压力。同时随着高骈

---

① 黄清连:《高骈纵巢渡淮——唐代藩镇对黄巢叛乱的态度研究之一》,《大陆杂志》80卷第1期,1990年,第3—22页。

② 《资治通鉴》卷256"光启元年正月"条,第8319页。

政治立场的变化,将士的身份认同矛盾也凸显出来,面临政治立场和利益的选择。高骈建立的由诸道精兵强将组成的部队开始解体,将士或回归本道,或叛往他地,淮南军府实力遭到极大削弱。"部下多叛去"的状况也使高骈很难完全信任留在淮南的将士,这或可部分解释史书所载高骈的旧将群体在高骈统治淮南后期遭到疏离的原因。

二、降将势力的自立与本地势力的崛起

在与黄巢及江淮本地势力的作战中,高骈招纳了不少降将,这些降将大多被安置到了淮南下属各支州,成为高骈增强淮南州级军事力量的重要手段。在归降初期,降将们大多服从高骈调控,高骈也对这些将领加以爵赏笼络,显示出高骈对各降将及支州较强的控制力。但自中和二年(882)起,这些降将势力开始变得不受约束,在《奏论抽发兵士状》中高骈透露:

> 臣当管庐州与和州,旧有仇隙,至今疑忌。唯谋以怨报怨,未遂知和而和。孙端新授滁州,又与秦彦有隙,既是滁、和接境,动有他虞;若于光、蔡会军,必酬旧憾。①

此时的庐州刺史为与高骈军府关系密切的郎幼复,出身本地贼盗势力的孙端则占据了原来安置黄巢降将许勍的滁州并与同为黄巢降将的和州秦彦结仇,三者间的矛盾实为淮南军府势力、黄巢降将势力和本地贼盗势力在支州层级展开的竞争。高骈称自己"多方控驭,粗能禁戢,免有动摇",可见此时高骈对巡属诸州的控制已颇为勉强。此外原本就颇为独立的军事重镇寿州、楚

---

① 《桂苑笔耕集校注》卷5,第124页。

州也不受高骈节制，寿州的张翱于中和二年（882）出兵关中，而楚州的张义府似乎曾绕过高骈军府擅自接触外藩，最终以向高骈罚金赎刑了事。^①被安置在光州的李罕之，因难以承受来自蔡州秦宗权的军事压力而约于中和二年（882）下半年弃州率众投奔诸葛爽。^②

对高骈的淮南巡属控制权造成最大打击的是中和二年（882）年底的秦彦攻取宣州和杨行密于庐州的崛起，以及由此引发的连锁反应。

中和二年（882）十二月，和州刺史秦彦趁宣歙观察使窦潏刚刚就任，立足未稳之际，^③派兵攻取宣州，取代窦潏成为宣歙观察使并为唐朝廷所承认。由此秦彦就实际脱离了高骈控制，并取得与高骈地位相当的藩帅地位。秦彦自立的行为对淮南境内本就心怀异志的各州刺史们无疑是极大的启发和刺激，高骈对淮南巡属的控制随着秦彦的这一行动由"粗能禁戢"走向了失控。秦彦入据宣州后，其原本所据的和州成为各方争夺的焦点。高骈于中和三年（883）先派梁缵知和州，尽管梁缵向高骈指出"孙端窥伺和州已久，不如因而与之以责其效"^④，但在秦彦自行入据宣州后，高骈显然一则想重新掌握和州的控制权，二则想借此重塑权威，因此强令梁缵就任和州刺史。然果如梁缵所料，其不久

---

① 《桂苑笔耕集校注》卷12《楚州张义府》中高骈指责张义府："馈饩之仪，春秋所重，在于属部，岂可外交。"第380页。

② 此据江玮平考证，《唐末五代初长江流域下游的在地政治——淮、浙、江西区域的比较研究》，第30—31页。

③ 在中和二年（882）早些时候，高骈亦有趁宣歙观察使裴虔馀离任而以孙端为宣歙观察使之举，可见当时淮南各方势力对处于权力交接之际的宣歙觊觎已久。

④ 《资治通鉴》卷257"光启三年四月"条司马光《考异》引《广陵妖乱志》，第8356页。

为孙端所败,和州为孙端占据。孙端直接攻击高骈军府代表梁缵的行为则表明,淮南地方将领已不再服从高骈的支配甚至敢对抗高骈了。[①] 另据上引《奏抽发兵士状》,孙端一度在中和二年(882)占据了原为许勍占据的滁州,在孙端占据和州后,据记载中和三年(883)十月"全椒贼许勍陷滁州"[②],则许勍又重新夺回滁州,从"贼""陷"的用词来看,许勍的这一行为显然不是接受高骈的安排重回滁州,而是地方将领的又一次自行其是。

同样在中和二年(882),[③]庐州牙将杨行密通过兵变夺取了庐州控制权,庐州刺史郎幼复表于高骈自代,后唐朝廷正命杨行密为庐州刺史。杨行密在庐州的崛起和郎幼复的去职,使高骈又失去了一个由淮南军府直接控制的州。虽则杨行密作为后起势力仍对高骈保持恭顺态度,[④]但更多是借助高骈的政治威望为其扩张争取主动。中和四年(884)三月,活跃在江淮一带的流贼陈儒进攻舒州,舒州刺史高骈从侄高澞求救于杨行密,杨行密以李神福疑兵之计退敌。不久又有群盗吴迥、李本复攻舒州,高澞弃城而走,杨行密趁机派陶雅将兵击败群盗,并以陶雅摄舒州刺史。通过救援、击盗等形式,杨行密实现了对舒州的支配,对陶雅的任命则体现了其自主性,高澞的逃跑则使高骈军府又失去

---

① 联系到此前孙端投降后长期未被安置,后又被高骈调遣安置多地而并无激烈行为,可以说孙端此前对高骈的支配是颇为服从的,因此其态度变化尤具代表性。

② 《新唐书》卷9《僖宗纪》,第275页。

③ 《资治通鉴》卷255"中和三年三月"条记载杨行密于此时被正式任命为庐州刺史,并在下文追述杨行密兵变经过。杨行密兵变后由自号八营都知兵马使至获唐朝廷正式任命,其间当经历了一个较长的过程,兵变发生于中和二年下半年较合理。

④ 如杨行密曾献高骈芝草图一轴(《桂苑笔耕集校注》卷12《庐州杨行敏》,第385页),又曾奉高骈之命改名"杨行密"。(《资治通鉴》卷256"光启二年十二月"条,第8343页)

了一州支配权。杨行密的扩张引起了周边各州的不安，寿州的张翱、滁州的许勍自中和四年（884）起与杨行密屡生战端。[1] 光启二年（886）十二月，张翱派遣魏虔将万人进攻庐州，从规模看这应是淮南两大本地军人势力间的一次决战，杨行密遣手下大将田頵、李神福等人败魏虔于褚城。[2] 经此一役，杨行密对庐州的割据得以稳固，并确立了其在淮南本地军人中的地位。[3] 在二者激战之际，滁州的许勍则趁乱袭据了陶雅占据的舒州。

综上，自中和二年（882）起，秦彦擅自袭取宣州拉开了淮南地方将领在州一层级混战的序幕，孙端击败高骈派出的梁缵袭据和州，许勍重新占据滁州。杨行密通过兵变割据了原为高骈军府所掌握的庐州，并与寿州、滁州屡生战端，舒州先为杨行密占据，后则为许勍袭取。寿州、楚州本身便具独立性，颇不服从高骈的支配。经此混战后，高骈对各州的支配权尽数丧失，淮南八州中仅剩会府扬州为高骈所掌握，而在扬州军府内，此时也已矛盾重重。

三、高骈与吕用之党的结合及淮南军府的内部矛盾

高骈统治淮南后期，与高骈对旧将的疏离形成鲜明对比的是他对吕用之党的日见信任。关于高骈与吕用之党的结合，有学者以吕用之党多有商人背景且得势后多掌财权，而提出高骈

---

　　① 《新唐书》卷188《杨行密传》："时张敖（翱）据寿州，许勍据滁州，与行密挈战。"第5451—5452页。

　　② 《资治通鉴》卷256"光启二年十二月"条，第8343页。

　　③ 在一年后的扬州变乱中，有人劝毕师铎勿迎秦彦为淮南节度使，指出："且秦司空为节度使，庐州、寿州其肯为之下乎！"（《资治通鉴》卷257"光启三年四月"条，第8354页）说明在扬州变乱之时，杨行密已成为除寿州张翱外，淮南本地军人势力的另一大代表。

与吕用之党的结合乃是基于改革淮南财政的需要。① 然就实际情况而言,且不论吕用之党掌财权后所为多是聚敛贪污之事,于淮南财政并无助益,单就双方结合领域看,实包括宗教、军政、财政各方面,并不局限于财政。双方在军政和财政上的结合更多是对宗教结合的扩大,扩大契机则在于高骈对道家方术的实用性取向。总之他们结合的基础仍在宗教,以下论证之。

从崔致远的《性箴》一诗来看,高骈年轻时性格便颇受佛道影响。② 在中和二年(882)讽刺王铎任诸道都统的诗中,高骈自称"炼汞烧铅四十年,至今犹在药炉前"③,足可证道家方术对他人生的持久影响。延至淮南时期,高骈多年于道家方术的浸淫在特殊的情境下进一步深化。关于高骈佞道的动机,史书记载:"会平贼,骈闻,缩气怅恨,部下多叛去,郁郁无聊,乃笃意求神仙。"④其时淮南的内外部环境,对高骈来说确实难言理想。外部环境言之,自纵巢渡淮及上表与唐朝廷决裂后,高骈在舆论中便陷入孤立的状态,黄巢乱事的平定对在平乱中与唐朝廷决裂的高骈是极大的精神打击,所谓"缩气怅恨"。内部环境言之,无论是嫡系部队还是分布在淮南各州的地方势力,日益脱离高骈的控制,所谓"部下多叛去"。这样的危机局面,使高骈陷入对命运的焦虑中,进而投身于浸淫多年的道家方术中,以宗教力量缓解心中的焦虑。

高骈对吕用之党的重用,又因源于他对道家方术的实用性

① 山根直生:《唐朝军政统治的终局与五代十国割据的开端》,《浙江大学学报(人文社会科学版)》2004 年第 3 期,第 71—79 页

② 《桂苑笔耕集校注》卷 17《献诗启》附《七言纪德诗三十首谨献司徒相公》,第587 页。

③ 《唐诗纪事》卷 63《高骈》,第 951 页。

④ 《新唐书》卷 224《高骈传》,第 6396 页。

取向。高骈职业生涯中，多有运用道家方术于军事运作中的经历。如高骈镇安南时，疏浚交广海路，曾一度遇到"巨石梗途"①，但最终削去巨石，有传言称"（高）骈以术假雷电以开之"②。所谓以雷电开之很有可能是高骈对使用火药的掩饰，他能够使用火药的条件乃在于对道家炼丹术的熟悉。③ 在西川与南诏作战时，高骈又因蜀兵战斗力不强，"每发兵追蛮，皆夜张旗立队，对将士焚纸画人马，散小豆，曰：'蜀兵懦怯，今遣玄女神兵前行。'"④试图利用道家法术来增强将士的战斗力。无论是对道家炼丹术于火药上的发明还是以道家法术增强战斗力，皆可见出高骈对道家方术的实用性取向。由此再来观察高骈与吕用之结合的事迹，便可看出他与吕用之党的结合仍是出于这种实用性取向，以下试举几例加以说明。

吕用之向高骈举荐诸葛殷的理由是："玉皇以公职事繁重，辍左右尊神一人佐公为理，公善遇之。"⑤高骈统领淮南时正逢多事之秋，职事自然颇为繁重，已近垂暮之年的高骈难免不心生倦怠，吕用之的举荐正是利用了高骈这一心理。

张守一的得势则是利用了高骈与郑畋的矛盾，吕用之言郑畋将派遣刺客暗杀高骈，而张守一可以以术御之。⑥ 在高骈的职

---

① 《旧唐书》卷183《高骈传》，第4703页。

② 《北梦琐言》卷2《高骈开海路》，第36页。

③ 陈志坚：《火药首次用于工程爆破的新证——以〈天威径新凿海派碑〉为中心》，作者未刊稿；王承文：《晚唐高骈开凿安南"天威遥"运河事迹释证及推论——以裴铏所撰〈天威遥碑〉为中心的考察》，《唐代环南海开发与地域社会变迁研究》，北京：中华书局，2018年，第328—432页。

④ 《资治通鉴》卷252"乾符二年三月"条，第8178页。

⑤ 《资治通鉴》卷254"中和二年四月"条，第8265页。

⑥ 《资治通鉴》卷254"中和二年四月"条，第8265—8266页。

业生涯中,树敌不少。在高骈袭杀西川突将时,曾发生一件颇为诡异之事:

> 有一妇人,临刑,戟手大骂曰:"高骈!汝无故夺有功将士职名、衣粮,激成众怒;幸而得免,不省己自咎,乃更以诈杀无辜近万人,天地鬼神,岂容汝如此!我必诉汝于上帝,使汝他日举家屠灭如我今日,冤抑污辱如我今日,惊忧慑恐如我今日!"言毕,拜天,怫然就戮。①

其事以理度之乃以高骈后来的败亡追究前因的史家笔法,但仍可反映两点问题:一是高骈在其戎马生涯中杀戮不少,向其复仇者当不在少;二是在时人的认知体系内,轮回果报观念非常普遍。在此情境下,高骈在畏惧复仇及因杀戮带来的轮回果报时,寻求来自宗教的保护并非不可理解。

吕用之举荐萧胜为盐城监的理由是萧胜乃上仙左右之人,令其前往盐城井中取剑,所取之剑的效能是"百里之内五兵不能犯"②。吕用之党江阳县尉薛某的得势,也因他告诉高骈江阳后土庙的异象:

> 夜来因巡警,至后土庙前,见无限阴兵。其中一人云:"为我告高王,夫人使我将兵数百万于此界游奕,幸王无虑他寇之侵轶也。"言毕而没。③

此庙为吕用之未发迹时依止之庙,高骈"每军旅大事,以少牢祷之"④。此两例最明确不过地表明了高骈对道家方术的实用性取

---

① 《资治通鉴》卷252"乾符二年六月"条,第8179—8120页。
② 《资治通鉴》卷254"中和二年四月"条,第8266页。
③ 《太平广记》卷290《诸葛殷》引《广陵妖乱志》,第2308—2309页。
④ 《资治通鉴》卷254"中和二年四月"条,第8267页。

向,只是与之前仅为增强战斗力不同,高骈的要求提升到了"五兵不能犯""无虑他寇之侵轶"的地步。

因此,吕用之党的得势乃在于高骈认为其道家方术可助自己简单直接地解决当时面临的困境。这种帮助高骈处理军政问题的实用性倾向,又导致了高骈与吕用之党结合的进一步扩大。细析吕用之党的发迹过程,会发现吕用之党经历了以道家方术发迹、道家方术与政事并举、以政事才能发迹这样三个过程。最早发迹的吕用之最初只是"专方药香火之事",自高骈镇淮后才"固请戎服",在"鼎灶之暇,妄陈时政得失"而被高骈"渐加委仗"①。此后被吕用之举荐的诸葛殷、张守一、萧胜等人,则同时为高骈提供道家方术与政事上的双重职能。至吴尧卿时,则已脱去宗教的背景,纯以财政履历为高骈所任用,这正是高骈与吕用之党结合扩大化的体现。

在此结合过程中,吕用之党逐渐掌握了高骈军府的军政、财政大权。由此在淮南军府内形成了二重矛盾,一是高骈旧将与吕用之党间的矛盾,二是高骈与势力日益庞大的吕用之党间的矛盾。

先看前者。由于淮南原有军政机制的不能维持,不少将士选择返回本道或逃往他处,"部下多叛去"的情况使高骈难对旧部抱以绝对信任,为此高骈必须培植新的亲信势力,这是以宗教发迹的吕用之党能够取代旧将与高骈结合的契机。吕用之党若要切实掌握淮南军府大权,则"素为(高)骈所厚"的旧将群体是一个重要障碍。在高骈以吕用之党侵夺旧将之权的过程中,两

---

① (唐)罗隐撰,雍文华校辑:《罗隐集·广陵妖乱志》,北京:中华书局,1983年,第249页。

者必然会形成矛盾。中和三年（883），发生了高骈"旧将"姚归礼试图刺杀吕用之的事件，最后此事以高骈遣姚归礼、俞公楚二将击贼慎县，吕用之诳骗杨行密言二将欲袭庐州，杨行密转而袭灭二将告终。当跟随他多年的旧将梁缵劝谏高骈不可过分信任吕用之时，高骈解除了梁缵兵权，并把梁缵所领昭义将士遣返昭义。① 其他诸将则或遭到高骈诛灭，或为高骈疏远。而在高骈"选募诸军骁勇之士二万人"②组织左、右莫邪都，并以吕用之、张守一为左、右莫邪军使的行为中，已不难看出以往北方强藩节帅中常见的通过强化牙军或组织新军来摆脱原有军人集团控制的影子，这就明确触及到了高骈军府原将领的利益，不得不引发高骈军府原将领包括后来反叛的毕师铎的恐慌。

再看后者。由于道家方术活动本身的特性，再加以吕用之等人的鼓吹，高骈在把精力转向道家方术活动后与淮南政事悬隔日远。③ 吕用之等人借修道隔绝高骈与外界联系，为自己弄权创造空间。吕用之党多有商人或财政背景，于财权多有掌握，更借此行贪污聚敛之事。诸葛殷"累迁盐铁剧职，聚财数十万缗"④，曾知扬州院。萧胜曾任盐城监，而此职是让高骈"以当任者有绩，与夺之间，颇有难色"的财政职务。⑤ 吴尧卿则曾历知泗州院、浙西院、扬州院兼榷巢使等财政要职，"僭窃朱紫，尘污官

---

① 由此也可看出，尽管梁缵及手下将士已在高骈手下效力多年，但在人身关系上仍隶属于昭义。

② 《资治通鉴》卷254"中和二年四月"条，第8267页。

③ 《广陵妖乱志》，第245页。

④ 《广陵妖乱志》，第250页。

⑤ 《广陵妖乱志》，第247页。据《桂苑笔耕集》卷13《臧瀚知盐城监事》，盐城监之职尚权"巢使巡官"，李锦绣认为此即"榷巢使"，此职具有直接指挥监场盐利的职权。

省,三数年间,盗用盐铁钱六十万缗"①。吕用之于财用上更肆无忌惮,史称:"用之侍妾百余人,自奉奢靡,用度不足,辄留三司纲输其家。"②除财政权外,吕用之党亦逐步掌握兵权,其中最重要者乃在于掌握了淮南新军莫邪都的统领权,史称:

> 用之又欲以兵威胁制诸将,请选募诸军骁勇之士二万人,号左、右莫邪都。骈即以张守一及用之为左、右莫邪军使,署置将吏如帅府,器械精利,衣装华洁,每出入,导从近千人。③

此军"置将吏如帅府",在高骈军府之外另立系统。吕用之党实际上已部分褫夺了高骈的军政、财政大权,成为淮南军府内部可与高骈抗衡的力量。在光启二年(886)高骈称臣襄王伪朝的过程中,两人在淮南内部的权力矛盾公开展现出来,当时吕用之被伪朝授以岭南东道节度使之职,史称:

> 吕用之建牙开幕,一与骈同,凡骈之腹心及将校能任事者,皆逼以从己,诸所施为,不复咨禀。骈颇疑之,阴欲夺其权,而根蒂已固,无如之何。④

随着吕用之党权力的不断扩大和巩固,淮南军府内部的这两重矛盾愈加公开而激烈地展现出来。

四、高骈淮南镇的内乱与覆灭

光启三年(887)四月,毕师铎被高骈派往高邮防御蔡州秦宗

---

① 《广陵妖乱志》,第251页。
② 《资治通鉴》卷254"中和二年四月"条,第8267页。
③ 《资治通鉴》卷254"中和二年四月"条,第8267页。
④ 《资治通鉴》卷256"光启二年五月"条,第8335页。

权。由于此前与吕用之的矛盾及高骈旧将们的遭遇，毕师铎对此次出征本已忧心忡忡，加以高骈之子四十三郎诳言吕用之已秘使高邮镇将张神剑袭杀毕师铎，这恐怕不得不使毕师铎想起当年姚归礼、俞公楚惨被杨行密袭杀的结局。于是毕师铎联合旧部淮宁军使郑汉章，在获得高邮张神剑的支持后，"移书淮南境内，言诛用之及张守一、诸葛殷之意"，反攻扬州。[①]

　　本来以扬州军府的实力，对毕师铎的反叛并非全然无法压制。毕师铎曾一度因"扬州城坚兵多，甚有悔色"，高骈也作出了与毕师铎言和的决定。在这一言和举动中，生动地展现出了淮南军府的二重矛盾是如何影响整个事件进程的。这一决策虽由高骈作出，但具体执行却由吕用之主导。由于与淮南军府诸将的矛盾，所谓"念诸将皆仇敌，必不利于己"，吕用之在言和人选上并没有选用与毕师铎关系密切的高骈旧将们，而是派出了自己的部将许戢。这对渴望"(高)骈旧将劳问，得以陈用之奸恶"的毕师铎是不能接受的，乃至大骂"梁缵、韩问何在，乃使此秽物来！"[②]显然毕师铎对吕用之作为淮南军府的代表并不承认，使此次言和以失败告终。此后，又发生了吕用之"以甲士百人入见骈于延和阁下"的疑似兵变事件，史言经此事件后，"自是高、吕始判已"[③]，淮南军府分裂之势已成。高骈与吕用之此后分别布防，无疑是对扬州防御能力的极大削弱。在二重矛盾的影响下，淮南军府内部在面对叛乱时很难同心协力，反叛的毕师铎亦不可能与已分裂成两派的淮南军府达成和解。

　　此后，毕师铎和吕用之各引外援，而其所引外援即淮南境内

---

①　《资治通鉴》卷 257"光启三年四月"条，第 8348—8350 页。

②　《资治通鉴》卷 257"光启三年四月"条，第 8351—8352 页。

③　《资治通鉴》卷 257"光启三年四月"条，第 8352 页。

已逐渐离心的两大武装力量——秦彦为代表的黄巢降将势力和杨行密为代表的淮南本地势力。在这两股颇具野心的势力加入后,战争走向发生了变化,原本激烈斗争的毕师铎与吕用之两方势力反而成为他们的附庸。这场变乱最初虽因淮南军府内部矛盾而起,但演变至后来却已与淮南军府无关,转而变成了双方所招外援秦彦与杨行密对扬州的争夺战,在此过程中高骈遭到秦、毕杀害。经过一番惨烈的攻防战,杨行密于光启三年(887)十月二十九日攻入扬州。然而仅三天后的十一月二日,蔡州秦宗权派来争夺扬州的部队便在其弟秦宗衡和孙儒的统领下抵达扬州城外,扬州城内外再度形成攻防之势。①

　　为应对即将到来的战争,双方都对内部的不稳定因素展开了清洗。蔡州军人一方,孙儒杀掉秦宗衡,脱离秦宗权控制,专意淮南争夺,不久又杀掉了率军投靠的秦彦、毕师铎等人。杨行密一方,也对淮南军府的旧势力展开清洗。高骈军府旧将梁缵被以“不尽节于高氏”的理由诛戮,韩问听闻后赴井而死。② 曾一度被杨行密推为淮南节度副使的高骈从孙高愈暴死,③率军投靠的高邮镇将张神剑与海陵镇将高霸连同所部遭到惨烈屠杀,最后吕用之也被腰斩。④ 在这场淮南的混战中,高骈统领淮南时期的两大主要武装力量,淮南军府势力和黄巢降将势力被悉数廓清,高骈经营下的淮南镇最终覆灭。

---

① 《资治通鉴》卷 257“光启三年十月、十一月”条,第 8363—8364 页。
② 《资治通鉴》卷 257“光启三年十月”条,第 8364 页。
③ 《新唐书》卷 224《高骈传》,第 6404 页。
④ 《资治通鉴》卷 257“光启三年十一月”条,第 8366、8370 页。

第六节　唐朝廷势力在江淮的退出

唐后期以来在唐朝廷有意弱化江淮军事力量、以文儒之臣出任江淮藩帅等策略下,江淮藩镇形成了兵力寡弱、上供丰赡、恭顺儒臣领镇的稳固体制,再辅以为弥补此种体制难以应对乱事等缺陷而形成的维稳机制,使唐朝廷长时期保持着对江淮地区的控制。然而在唐末乱事冲击下,唐朝廷控制下的江淮藩镇却走向崩溃,唐朝廷势力退出江淮地区,江淮地区最终成为各大割据势力的纷争之地。那么,唐朝廷对江淮的统治缘何在唐末乱事冲击下走向了崩溃呢? 关于这一问题的答案在关于高骈及淮南镇的考察中其实或多或少已有所涉及,本节只是以一种更为清晰宏观的方式将其勾勒出来而已。

一、唐末江淮维稳机制的失效

唐朝廷之所以能够在不改变江淮地区兵力寡弱的军政格局的情况下,在唐后期江淮诸多乱事中基本维持江淮地区的稳定和控制权,其关键便在于建立了一套相对有效的江淮维稳机制。然而在黄巢乱事的冲击下,这套维稳机制难以再有效运行。

首先,在黄巢乱事前波及江淮地区的动乱,如宣宗大中末年以来的多次江淮藩镇兵乱,此后发生的裘甫起义、王郢起义等,大多局限于一定区域范围内,使得唐朝廷能够有效地调拨中央和北方藩镇的军事力量集中进行军事打击。黄巢乱事则是一场波及全国的大动乱,黄巢军队的流动作战使得唐朝廷很难如之前一样集中军力于某一地区。实际上随着唐后期以来内乱边患的日益增多及乱事规模的扩大,唐朝廷在江淮维稳上的军力布置已经越来越捉襟见肘,这一点从王式平裘甫乱事时开始重用土团等地方武装、庞勋起义和黄巢起义时唐朝廷亦有加强民间武装力量之举便可以看出来,单凭唐朝廷本身所能调动的常规军事力量已经越来越难应对江淮乱事了。

其次,唐朝廷的江淮维稳机制是建立在唐朝廷能对征调藩镇实现有效控制、调度、统筹的军政、财政机制上的,也就是需要唐朝廷具有全国范围内的军政、财政控制能力。因此一旦唐朝廷的控制力下降,不能够再对相关藩镇加以有效调度,在军力和财政上支撑这一体制的相关藩镇走向离心自立,那么这一机制便难以再有效运行,[①]黄巢乱事的冲击恰恰成为切断唐朝廷对这些藩镇控制的关键点。

以在江淮维稳体制中出兵次数最多的河南藩镇为例,据李碧妍的研究,在德、宪二帝成功打击河南藩镇以及采取有效制约这些藩镇的措施后,唐朝廷在很大程度上实现了对河南藩镇的控制。在大多数情况下,唐朝廷可以按照他们的意愿来任命或者调任藩帅,唐后期以来河南藩镇的不少藩帅便出身效命中央的文官。由于较强的军事实力,处于唐朝廷控制下的河南藩镇便成为唐朝廷在平定乱事时所信任和依赖的对象。与强大军事实力相应的是河南藩镇地方军人集团的出现,[②]"藩镇的军队,尤其是以牙军为主的藩镇亲卫军此时却由地方军人集团控制,他们的利益却完完全全在地方"[③],河南藩镇形成了军队地方化和

---

① 这一点在前文对高骈淮南镇崩溃原因的讨论中已经有充分展现。

② 关于地方军人集团的形成,详可参看孟彦弘:《论唐代军队的地方化》,《中国社会科学院历史研究所学刊》第1集,北京:社会科学文献出版社,2001年,第264—291页。

③ 李碧妍:《危机与重构:唐帝国及其地方诸侯》,第106页。

藩帅中央化的二元权力结构。虽然唐朝廷通过中央任命的藩帅,同时通过食出界粮等制度的保障,还能勉强使河南军人参与到诸如江淮乱事的平定中去。但这种权力结构下对地方军人集团的控制实际上已相当不稳固,地方军人集团出于地方政治、经济利益的考量而与代表唐朝廷的藩帅频生冲突,河南藩镇的骄兵问题便是这一冲突的重要表现。同时,需要征调河南军人集团出境作战的江淮维稳机制意味着军人集团繁重的军事任务及因军人集团出境作战带来的巨大的财政压力,随着唐后期以来内乱边患的日益增多,河南藩镇被唐朝廷频繁抽调参与唐朝廷的平乱和防秋工作,军人集团愈来愈难以忍受繁重的军事任务,而出兵藩镇在巨大的财政压力下亦难以保障出境作战士兵及其家属的经济利益。以庞勋乱事为例,其爆发正是由于徐州的财政危机,难以发兵替换庞勋等人,而庞勋等人又不堪忍受驻防多年的军事任务所致。[①] 综而言之,随着地方军人集团对地方利益的强调和唐末乱事带来的繁重军事和财政压力,河南藩镇已经既无心亦无力去维系唐朝廷的江淮维稳机制。随着黄巢乱事的冲击,河南的文官藩帅们纷纷为地方军人集团出身的武将们所取代,"中央控制河南的纽带终于被彻底切断了"[②]。河南藩镇走向离心自立后,唐朝廷再难以有效地统筹调控相应的军政、财政资源,江淮维稳机制自然也就难以再有效运行了。

二、高骈、周宝等人的离心和失败

由于江淮藩镇的军事力量长年受到压制,因此在唐末面临

---

① 庞勋所部虽然是防秋的部队,但防秋实则与江淮的维稳机制类似,皆是唐朝廷通过统筹调控的军政、财政机制应对乱事,因此在此加以类比无大问题。

② 李碧妍:《危机与重构:唐帝国及其地方诸侯》,第108页。

乱事时，与已经充分实现了军队地著化的北方藩镇不同，其军政格局的变化是通过唐朝廷的军政调动加以实现的，但如前文所论，单纯依靠唐朝廷军政调动的维稳机制在黄巢乱事冲击下已难以继续维持，唐朝廷对此加以弥补的方式是派出出身神策军将领的高骈和周宝出镇江淮，提振江淮两大重镇淮南和浙西的实力，希冀以此两镇为中心控御统摄江淮局势。在高骈和周宝的经营下，淮南和浙西成为江淮地区的军事强藩，两人和他们统领的淮南和浙西也成了唐朝廷控制江淮地区的关键。从初期表现来看，两者特别是高骈和淮南确实在唐朝廷应对江淮乱事中发挥了举足轻重的作用，包括对黄巢起义军的打击、招降，对江淮地区的贼盗、土豪、溪蛮等地方势力的招纳安抚等。事实上，如果对江淮藩镇由藩镇到州一级驱逐唐朝廷命官和割据自立发生的时间加以考察，[①]会发现其事大多发生在高骈与唐朝廷离心，同时因"部下多叛去"，而控制力开始下降的中和二年（882）之后，[②]可见高骈及淮南镇军事力量的强势存在是唐朝廷势力能在江淮地区维持统治的重要保障。唐朝廷加强淮南和浙西实力，进而统摄江淮地区的策略在初期确实是取得了一定成效的。

然而与当年德宗以韩滉加强镇海军实力类似，唐朝廷以高骈和周宝强化淮南和浙西实力，虽在应对江淮乱事中发挥了重要作用，但也使唐朝廷对江淮的控制很大程度上依赖于高骈及周宝对唐朝廷的向背，两人强大的实力也成为他们对朝廷采取强势态度的资本。在高骈和周宝离心后，唐朝廷对江淮的控制力也逐渐减弱。

---

① 详见第四章第三节表格。
② 典型者如上章所论淮南各州降将的自行活动便由中和二年（882）秦彦的入据宣州开启。

　　高骈淮南镇虽因高骈所带部队的存在,成为江淮地区维持最久的由朝廷任命官员控制的藩镇,但这支部队建构在唐朝廷维稳机制上的特征仍使它不可避免地受到了影响,"部下多叛去"的局面使淮南陷入军政窘境。高骈并非没有意识到问题所在,他对诸多降将势力于淮南诸州的安置,以吕用之党建立莫邪都新军,甚至希冀以吕用之党的道家方术来应用于军政事务,无疑都是想借此走出唐朝廷军政机制失效下淮南的军政窘境,建构起淮南独立的军政系统,实现淮南军事力量的地著化。在浙西,同样可以看到周宝在军事力量地著化上的努力。[①] 然而由于江淮地区长期以来在军事力量上受到唐朝廷压制,再加以北人武力的南下和江淮在地势力的崛起,使得无论是淮南还是浙西的军事力量重构都变得异常艰难和复杂。就淮南而言,军府军政格局的改变源于高骈及其所领部队的到来,支州格局的改变则在于降将的安置,至于基层格局的改变则在于县、乡一级土豪武装的崛起,同时三种力量在各个层级又相互渗透,要想在此复杂局面下重构地方军政系统实现地著化,非常考验高骈的整合能力。然而高骈在重构地方军政系统过程中与吕用之党基于宗教基础的结合,使吕用之党不可能也没能力助高骈实现淮南军政的地方化,反而因吕用之党于军权、财权上的掌握激化出军府内部矛盾,成为淮南军府败亡的导火索。同时降将势力流亡军事集团的属性使他们很难长久安于淮南军府的控制,继而首先成为高骈试图构建的军政系统的破坏者。就此层面来说淮南镇的败亡根源在于黄巢起义后唐朝廷军政机制再难提供维持其有效运转的保障,高骈虽通过相关措施力图实现淮南军政的地方

---

　　① 李碧妍:《唐镇海军研究》,上海大学硕士学位论文,2008年,第176—188页。

化转型，但他基于宗教结合对吕用之党的错误任用、对颇富野心的淮南巡属将领势力的失控，终使淮南镇不可避免地走向了败亡的结局。同样在浙西，在实现地著化的军政系统重构过程中产生的会府与支州、牙兵与亲兵间的矛盾，[1]最终也使浙西的局面走向失控，导致了周宝镇海军的败亡。高骈、周宝及其统领的淮南、浙西的败亡也标志着唐朝廷势力在江淮地区的全面退出，江淮地区转而成为在地势力与北人武力争衡的舞台。

三、江淮地区各种新兴武装力量的崛起

由于唐朝廷长期对江淮军事力量进行压制，与北方武装力量主要由地方军人集团组成不同，江淮地区在唐末的武装力量类型构成是较为复杂多样的，这一点在高骈对淮南各种武装力量类型的整合中便可以看出来。简而言之，唐末新崛起的江淮武装力量主要包括以下几种：首先，分布最为普遍的是土豪武装等在地势力，他们的崛起主要是和唐后期以来土豪力量的日益壮大有关；[2]其次则是以黄巢降将势力为主的流寇集团，这主要是由黄巢南下所带来的武装力量，在江淮地区的作战中，不少黄巢将领率部投降而被唐朝廷就地安排，最典型的就是高骈对毕师铎、秦彦等黄巢降将的招纳整合。还有部分黄巢将领和部伍在黄巢北上后滞留在江淮地区，最典型者黄巢将领陈儒长期在江淮地区活跃，在史籍中多次出现他骚扰江淮各州的记载，[3]更

---

① 李碧妍：《唐镇海军研究》，第176—188页。
② 关于土豪武装的崛起，详第四章。
③ 《桂苑笔耕集校注》卷11《浙西周宝司空书》："且如去年，陈儒徒伴，唐突贵镇封疆，仅有六万余人，宣州日告危急。"第354页；《资治通鉴》卷255"中和四年三月"条："群盗陈儒攻舒州，（高）骈求救于庐州。"第8303页。

曾一度占据江西的饶州,最后在入据衢州后方才稳定下来。江淮地区本身也存在着一些流寇集团,如高骈在淮南期间招纳的赵词、孙端等人均是江淮本地的流寇;第三则是南下的北方军人集团,相比军人集团林立、竞争激烈的北方地区,武装力量规模较小的江淮地区给了南下的北方军人集团更大的发展空间,同时北方军人集团较强的战斗力也是他们在江淮地区纵横的重要优势,典型者是以忠武军为代表的河南军人集团,如参与到江淮争夺的秦宗权、孙儒集团,光州发迹的王绪、王潮集团等。以上两类又可大致归类为北来武人;第四则是江淮地方军人集团。江淮地区虽然在整体上军事力量较为薄弱,不易形成地方军人集团,但在部分地区特别是淮南、浙西这两个军事力量相对较强的藩镇仍存在着一定规模的地方军人集团,典型者如寿州和楚州的地方军人集团,包括最后占据淮南的杨行密最初也是以庐州军人的身份崛起的;第五是所谓的"贼盗"势力,此处的贼盗可以是明确指称的落草江湖以劫盗为生的反政府、反社会武装力量,也可以包含江贼这种性质相对复杂的武装力量,因为他们既从事劫盗活动,但又大部分是土豪出身,实质而言又可认为是土豪武装。实际上在史书记载中被指称为"贼盗"的江淮武装力量可能部分就是地方土豪武装,只是因立场、行事作风等不同而被官方认为是贼盗势力。

在唐朝廷势力在黄巢乱事冲击下无力维系对江淮地区的统治时,代替他们填补江淮权力空间的正是上述江淮地区的各种新兴武装力量,严格来说正是他们的冲击和崛起导致了唐朝廷势力在江淮的退出,因为毕竟直接将唐朝廷任命的江淮官员及相关势力驱逐、消灭的正是他们。

四、简论黄巢乱事对唐末藩镇体系变化的意义

在安史之乱后至唐宪宗时期，通过一系列政治变革，唐朝廷对安史之乱后形成的藩镇体系进行了一定程度上的重构，^①从而形成了相对有利于唐朝廷维持中央对地方控制的藩镇体系。就本书所论的江淮藩镇而言，为保持对江淮藩镇的控制从而确保江淮地区的财赋上供，江淮藩镇被唐朝廷打造成了兵力寡弱、文儒之臣领镇、上供丰赡的财源型藩镇，而为了弥补江淮藩镇在面临乱事时军事力量薄弱的缺陷，唐朝廷又建立了一套由中央加以支持统筹，以包括河南藩镇为主的军事强藩对江淮地区加以军事保障的维稳机制，从而确保了兵力寡弱的江淮地区在面临乱事时能够维持和恢复相当程度的稳定。

在这种藩镇体系构建完成的同时，新的力量和隐患也在各自体系内悄悄滋生。就本书所论的江淮地区而言，首先是作为维稳主力的河南藩镇内部地方军人集团逐渐形成，他们更强调地方利益，因而与唐朝廷矛盾渐生而逐渐倾向离心自立。其次是江淮地区的土豪力量日益壮大，在各方面与唐朝廷及江淮藩镇展开博弈，随着土豪武装的兴起，他们已经具备了争夺江淮统治权的实力。这两股力量的生长，成为打破唐朝廷在河南和江淮建立的藩镇体系及将两地区紧密联系到一起的江淮维稳机制的潜在力量，其实可以不无夸张地说即便没有黄巢乱事，河南的地方军人集团、江淮的土豪武装同样会在不久的将来崛起，打破唐朝廷既有的藩镇体系和江淮维稳机制。因此黄巢乱事冲击最

---

① 关于安史之乱后藩镇体系的重构，可参看李碧妍：《危机与重构：唐帝国及其地方诸侯》。

大的意义不是在于它如何从根源上改变了唐朝廷的藩镇体系，而是在于刺激了这一体系内的反体系力量（河南的地方军人集团、江淮的土豪武装，甚至是唐朝廷为弥补维稳体制失效而派往江淮的高骈及其着力经营的淮南镇，其离心也与黄巢乱事有着莫大的联系）的迅速崛起，加速了这一体系的崩溃进程，从而使唐末的藩镇格局发生了翻天覆地的变化，①唐朝廷势力正是在这一过程中结束了对江淮地区的统治。

小　结

随着唐末江淮动乱的兴起，江淮藩镇面临着极大的军事挑战，为此唐朝廷曾几度改变其江淮统治策略，加强江淮藩镇的军事属性。在来势更为凶猛的黄巢起义军南下后，为保住江淮赋税区，唐朝廷必须对江淮藩镇进行军政、财政上的全面提振，高骈正是在这样的背景中移镇江淮的。

高骈到任江淮藩镇浙西、淮南后，一度统合各方力量，给黄巢起义军造成沉重打击。然而在实力受损的情况下纵巢渡淮后，舆论和政争形势都朝不利于高骈的方向发展，再加之唐朝廷长期以来对武将的不信任及围剿黄巢时期对儒臣、武将的区别对待，激发了高骈的武将认同，使他对唐朝廷的态度逐渐走向离心。

高骈移镇淮南，本身是带着他在各地平乱时所吸纳的各地精兵强将组成的嫡系部队而来，在与黄巢起义军交锋中又先后

---

① 关于黄巢起义前后藩镇格局的变化，可参看胡耀飞：《黄巢起义对晚唐藩镇格局的影响》，《文史哲》2017 年第 4 期，第 130—145 页。

招纳了诸多降将势力，同时还对淮南本地势力进行了整合吸纳，在淮南镇内形成了以军府势力为核心的多元武装力量构成。然而高骈在淮南军府所依靠的核心力量，所谓"旧将"群体，其组织机制仍是架构在唐朝廷以往的军政机制上的，难以完全脱离唐朝廷及诸道的支持，实现在淮南的自立。随着唐朝廷因黄巢乱事冲击威权下坠和已自行其是的各道藩镇在军政、财政上不再加以支持，同时高骈又与唐朝廷日渐离心走向自立，这支以平叛为主要目的统合起来而又对高骈个人保持依附关系的部队面临着本道家人生活无保障的羁绊和身份认同的矛盾，最终不少将士选择回归本道或者叛离高骈。中和二年（882）起一度受高骈羁縻的淮南镇内两大重要武装力量——黄巢降将势力和江淮本地势力亦相继不受高骈约束，高骈相继失去对淮南各州和地方将领的支配权。

在此内忧外患的情况下，笃信道家方术的高骈重用最初本是出于宗教旨趣结合的吕用之党，双方的结合由宗教逐渐扩至财政、军政层面。随着吕用之党势力的扩大，高骈军府内部矛盾渐生，吕用之党与日益感受到威胁的高骈军府将领间的矛盾、高骈与侵夺其权的吕用之党间的矛盾为主要矛盾。最终高骈军府内部矛盾激化，导致了毕师铎的反叛事件。在一系列纷争后，淮南军府的势力被消灭殆尽。

通过对高骈及淮南镇的考察，不难勾勒出唐末江淮藩镇变迁的主要线索。在唐末乱事冲击下，唐朝廷的江淮藩镇军政格局越来越难以维系。江淮维稳体制的失效，重臣淮南高骈、浙西周宝的离心和失败，及以土豪武装为代表的新兴武装力量的崛起，都使唐朝廷控制下的江淮藩镇走向了崩溃的结局，结束了唐朝廷对江淮的统治。

第四章　唐末江淮在地割据的形成：以土豪割据为中心

　　土豪层虽以土地和财富的占有为主要特征，也没有如魏晋南北朝的宗族豪强般拥有部曲私兵，但通过招纳庄户、散财聚众及在地方的号召力，仍能在地方社会组织起一定规模的武装力量。在肃代德之际的江淮民乱中，便可看到土豪层因不堪唐朝廷的压榨而组织武装对抗唐朝廷的行为，只是随着唐朝廷的军事打击和在江淮地区进行缓解土豪层压力的改革，土豪层与唐朝廷的武装对抗走向沉寂。然而随着唐末江淮形势的变化，土豪武装普遍发展起来。由于唐末江淮乱事的渐起，光靠江淮地方政府原本的武装力量已经越来越难应付乱事的冲击，特别是在黄巢乱事起后江淮维稳机制失效的情况下，江淮地区更是失去了武力上的保障。针对以上问题，就唐朝廷和江淮地方政府层面来看，其应对措施主要是由地方政府组织或者直接利用民间已经存在的武装大量发展土团等形式的团练武装，[①]就民间层

---

①　如韩愈建议利用沿淮州郡村落百姓组建土团形式的团练武装便是一例。

面而言，则是以乡里为基本单位自行组织武装力量进行防御自卫，甚至唐朝廷本身也鼓励乡里社会组建自卫武装。乾符三年（876）二月，唐朝廷曾"敕福建、江西、湖南诸道观察、刺史，皆训练士卒；又令天下乡村各置弓刀鼓板以备群盗"①。前一句是要求江淮藩镇加强团练武装的组织和训练，后一句则是鼓励乡里社会建立自卫武装，正是这两个层面内容的体现。这两个层面武装力量的发展和交织，最终导致了唐末土豪武装的普遍出现，土豪层亦借此成了江淮地区的权力掌控者。

第一节　唐末江淮地方团练武装的土豪化

一、江淮地方武装的团练化

由前文可知，唐朝廷维持江淮统治和赋税上供的主要方法是限制江淮的兵力。当然在具体的操作中，这种限兵政策并非单纯的数量限制那么简单。唐后期的军队主要分为官健和团练兵两类，两者在性质和待遇上有很大不同，陈志坚据《唐会要》所载大历十二年中书门下奏②指出，官健为职业兵，在待遇上除自身衣粮外还包括全家口粮同时还有各种赏赐，团练兵则并非职业兵，所享待遇基本是个人口粮，甚至不能算一种收入，"可以说，团练兵性质和待遇，使得他们更像是和平时期的武装，这对减轻国家的财政负担，防止地方武力膨胀都有重要意义"③。在既要节省供军费用以增加上供赋税又要防止地方武力膨胀难以

---

① 《资治通鉴》卷252"乾符三年二月"条，第8182页。
② 《唐会要》卷78《诸使中》，第1439页。
③ 陈志坚：《唐代州郡制度研究》，第21页。

控制的江淮地区,作为职业兵而需付出较多供军费用的官健便成了唐朝廷在削减江淮兵力时的主要对象,特别是在江淮藩镇进入"平静时代"后,官健的存在本身就是一件"亦既虚设,颇为浮费"①之事,而既非职业兵又供军费用极低的团练兵则成为唐朝廷在江淮重点维持的兵种。宪宗元和六年(811)对江淮地方军队的调整正是秉承了这一思路,在当年十月发布的诏书中,江淮藩镇中包括浙西、宣歙、浙东、江西、福建五道在内的军额被停罢,而所罢停的军额主要就是官健的军额,自此之后江淮地区的军事治安任务就主要由团练兵来承担了,②江淮的武装力量走向团练化。

至于江淮团练武装的组织形式,按照方积六的分类,除土豪所组织的土团军外,③唐后期团练武装的组织形式大致可分两种,一种是严格按照大历十二年奏所载的形式,即由当地民丁组成,农忙时务农、农闲时训练,同时由国家给以衣粮酱菜的团练兵,他们是唐朝廷所定的正式武装,具有国家征兵制的特点。④另一种则是地方政府为应对军力不足的困境而临时征召"土人"组成的土团军,虽然宽泛意义而言都是地方政府组织的团练兵,土团军与上述严格意义上的团练兵的不同在于,一是征召的临时性,二是他们一般都是"自备衣粮",政府无须承担他们的"身粮酱菜"费用。⑤ 从这些特点而言,土团军虽然是由官方组织和统领的团练武装,但其民间性质相对更强一些。这种形式的土

---

① 《唐会要》卷 78《诸使中·节度使》,第 1434 页。
② 陈志坚:《唐代州郡制度研究》,第 21 页。
③ 关于土豪组织领导的土团军等地方团练武装的出现,详下文。
④ 张国刚:《唐代团结兵问题辨析》,《历史研究》1996 年第 4 期,第 37—49 页。
⑤ 朱德军:《唐五代"土团"问题考论》,《江汉论坛》2014 年第 9 期,第 125—126 页。

团军是唐后期团练武装中最主要的一种,[1]而从地域分布上看此类土团军则主要集中于唐后期的南方地区。[2]

随着唐后期以来江淮乱事渐起,此类临时征召的土团军越来越频繁地被组织起来参与平叛工作。典型者如裘甫乱事时,王式"阅诸营见卒及土团子弟,得四千人,使导军分路讨贼",而在会府兵力缺失的情况下更以"土团千人以补之"[3],可见此时的土团军已经颇具规模。当然需要注意的是此时土团军仍主要起辅助作战、补充兵力的作用,并且其统领者也主要是唐朝廷的将领,如王式以"北来将韩宗政等帅土团"。除了保卫乡里的平叛工作外,部分土团军还参与境外平乱作战,如前文所举平淮西时李文通所统率的江淮团练武装,从李文通描述的特征来看,他们很可能就是这种从一般民丁中临时征召的土团军。

同样在征淮西时,韩愈曾向唐朝廷建议:

> 今闻陈、许、安、唐、汝、寿等州与贼界连接处,村落百姓,悉有兵器,小小停劫,皆能自防,习于战斗,识贼深浅。既是土人护惜乡里,比来未有处分,犹愿自备衣粮,共相保聚,以备寇贼。若令召募,立可成军;若要添兵,自可取足;贼平之后,易使归农。[4]

从韩愈所述的特征来看,这些村落百姓组织起来的武装力量具有非常典型的土团特征。此外,杜牧也说沿淮州郡"村乡聚落,皆有兵仗"。可见由于江淮地区及其周边乱事渐起,江淮两岸乡

---

[1]　方积六:《关于唐代团结兵的探讨》,《文史》第25辑,第95—108页。
[2]　朱德军:《唐五代"土团"问题考论》,《江汉论坛》2014年第9期,第127页。
[3]　《资治通鉴》卷250"咸通元年四月"条,第8085页。
[4]　《韩昌黎文集校注》卷8《论淮西事宜状》,第642—643页。

里社会由于防御寇盗的需要已经具备了相当规模的武力基础，江淮武装力量的团练化则可以在此基础上普遍展开，这为唐末土豪武装的出现奠定了基础。

二、江淮团练武装的土豪化

唐后期土团等团练武装主要是由地方政府临时征召当地民丁组成，并由官方组织训练、统领，在战斗中主要起辅助作用。这种组织形式在应对江淮或其周边地区零星的乱事时自然还是能够满足军事需求的，然而随着唐末江淮乱事的越发频繁、普遍和唐朝廷维稳机制的失效，这种组织形式已经越来越难满足平定乱事的需要：首先，与此前较为零星的乱事不同，唐末江淮面临的乱事在规模和数量上都更大、更普遍，这就需要地方政府持续地组织起规模庞大的团练武装，要想单凭江淮地区众多的文儒官员去组织更大规模的武装力量显然是难度颇大的，这点在裘甫乱事中"懦怯"的浙东观察使郑祗德仅组织起五百新军并遭遇惨败中不难看出；其次，在前述李文通的例子中，可以看到这种临时征召"吴楚耕贩之人"组成的团练武装仍需通过一定时间和程度地训练才能投入战斗，然而其时江淮除面临黄巢乱事等大规模乱事外，更充斥着大大小小的贼盗武装，要想应对持续不断、随时会出现的贼盗势力，临时征召并加以长时间的训练显然是不可能的，这点在李文通因宦官催促而仓促出动未经训练成熟的江淮部队而遭遇惨败中便可看出来，此时的江淮地区需要的是来之能战的力量；第三，在唐朝廷维稳机制失效、江淮地区很大程度上失去强悍武力保护的情况下，原本仅作为平乱中的补充兵力和在战斗中起辅助作用的江淮团练武装几乎就成了江淮地区的主力部队了，这就需要原本临时征召的团练武装的长期存在。同时在战斗力和统军将领的能力上亦需加强，以裘甫乱事为例，浙东的土团是在王式到来之后方才得到了提振并在平乱中发挥出作用，遍布文儒官员的江淮地区显然缺乏像李文通、王式这样军事经验丰富的将领去训练和统领团练武装。

在唐末江淮乱事扩大化和普遍化的情况下，唐朝廷原来官方组织团练武装的形式已经因种种缺陷越来越难满足平乱的需要了，江淮地区需要找到一种能够迅速组织起大规模团练武装力量，并且来之即能战，在战斗力和将领素质上都相对较高的团练武装组织形式。在此情况下，依赖民间力量去组织团练武装或者直接招纳利用民间已经存在的武装力量为团练，便成了最为便捷的选择。实际上，在《论淮西事宜状》中韩愈已经提出过要利用沿淮州郡已经普遍存在的村落自卫武装组织团练的建议，而在庞勋乱事时唐朝廷亦有派司农卿薛琼出使庐、寿、楚等州"点集乡兵以自固"[①]的举动。在发布于乾符四年（877）三月的《讨草贼诏》中，僖宗指出："应乡县田园之内，有材杰敢勇之人，若能纠率丁夫，捍御寇贼，搴旗斩将，破阵成功者，委所在长吏速具闻奏，亦与官职优赏。"[②]这比乾符三年（876）诏敕仅鼓励民间组织自卫武装更进一步，明确了要倚靠民间武装力量组织地方团练的做法。这一做法的实质，通俗地说就是地方团练武装由"官筹官办"变为了"官筹民办"，正是在这一官办变民办的过程中，土豪层成了地方团练武装的主要组织者和领导者。

首先，在团练武装兵力来源的乡里社会，土豪层有相当的经济实力和号召力来进行招募徒众的工作。事实上，江淮团练兵

---

① 《旧唐书》卷19《懿宗纪》，第666—667页。
② 《唐大诏令集》卷120《讨草贼诏》，第639页。

以平时乡居务农的民丁为兵源的特征,就决定了它不可避免地要与在乡里社会颇具势力的土豪层发生联系。在官办团练武装时期,土豪层很可能就已渗透到土团中,如王式在平裘甫乱后迅速对浙东当地的土豪进行了打击,再联想到其在平乱中对土团的招纳和利用,不难想象这是他在意识到土豪层在组织地方团练武装中的巨大作用进而威胁地方统治后而有意识打压土豪之举。此外,对政治地位相对低下的土豪层而言,亦有相当的积极性借组织土团等官方性质的团练武装来获取政治地位的提升。

其次,除了依赖土豪的聚众招募外,唐末的土团等团练武装大部分是直接招纳整合乡里社会的自卫武装组成的,他们的组织和领导者大多就是地方土豪,[①]在被地方政府招纳后自然会成为领导土团等团练武装的天然人选。如根据何勇强的研究,杭州八都最早的雏形便是对付杭州西部山区山贼的乡兵组织,只是在后来两浙乱事渐多后方被时任镇海军节度使裴璩招纳组织为八都兵,而其领导者们自然还是原来"大散家财,广招勇士"组织乡兵的土豪如钱镠等。

第三,一般而言土豪层由于其较一般百姓丰富的阅历,往往具备更强的组织能力和领袖气质,如据何勇强的研究,钱镠早年贩盐的经历将其造就成了一位武功高强、具备很强组织能力和领袖气质的豪杰人物,这使得他们在组织领导徒众方面有着极大的优势。再如上所论,唐末江淮地区的军事形势对团练武装的战斗力和统帅的素质提出了更高的要求,如在鄂岳土团军的招募中,刺史崔绍"募民强雄者为土团军,贼不敢侵","强雄"的土豪层成为土团军的主体,其中"永兴民吴讨据黄州,骆殷据永

---

① 详下节。

兴,二人皆隶土团者也,故军剽甚"①,土豪层领导的土团军具有
很强的战斗力。

　　总之,在江淮地方团练武装官办转民办的过程中,土豪层在
乡里社会组织的武装力量被唐朝廷和地方政府纳入官方的地方
团练系统中,土豪层由此成为土团等地方团练武装的实际组织
者和领导者,这一过程或许可以称之为江淮团练武装的土豪化。
在此情况下大量由土豪组织领导的以土团为代表的团练性质武
装出现在江淮地区,其典型者如杭州的八都兵。② 随着团练武装
土豪化的过程,土豪层掌握了地方的武装力量,成为他们获取地
方统治权的重要资本。

第二节　唐末江淮乡里社会的自卫武装

　　虽然大部分土团等土豪化团练武装就是在乡兵等自卫武装
的基础上组建的,但两者仍然存在较大不同。

　　首先是在性质上,乡兵是乡里社会民众在地方政府无力提
供保护的情况下,为应对乱事自发组织起来的自卫武装力量,很
多时候并没有官方参与(虽然他们在组成后经常被官方加以利
用和招纳),而土团的实际组织者和领导者虽然是土豪层,但仍
具有一定官方性质,是被纳入官方团练武装系统的。

---

　　①　《新唐书》卷190《杜洪传》,第5485页。
　　②　史称董昌以组织土团起家,而且与仅限于乡里社会的自卫武装不同,杭州八
都的成立主要是出于征讨其时寇两浙的曹师雄的需要,其组建很可能与乾符五年
(878)任镇海军节度使的裴璩有关(参见何勇强:《钱氏吴越国史论稿》,第57—58
页),此后杭州八都更多次参与其他地区的平乱征讨活动,甚至高骈也一度邀请董昌
率军前往淮南参与平定黄巢,因此有理由判断杭州八都是裴璩秉承唐朝廷乾符四年
(877)旨意建立的以土豪层组织领导的乡兵武装为基础的团练武装。

其次是在规模上，由于是自发组织形成，大部分乡兵等自卫武装规模较小，土团等团练武装则大部分是在包括自卫武装在内的土豪武装基础上整合起来的，同时土豪层还会采用聚众招募的形式扩大兵源。典型者如杭州八都兵便是在自卫武装的基础上组建的，同时董昌、钱镠等人还采取了"大散家财，广招勇士"的募兵方式。再如湖南朗州的雷满组织土团军时亦是"与同里人区景思、周岳等聚诸蛮数千"，"择坐中豪者，补置伍长，号土团军，诸蛮从之，推满为帅"，明显可以看出雷满所领土团是在多个土豪武装整合的基础上，同时采取聚众招募的形式加以建立的。再如鄂岳观察使崔绍曾"募民强雄者为土团军"，其中"永兴民吴讨据黄州，骆殷据永兴，二人皆隶土团者也，故军剽甚"①，由此可以判断，鄂岳的土团军可能是由多个县的土豪武装共同组成的，甚至在同一个永兴县内也会存在多个不同的土豪武装。②而从史传"二人皆隶土团者也，故军剽甚"的因果论述句式来看，土团军一般应该是唐末江淮地方战斗力最强的武装力量。总而言之就是土团相较乡兵往往规模更大且战斗力更强。

第三，乡兵等自卫武装的组建目的主要是以自卫防御为主，所以其势力一般局限于乡里村落之内，而土团等团练武装则不同，由于其规模和官方性质，除负责当地的军事治安任务外，往往还会参与其他地区的平乱征讨活动，其统领者也较有政治野心。

当然这些区别都是就一般状况而言，有时候随着乡兵等自卫组织的壮大发展，两者间往往变得难以区分，如高骈写给宿松

---

① 《新唐书》卷190《杜洪传》，第5485页。
② 鄂岳此处的土团军组织模式实际上和杭州八都很像，而崔绍的角色则类似于裴璩，吴讨和骆殷的角色则类似于董昌和钱镠。

县令李敏之的牒文言及李敏之"作万夫之长,则义旅知归",也就是李敏之将宿松县境内的出于自卫需要建立的义旅纳入了官方系统,由此这些义旅就带有了官方性质,同时经过李敏之的整合,这些义旅的规模和势力也得到了壮大,除承担本县的军事治安任务外甚至开始参与周边地区的平乱工作,"遂得县道肃清,邻藩倚赖。欲破蕲春之狡窟,遥分江夏之兵权"①,这就不仅仅是乡里的自卫武装了,而更像是上文所论的团练武装了。

关于唐末乡里社会自卫武装组建的具体状况,以下以歙州土豪程沄、程淘兄弟组织自卫武装的经历,同时辅以同一时期其他歙州土豪的经历加以说明。

程氏兄弟是程灵洗第十三世孙,可以说是歙州的老牌土豪家族,程淘后来在修程氏家谱时写下《程都使沄世录》,详细记载了程氏兄弟在唐末组织自卫武装的始末:

(前略)乾符五年,岁在戊戌,端午日,黄巢别部入黄墩,淘之族人逃难解散,贼众遂营本宅,攻劫川谷,荡涤殆尽。至仲秋初,黄巢收部犯阙,于时清跸无声,鸾旗失色。行幸万里,自同天宝之游;负乘九重,更甚贞元之僭。

淘与兄沄思世故之殷,共谋存活之计。其后大盗移国,方镇勤王。甫及一年,李克用、朱温收复长安所在州县,户口减耗,其曾经巢贼所过,则又甚焉。自从贼后,山落老稚稍归乡社。兄沄遂谋于众曰:"黄巢虽没,杀气未除,天未悔祸,饥馑荐臻。以沄度之,不及息肩矣。一旦如有鸡犬之警,吾属凋瘵之余,岂有噍类?"众皆泣曰:"其将若之何?"沄曰:"盖相与依山阻险以自安,无事则耕织以供伏腊,仓卒则

① 《桂苑笔耕集校注》卷14《宿松县令李敏之充招讨都知兵马使》,第476页。

修战具以相庇卫。今乡里虽残破，然诸君多少年，一心可图也。"众皆许诺，于是共推沄为岩将，依东密山为寨，众不过四百余人。未几，草寇毕鹬、杨仙童、李重霸、孙端、查皋、陈儒、范珠，相继而来，众或一二千，多或四五万。光启元年闰月三日，陈儒自黎阳引兵薄东密，自午及酉，接战再四，不克而去。时邻近岩寨悉皆破亡，独沄率励乡里，抚之尽道，故能得人之情，虽甚疲敝，战皆倍力。沄既拥众，以谓所在皆为贼守，俱非王人，独立以待，无所款附，他部贼兵，皆相畏惮。

景福二年，杨太尉行密遣将田頵略地，列郡皆下，惟沄坚壁东密。頵遣人谕之曰："太尉已受朝命，都督东南行营，今日頵来非贼也。"沄再拜对曰："所以自保者，不欲以三百年太平民，坐为贼虏尔。审如公言，吾复何求。田司空可得见乎？"頵因单骑入岩，沄具军容甚肃。頵曰："卿真将种耶！"沄曰："司空见淮南太尉，幸为沄言，但得太尉府中一亲信人至，相与共事。钱氏在吴，不足虑也。"会杨太尉有孙儒之孽，未果从沄所请，即表陶仆射雅知歙州，奏沄为歙州副兵马统帅，检校御史中丞，依前东密岩将兼领马金岭防拓等事，以衙内都押衙程陟为副。由是兵声大振，降下富胁、黟山、容山、丁山等岩寨，戈甲旗物，于是始备。久之，沄以老乞解兵权，仍请以岩兵付程陟，俄而本府以衙内副指挥使程言来领后事。

沄归府，病卒。月余，程言果与程陟相凌，岩兵不辑，陶仆射大惧。盖歙州连接浙境，最倚东密以为藩障故也。府咨议陶映言于仆射曰："程沄久帅东密，人情所归。今其弟淘亦足谋略，可更以东密授之。"于是表淘为东密岩将。

淘既至，众皆相悦。淘无他长，所守者先兄规略而已。每阅兵帐及户口版籍，见流亡者无算，所存不满二百户，每岁又纳租税，及峙糇粮刍草之积，军需调发，科率百出。因窃叹曰："后人逢时无虞，体胖心佚，岂识向上辛苦如是邪？更有不怀厌满、非上念乱者，诚何人哉？"故因辑家谱之次，聊书以示子孙。[1]

首先，可以看到程氏兄弟组织自卫武装是与黄巢乱事及其引发的纷扰密切相关的，除黄巢起义军外，歙州周边的草寇、流贼也是他们的重点防御对象。事实上除程氏兄弟外，因黄巢乱事及其引发的纷乱起而组织自卫武装的歙州土豪颇众，《新安文献志》中收录了多篇有关唐末歙州土豪组织自卫武装事迹的材料，如"少负才勇，为乡人所畏服"的婺源清华人胡瞳在黄巢犯宣、歙时"集壮士御之，境上屡与巢兵鏖战，贼众败走，井里获全"[2]。新安土豪王璧与其女婿郑传在"巢贼入江东"时，"相与倡义，集众保州里。每贼至，即率传等捍御，盗戢民安，四境赖之"[3]。婺源霍口人彭畲因"唐末黄巢乱，率兄弟捍蔽乡邑"[4]。婺源凤亭里人戴护因"巢贼乱后，草窃蜂起"，"倡义与乡人团结自守"[5]。在黄巢乱事及地方贼盗频起骚扰地方的情况下，歙州地区已遍布土豪组织的自卫武装。此外，唐朝廷对民间组织自卫武装的鼓励也是自卫武装得以普遍兴起的重要原因，这在土豪王璧和郑传组织自卫武装的事迹中体现得尤为明显，据王璧传记所言："乾符中，巢贼入江东，诏天下乡村各置弓刀鼓板备群

---

① （明）程敏政辑撰，何庆善、于石点校：《新安文献志》卷 96，合肥：黄山书社，2004 年，第 2453—2456 页。另，此文一般又被称为《程氏世谱序》。

② 《新安文献志》卷 96《胡仆射瞳传》，第 2459 页。

③ 《新安文献志》卷 96《唐尚书王公璧传》，第 2460 页。

④ 《新安文献志》卷 96《彭王畲庙碑》，第 2468 页。

⑤ 《新安文献志》卷 96《戴虞候护传》，第 2469 页。

盗。公以婿郑传负材略,相与倡义,集众保州里。"①

其次,"从诸君多少年"可以看到,自卫武装的组成人员主要是乡里社会的年轻人,其组成的武装规模也并不算太大,初起时不过四百人左右。从程沄所言"依山阻险以自安"及最终依东密岩立寨看,自卫武装的立寨之地往往是在地势险要的山区,在其他土豪的事迹中也不难看到这一选择,如郑传"以吾境山多,令人设鹿角栈道以御之"②。从"邻近岩寨悉皆破亡"的用词来看,依山立寨应该是歙州土豪自卫武装的普遍模式,因此有所谓"岩寨""岩兵"的称呼。在依山立寨进行武装自卫的同时,这些岩寨的自卫武装还同时从事农业生产,"无事则耕织以供伏腊,仓卒则修战具以相庇卫",颇有点耕战的意味。

第三,从程沄所领部伍"独立以待,无所款附"来看,尽管当时歙州已遍布自卫武装,但自卫武装间并无合作与整合。各个自卫武装间甚或互相攻伐,这点在泾县土豪郑传的事迹中体现得尤为明显,据《唐司徒郑公传家传》记载,在泾县除郑传的自卫武装外,尚有"西乡汪章、南乡熊宿,各鸠土俗,亦仅盈千",但这两支武装"恃势倚强,多行不义,每因贼军经过之后,便为劫掠",郑传"因愤二恶之不悛也,义旗一举,首戮章,次殄宿"③。除此之外,《唐司徒郑公传家传》中还记载了多次郑传与周边县乡贼盗间的攻伐,需要注意的是此文是郑氏家传,无疑带有美化的嫌疑,因此无论是郑传的歼灭汪章、熊宿还是与周边县乡贼盗的攻伐,很可能并非"歼贼"如此简单,而是各县乡土豪自卫武装间的相互攻伐。事实上,由于自卫武装以乡里社会为基础的组织形

---

① 《新安文献志》卷 96《唐尚书王公璧传》,第 2460 页。

② 《新安文献志》卷 96《唐司徒郑公传家传》,第 2462 页。

③ 《新安文献志》卷 96《唐司徒郑公传家传》,第 2463 页。

式及其依山险立寨的特色，使得自卫武装虽然普遍，但却又相对规模有限及分布分散，若没有强势人物进行整合，不易形成合作关系或统一武装。以杭州八都兵为例，其前身为对付杭州西部山区山贼的乡兵自卫组织，若无裴璩的招纳，董昌、钱镠等豪杰人物的募兵整合，恐怕很难形成强势的八都兵并成为钱氏割据的基础。再如淮南的庐江县曾有"十八寨之义兵"，自卫武装分化严重，但经县令李清的整合后形成了"不惟除郡邑之灾，亦可定国家之难"①的武装力量，进而引起了高骈的注意。

第四，从杨行密势力对程沄的争取及程沄所言"钱氏在吴，不足虑也"来看，土豪领导的自卫武装往往成为地方政府和大的割据势力所争取的对象，在前文所引高骈写给境内组织义兵的县令、土豪等人的信中，也可以看到高骈不遗余力的想将义兵武装纳入淮南军府体系中。事实上在组织自卫武装后，歙州的土豪们大多被官方授予相应的军职，像程沄这样长期保持独立，至杨行密来攻时方接受相应军职的实属少见。土豪们往往在得到对本地区安全的保证后，在一定程度上归顺于较大割据势力。在歙州这样处于两大割据势力之间的地区，土豪武装的向背更会成为左右局势的关键，所以当东密岩武装发生动乱时，陶雅会相当紧张（"大俱"），正在于"歙州连接浙境，最倚东密以为藩障"的战略地位。

第五，尽管杨行密势力在程沄死后，一度希望通过将领的更迭，使东密岩的武装能够完全纳入其官方军政体系中，实现某种程度上的"去土豪化"。但随后发生的动乱，却不得不使杨行密势力重新起用"人情所归""众皆相悦"的程沄之弟程淘来继续领

---

① 《桂苑笔耕集校注》卷12《庐江县令李清》，第367—368页。

导东密岩武装,由此来看土豪领导的自卫武装具有相当的地方独立性和继承性特征。总体来看,由于歙州土豪武装势力已根深蒂固,无论是唐末的歙州地方政府还是杨行密势力,大多只能对其采取羁縻合作的策略。

第六,从程淘"每阅兵帐及户口版籍"及负责民户缴纳租税的情况来看,土豪层在掌控地方军政的基础上,进一步侵占了地方行政权,程淘东密岩将的身份,使我们完全可以把这看作日野开三郎所论唐末五代镇将对县政渗透和控制的一种表现。另外,也反映出尽管已在一定程度上被纳入了杨行密的军政、行政体系内,但土豪自卫武装控制下的地方在军政、行政上仍有很大的自主权。一个典型的例子是汪武在"陶雅为歙州刺史,暴增民赋"后,"不为屈,以故迄武之世,县人赖之"①,以致陶雅最后不得不设计斩杀汪武。

通过以上考察,可以知道在黄巢乱事冲击及江淮地方贼盗频起的情况下,大量的由地方土豪组织领导的自卫武装在江淮地区出现,他们主要由乡里社会的年轻人组成,大多依山险立寨,规模相对较小,进行武装的同时还从事农业生产活动。他们虽然分布普遍但又相对分散,若无强势人物整合则较难形成统一武装,因此往往局限于乡里社会的武装自卫,而较难实现州甚至县一层级的割据。当然,若能如雏形原为自卫武装的杭州八都兵般实现整合和组织形式的转变(由自卫武装到官方的团练武装,由自发组织到更广泛的募兵制,由局限乡里自卫到出境征战等),进一步壮大实力,则很有可能实现较大区域如州县层级的割据。对一般自卫武装而言,他们虽然规模较小,但作为乡里

---

① 《新安文献志》卷96《汪司空武传》,第2453页。

社会重要的武装力量，仍会为地方政府或较大的割据势力所争取，但仍保持相当程度的地方独立性、继承性和自主性。部分力量较强、所处区位特殊的土豪自卫武装更会在某种程度上成为左右大的割据势力争衡的关键节点。

综上所论，无论是土团等土豪团练武装还是乡兵等土豪自卫武装，无论是官方层面还是民间层面，土豪武装在江淮地区的州县乡里已经普遍分布。土豪对地方武装的掌控，改变了江淮地方的权力结构。在唐朝廷对江淮的控制力下降后，他们转而凭借武力纷纷夺取了地方社会的控制权，成为江淮地区由道、州至县、乡各个层级大大小小的在地割据者。

第三节 唐末江淮诸地区的地方割据

除了分布普遍的土豪武装外，唐末的江淮地区还集聚了各种类型的新兴武装力量，他们和土豪层一起成为江淮地方社会的实际控制者。于是以黄巢乱事为界，特别是在黄巢乱事达到巅峰的中和年间，诸多江淮藩镇、州、县等纷纷出现了新兴武装力量驱逐唐朝廷官员，并摆脱唐朝廷控制走向自立的现象，学者称之为"中和独立潮"①。以往学者对江淮地区割据的关注往往集中于最终形成割据政权的几大势力上，但在几大割据政权形成前，江淮诸地区实际上经历了一段细碎化的割据时期，并且由于具体地域的不同而呈现出不同的特点，这些不同的特点甚至在一定程度上影响了相应地域割据政权的最终形成和权力结

---

① 何灿浩：《唐末政治变化研究》，其是概指全国范围而言，但同样适用于江淮地区，北京：中国文联出版社，2001年，第23页。

构。由于割据政权形成前江淮诸地区的地方割据极为细碎繁复，以下先依据相关史料制作表格，①以州这一层级为单位列出江淮诸地区在吴、吴越、马楚、王闽政权形成前的基本割据状况，以期能够化繁为简，再在表格的基础上补充分析各地区具体的割据状况和特点。

一、杨行密平定淮南前各州割据

表 4.1　淮南各州割据势力

州	割据者	出身	武力	割据时间	结局
扬州	秦彦	徐州军卒，后入黄巢军，再降高骈，授和州刺史	所领黄巢起义军	光启三年(887)	为杨行密攻败
	杨行密	庐州牙将，割据庐州	庐州军队	光启三年(887)至文德元年(888)	为孙儒所败
	孙儒	忠武军神校，以兵属秦宗权为都将	蔡州军，号"土团白条军"	文德元年(888)至景福元年(892)	为杨行密所灭
滁州	许勍	黄巢将领，降高骈后授滁州刺史	所领黄巢起义军	广明年间至大顺二年(891)②	似为孙儒所逐③
	孙端	本地流寇，降高骈后长期得不到安置	流寇	约中和二年(882)起	入据和州

---

①　表格中若无特别出注，所依据史料皆为新旧《唐书》、新旧《五代史》及《资治通鉴》。

②　期间一度被孙端驱逐，详见第三章考证。

③　《资治通鉴》卷258"大顺二年五月"条："(孙儒)诸营皆没，乃还扬州，使其将康暅据和州，安景思据滁州。"第8416页。

续　表

州	割据者	出身	武力	割据时间	结局
和州	秦彦	徐州军卒,后入黄巢军,再降高骈,授和州刺史	所领黄巢起义军	广明年间至中和二年(882)	入据宣州
	梁缵	高骈部将,秦彦入据宣州后被高骈派至和州	淮南军府部队	中和三年(883)	为孙端所逐
	孙端	本地流寇,降高骈后长期得不到安置	流寇	中和三年(883)至大顺二年(891)	似为孙儒所逐
舒州	孙端	本地流寇,降高骈后长期得不到安置	流寇	约中和年间	相继入据滁州、和州
	高澧	高骈从子	淮南军府部队	中和四年(884)	为群盗所攻不能守,陶雅守之
	陶雅	杨行密部将	庐州军队	中和四年(884)至光启二年(886)	为许勍所袭
	许勍	黄巢将领,降高骈后授滁州刺史	滁州军队	光启二年(886)起	不详
	倪章	不详①		约景福元年(892)至景福二年(893)	为杨行密所败

① 《资治通鉴》卷259"景福元年十一月"条:"庐州刺史蔡俦发杨行密祖父墓,与舒州刺史倪章连兵。"第8437页。倪章或与蔡俦类似,原是杨行密部下而叛之,当然也有可能是许勍部下或舒州本地势力。

续　表

州	割据者	出身	武力	割据时间	结局
庐州	杨行密	庐州牙将	初起时有“八营兵”	中和三年(883)至光启三年(887)	入据扬州
	蔡俦	杨行密部将，叛附于孙儒		文德元年(888)至景福二年(893)	为杨行密所败
楚州	张雄	楚州军人	地方军人集团	约中和年间	转任白沙镇将
	成令瓌	黄巢将领，降高骈后授楚州刺史	所领黄巢起义军	中和元年(881)	不详
	张义府	楚州军人	地方军人集团	约中和年间	不详
	刘瓒	不详	不详	约光启三年(887)至景福元年(892)	为杨行密所破
寿州	张翱	寿州军人	军人集团	约中和年间起	不详
	江儒、江彦温、江从顼①	寿州军人	军人集团	景福年间至乾宁二年(895)	为杨行密所破

① 《资治通鉴》卷259“乾宁元年三月”条：“(寿州)军中推其(江彦温)子从顼知军州事。”第8454页。淮南的寿州与楚州乃类似北方藩镇属地方军人集团强势的地区，怀疑三人乃军人集团间的兄终弟及、父死子继。

续　表

州	割据者	出身	武力	割据时间	结局
光州	李罕之	黄巢将领，降高骈后授光州刺史	所领黄巢起义军	广明年间至中和二年(882)	迫于秦宗权压力，北归诸葛爽
	王绪	寿州屠者	聚众五百	中和元年(881)至光启元年(885)①	迫于秦宗权压力南下
	刘存	不详	不详	乾宁三年(896)	为杨行密所破

由于淮南江淮重镇的地位，同时又处于南北交界之地，再加以高骈时期对各种力量的整合，使其成为各种类型武装力量的交汇之地和争夺之地，割据者类型呈现出多样化的特点。就表格所呈现的州级割据状况而言，淮南的割据势力主要包括黄巢降将势力、淮南本地军人集团、北下的蔡州军人集团和江淮贼盗势力。总体来看，淮南州级的割据势力主要以外来势力为主，寿州、楚州两州军人集团虽属淮南本地势力，但这两州在性质上更接近中原藩镇且其军人集团由来已久，在光启二年(886)十二月，寿州张翱派军进攻杨行密庐州失败后，这两州在此后几乎没有参与到对淮南的争夺中来，因此可以说仅庐州杨行密势力为参与到淮南争夺中的新兴本土势力。

需指出的是尽管在州这一层级淮南并没有土豪层实现割

---

① 《资治通鉴》卷254"中和元年八月"条："月余，(王绪)复陷光州，自称将军，有众万余人；秦宗权表为光州刺史。"第8257页。李罕之与王绪同为光州刺史，当是高骈与秦宗权为争夺光州，各表己方势力为刺史，然两人最后均因不堪秦宗权的军事压力而离去。

据,但在县乡一级可能还是以土豪武装割据为主。这一点在上章讨论高骈对淮南地方武装的整合中已多有言之,可以证实淮南县乡一级确实是遍布土豪武装。事实上杨行密平定淮南过程中也很大程度上依赖了淮南各县乡土豪层势力的支持,最典型者便是他和曲溪土豪刘金和盱眙土豪贾令威的合作与联姻。在光启三年(887)杨行密进围扬州时,曾派遣李神福"谕曲溪刘金、盱眙贾令威,各以义兵来附"①。据《九国志》记载,刘金在江淮兵乱时"从乡酋李章保曲溪。章死,金代有其众"②,刘金所统领的武装当是土豪层所组织的自卫武装,贾令威情况应属类似。这两支部队在依附杨行密后,被杨行密整编为亲军,成为其手下最具战斗力的部队"黄头军"。③刘金、贾令威就此成为杨行密手下将领,杨行密之女则嫁给了刘金之子刘仁规。另外,从杨行密派李神福招募刘金等人来看,杨行密集团部分人群当与土豪层有着复杂的联系且对淮南境内的土豪武装状况相当熟悉。杨行密势力的壮大,与他对淮南县乡一级土豪武装的合作与整合不无关系。因此尽管在淮南的州级割据中大多是外来势力,在州级割据中也见不到淮南土豪的身影,但最后取得胜利的却是依靠和淮南本地土豪武装结合的杨行密本土势力。

---

① 《九国志》卷1《李神福传》,第3221页。
② 《九国志》卷1《刘金传》,第3225页。
③ 《新唐书》卷188《杨行密传》:"又并盱眙、曲溪二屯,籍其士为'黄头军',以李神福为左右黄头都尉,兵锐甚。"第5453页。

二、钱镠平定浙西前各州割据

表 4.2 浙西各州割据势力

州	割据者	出身	武力	割据时间	结局
润州①	薛朗、刘浩	度支催勘使;镇海军将	军人集团	光启三年(887)	为钱镠所破
常州	张郁	镇海军将	戍兵三百	光启二年(886)	为丁从实所逐
常州	丁从实	原为武宁军将,镇海军衙将	军人集团	光启二年(886)至光启三年(887)	为钱镠所破
湖州	李师悦	武宁军将	因追败黄巢为唐朝廷所封赏	光启元年(885)至乾宁三年(896)	病死
湖州	李继徽	李师悦之子		乾宁三年(896)至乾宁四年(897)	为钱镠所破
杭州	董昌	临安人,石镜镇将	土团军,八都兵	中和元年(881)至光启三年(887)	入据越州
杭州	钱镠	临安人,石镜镇将	八都兵	光启三年(887)起	

---

① 润州此后还经历了钱镠与杨行密间的多番争夺,在此不一一列出。同理,钱镠与杨行密争夺(同时争夺者还包括孙儒集团)频繁的常州亦不一一列出。

续　表

州	割据者	出身	武力	割据时间	结局
苏州	张雄①	武宁军偏将	聚众三百	光启二年(886)至光启三年(887)	为徐约所逐
	徐约	黄巢将领，降高骈后授六合镇将	所领黄巢起义军	光启三年(887)至龙纪元年(889)	为钱镠所破
睦州	陈晟	清平镇使	土豪武装	中和元年(881)至光化三年(900)	病死
	陈询	陈晟之弟		光化三年(900)至天祐二年(905)	钱镠军事压力下不能守，奔淮南

浙西的割据状况与淮南类似，这主要是因为两镇都是江淮重镇，又地处南北交界之地，而两镇的节度使高骈和周宝又招纳了不同类型的武装力量，使境内的武装力量构成较为复杂。就表4.2所呈现的州级割据状况来看，浙西的割据势力主要包括本土军人集团、北来的徐州军人集团、土豪武装和黄巢降将势力。总体来看，军人集团在州级层面的割据是浙西的一大特色，这主要是因为镇海军的存在使浙西成为具有一定军事传统的藩镇，再加以邻境徐州军人的南下，造就了军人集团割据各州的局面。就实力而言，这些军人集团大多属于偏部或流亡军人，实际规模并不算大，如张郁仅领成兵三百便攻陷了常州，张雄也仅聚众三百便拿下了苏州，这自然是由于江淮各州普遍较弱的防御

---

① 此张雄与曾任楚州刺史及参与毕师铎反叛的张雄(张神剑)并非同一人。

力量造成的。浙西境内并没有实力、规模强大的北下军人集团,
也为钱镠平定浙西创造了条件。以淮南为例,由于强大的孙儒
集团的存在,杨行密对淮南的征服相比钱镠对浙西的征服就来
得艰苦地多,当然在苏润常的争夺中,钱镠和杨行密都曾受到孙
儒集团的强大压力。

与淮南不同的是,浙西在州一层级出现了土豪层的割据,这
主要是因为董昌、钱镠等人在自卫武装的基础上建立了八都兵
这种组织形式的土豪化团练武装,再辅以董昌、钱镠等的招募整
合,具备了较强的武力基础,因此能在州一层级形成割据。当
然,除董昌、钱镠、陈晟在州级层面的割据外,浙西的土豪层在县
乡一级的割据亦相当普遍,如周宝到任浙西时的地方形势是"时
群盗所在盘结,柳超据常熟,王敖据昆山,王腾据华亭,宋可复据
无锡"①,这些人虽被称为"群盗",实际上应该就是当地的土豪。

三、钱镠平定浙东前各州割据

表 4.3　浙东各州割据势力

州	割据者	出身	武力	割据时间	结局
越州	刘汉宏	兖州小吏、宿州刺史	从讨王仙芝,劫辐重叛去	广明元年(880)至光启二年(886)	为董昌所逐
	董昌	临安人,石镜镇将,杭州刺史	杭州军队	光启二年(886)至乾宁三年(896)	为钱镠所灭

---

① 《新唐书》卷186《周宝传》,第5416页。

续　表

州	割据者	出身	武力	割据时间	结局
明州	刘文	台州人,草寇	土豪武装	中和二年(882)	为杨僎击破
	杨僎	不详	不详	中和年间	不详
	钟季文	鄞贼	土豪武装	中和三年(883)至景福元年(892)	去世
	黄晟	明州鄞县人,平嘉铺将	本乡募众,有众千余人	景福元年(892)至开平三年(909)	归顺钱镠
台州	刘文	台州人,草寇	土豪武装	中和二年(882)	降刘汉宏,署为明州刺史
	杜雄	台州临海人,草寇	土豪武装	中和三年(883)至乾宁四年(897)	归顺钱镠
婺州	蒋瓌	婺州浦阳人,镇将	土豪武装	中和四年(884)至景福元年(892)	为王坛所逐
	王坛	孙儒将	蔡州军人	景福元年(892)至光化三年(900)	为钱镠所逐,奔于宣州
衢州	陈儒	黄巢之党,曾授饶州刺史	所领黄巢起义军	光启三年(887)至乾宁二年(895)	去世
	陈岌	陈儒之弟		乾宁二年(895)至光化三年(900)	为钱镠所平

续 表

州	割据者	出身	武力	割据时间	结局
温州	朱诞、朱褒、朱敖兄弟	温州永嘉人,朱诞为温州通事官,后因聚兵御寇有功摄司马及副使①	土豪武装	中和元年(881)至天复二年(902)	为丁章所逐,朱敖奔无诸
	丁章	温州裨将		天复二年(902)至天复三年(903)	为木工所杀,张惠据温州
	张惠	温州裨将		天复三年(903)至天祐二年(905)	为卢佶所逐,奔于福州
	卢佶	处州人,卢约弟	土豪武装	天祐二年(905)至天祐四年(907)	为钱镠所灭
处州	卢约	处州遂昌人	土豪武装	中和元年(881)至天祐四年(907)	为钱镠所灭

　　浙东的割据状况相对简单,便是土豪遍布,零星有北来武人。浙东之所以形成以土豪为主的割据形势,主要是因为浙东本身便是土团等土豪武装较为发达之地,这点在裘甫乱事时王式组织浙东的土团军平乱便可知晓,与一般的土豪自卫武装不

---

　　① (宋)钱俨撰,李最欣点校:《吴越备史》卷1《武肃王》"天复二年五月"条附朱褒事迹,傅璇琮等主编《五代史书汇编》,杭州:杭州出版社,2004年,第6194页。

同,这种组织形式更为成熟、规模更大的土团军较易形成州一层级的割据。浙东并没有如浙西般有大规模的北来武人进入,也是土豪层能够从容割据的重要原因。当然,浙东各州实力相当的土豪分立局面也使得浙东难以形成较强的割据势力,[①]为后来钱镠势力对浙东各州的逐个征服创造了条件。

值得注意的是,浙东的割据土豪在史书中不少被称为"贼""寇",这一点也是很多割据土豪在史书记载中被呈现出来的面貌,以致很多时候让人难以真正区分他们究竟是土豪还是贼寇势力。事实上很大一部分被称为"贼寇"的势力可能就是地方土豪,如据《吴越备史》记载,温州的朱诞本是该州的通事官,通过组织团练武装御寇有功而升任副使,并在刺史胡璠去世后割据自立,[②]是典型的土豪通过组织团练武装获取地方统治权的案例,但对朱氏兄弟的割据史书却称之为"永嘉贼朱褒陷温州"[③]。因此,浙东其他州被称为"贼""寇"的割据土豪如台州的刘文、杜雄,明州的钟季文也应是类似情况。

四、杨吴平定宣歙前各州割据

表4.4　宣歙各州割据势力

州	割据者	出身	武力	割据时间	结局
宣州	秦彦	徐州军卒,后入黄巢军,再降高骈,授和州刺史	所领黄巢起义军	中和二年(882)至光启三年(887)	入据扬州

---

① 仅有台州的刘文和处州的卢约曾尝试建立跨州的割据。
② 《吴越备史》卷1《武肃王》"天复二年五月"条附朱褒事迹,第6194页。
③ 《新唐书》卷9《僖宗纪》,第272页。

续　表

州	割据者	出身	武力	割据时间	结局
宣州	赵鍠	秦彦部属，与朱温有旧	秦彦部队	光启三年(887)至龙纪元年(889)	为杨行密所灭
歙州	歙州于杨行密景福二年(893)遣陶雅攻歙州前一直维持唐王朝委任刺史的统治,然在县乡层级亦遍布土豪武装。				
池州	赵鍠	秦彦部属，与朱温有旧	秦彦部队	中和二年(882)至光启三年(887)	入据宣州
	赵乾之	赵鍠之兄		光启三年(887)至文德元年(888)	为杨行密所破,奔江西

　　宣歙的割据状况可谓既简单又复杂,简单在于在州或者说道这一层级,主要是秦彦的势力。复杂则在于在县乡乃至村落层级,宣歙二州可能存在着众多的土豪自卫武装,这些土豪武装间的分布和关系错综复杂,这在前文以歙州土豪为例说明自卫武装兴起时已有言之。宣歙这种较为细碎化的土豪割据,无疑不利于形成一支或几支较强的武装力量,使宣歙往往成为各种外来武装力量觊觎的对象,如在前述所举歙州土豪事迹的材料中,多有江淮各种流寇侵掠歙州的记载,江淮地区著名的流寇陈儒就曾多次侵掠宣歙州县。但同样也是因为宣歙县乡级别的土豪自卫武装众多,尽管其多次被侵掠,但亦不会被轻易占据。

　　此外,在宣歙这种较为细碎化的土豪割据中,秦彦对宣歙的统治很可能是和基层脱节的,秦彦本人也没有和当地土豪建立密切的关系,与和他争夺扬州的杨行密对淮南土豪的充分整合不同,在有关秦彦军队的记载中似乎没有看到他对宣歙土豪武

271

装的整合利用。杨行密在文德元年（888）退出与孙儒的扬州争夺战后曾一度攻下秦彦部将赵鍠镇守的宣州，在其经营宣州期间倒是有和宣州的县乡土豪发生联系，据《九国志》记载："龙纪中，泾县王赏、太平稽常满，俱聚盗剽乡里，神福引兵破之，但诛其首恶，余皆不问。"①这里王赏、稽常满的"聚盗"很可能就是县乡土豪组织武装，从李神福仅诛首恶及以往对刘金等土豪武装的招纳经历来看，他很可能对这部分土豪武装进行了招纳，对地方土豪武装的招纳整合已经成了杨行密扩展自身力量的一个重要方式。

关于宣歙割据还有一个有趣的点是，尽管歙州在县乡层级遍布土豪武装，但在州一层级竟然在唐末江淮割据普遍的情况下长期保持着唐朝廷委任官吏的统治，既没被土豪篡夺，亦没被外来势力攻破。这一局面的形成，和歙州土豪长期以来与官方的合作传统有关。据江玮平考证，早在江淮乱事渐起前，歙州土豪汪道安及其子汪溃、土豪汪武等便已相继出任镇将等军职，土豪层与歙州官府建立了一定的合作关系，共同维护地方治安。②在杨行密势力的陶雅入据歙州时，同样继承了唐朝廷和歙州土豪的这一合作关系，和歙州的各种土豪势力如程沄和程淘兄弟、汪武、戴护等建立联系，并授以相应军职加以笼络。而从汪武"二十余年，使其人不为外寇侵扰。陶雅为歙州刺史，暴增民赋，武不为屈，以故迄武之世，县人赖之"③的情况来看，歙州土豪无论是在唐朝廷还是杨行密势力治下都有极大的自主权。当然，

---

① 《九国志》卷1《李神福传》，第3221页。

② 江玮平：《唐末五代初长江流域下游的在地政治——淮、浙、江西区域的比较研究》，第76—77页。

③ 《新安文献志》卷96《汪司空武传》，第2453页。

杨行密势力在占据歙州后也在逐步采取措施解决歙州土豪的自主割据问题，如前文提到的试图通过将领更迭解决东密岩将领土豪化、世袭化的问题，再如陶雅趁田頵叛乱之机设计斩杀汪武，①都是杨吴政权在歙州"去土豪化"的表现。

五、杨吴平定江西前各州割据

表 4.5 江西各州割据势力

州	割据者	出身	武力	割据时间	结局
抚州	钟传	洪州高安人，以负贩自业	鸠夷獠，依山为壁，至万人	乾符四年(877)至中和二年(882)	入据洪州
	危全讽	抚州南城人，世为农夫	招合同县少年，即其居为军营②	中和五年(885)至开平三年(909)	为杨吴所灭
洪州	钟传	洪州高安人，以负贩自业	鸠夷獠，依山为壁，至万人	中和二年(882)至天祐三年(906)	去世
	钟匡时	钟传之子		天祐三年(906)	为杨吴所灭
信州	危仔倡	危全讽之弟	抚州军队	乾宁元年(894)至开平三年(909)	为杨吴所破，奔吴越

---

① 《九国志》卷1《陶雅传》，第3220页。
② 《九国志》卷2《危全讽传》，第3244页。

续　表

州	割据者	出身	武力	割据时间	结局
虔州	王潮①	光州固始人,世以赀显,县史	众万余	中和末(885)	为卢光稠所破
	卢光稠	虔州南康人	有众数万	光启元年(885)至开平五年(911)	病死
	卢延昌	卢光稠之子		开平五年(911)	为部下所杀
	黎求、李图②	牙将		乾化元年(911)	皆去世
	谭全播	虔州南康人,卢光稠谋主		乾化元年(911)至贞明四年(918)	为杨吴所灭
吉州	韩师德	钟传裨将		约乾宁年间	为彭玕弟彭瑊所破
	彭玕	吉州庐陵人,世居赤石洞为酋豪③	保聚徒众,得数千人	约乾宁四年(897)至开平三年(909)	为杨吴所破,投奔马楚
袁州	钟匡时	钟传之子		乾宁年间	继钟传之位
	彭彦章	疑与彭氏兄弟有关		开平年间	为杨吴所灭

---

① 《九国志》卷2《谭全播传》:"(卢光稠、谭全播)所向多捷,兵势渐盛,遂破王潮之众,入据虔州。"第3245页。

② 《九国志》卷2《谭全播传》作"李彦图",第3246页。

③ 《九国志》卷11《彭玕传》,第3355页。

续　表

州	割据者	出身	武力	割据时间	结局
饶州	陈儒	黄巢之党①	黄巢起义军	光启三年(887)	入据衢州
	唐宝	疑为钟氏将领②		开平年间	为杨吴所破，弃城走
江州	钟延规	钟传养子③		天祐年间	纳款杨吴

　　江西的割据状况也相对清晰，以江西本地土豪的割据为主，同时偶有零星的北来武人短暂割据。除却零星的北来武人，长期割据江西各州的主要是四大土豪势力，钟传势力、危氏兄弟势力，卢光稠、谭全播势力及彭玕势力，其中前三者割据时间均达到二十五年以上，皆实现了一定程度的世袭传承（钟传传子、危氏兄弟相继、卢光稠传子及谭全播对虔州的继承），这应当是和江西的几大割据势力皆具较强实力，同时统治能力亦较强有关。④

　　江西土豪割据与浙东、宣歙等地土豪割据的不同之处在于，江西的部分土豪实现了较大区域（跨州）的割据，特别是钟传在

---

　　①　《吴越备史》卷1《武肃王》"光化三年九月"条附陈儒事迹："(陈)岌兄儒本黄巢之党，寻降朝廷，授以饶州。光启三年，率其部伍自饶厅事直指衙门而出，人无预知者。既而径趋衢州。"第6192页。
　　②　《资治通鉴》卷265"天祐三年七月"条载杨吴将领秦裴"破寨，执(钟匡时将领刘)楚，遂围洪州，饶州刺史唐宝请降"。第8660页。
　　③　《九国志》卷1《秦裴传》："天祐三年，洪州钟传卒，州人立其子匡时。江州刺史延规，传之养子，忿不得立，以其郡纳款。"第3226页。
　　④　如钟传注重发展文教，谭全播"在任七年，人物殷盛"(《九国志》卷2《谭全播传》，第3246页)。

一定程度上控制了江西的大部分地区,这固然是和江西并无大规模北人武力入侵、江西土豪个人能力较强有关,但关于钟传还有值得提的一点就是他的蛮族背景,这也是江西和下面将要讨论的湖南土豪割据的最大特色。

在钟传崛起的过程中,最重要的一步是"鸠夷獠"。江西地区的所谓"夷獠",据《新唐书》记载乾元元年(758)唐朝廷曾"置洪吉都防御团练观察处置使兼莫徭军使,领洪、吉、虔、抚、袁五州,治洪州"①判断,很可能就是莫徭,也就是盘瓠蛮,再加之钟传的钟姓是盘瓠蛮大姓,因此学者怀疑"钟传以钟为姓,作盘瓠蛮的领袖,他自己应该就是盘瓠蛮的一员"②。《太平广记》中一则关于钟传打虎的记载也颇能印证钟传的蛮族背景,其言钟传"不事农业,恒好射猎,熊鹿野兽,遇之者无不获焉"③。因此,有理由判断钟传集团是一支由盘瓠蛮人群组成的武装集团。

当然根据鲁西奇的研究,我们知道中古史上长江中游及其周围地区的所谓盘瓠蛮、禀君之类的称呼,很大程度上是华夏人士出于"非我族类"观念而给予的歧视性称呼,诸蛮的主体部分乃是先秦两汉以来就居住于当地的土著人群。④唐朝时期的江西正处于开发阶段,不可避免地会有当地土著人群的华夏化,从而在华夏化过程中形成一定的蛮族或宗族土豪势力,唐朝廷于乾元元年(758)设立洪吉观察使兼莫徭军使,部分原因可能就是

---

① 《新唐书》卷68《方镇表》,第1903页。

② 谢重光:《闽台客家社会与文化》,北京:人民出版社,2013年,第35—36页。

③ 《太平广记》卷192《钟传》引《耳目记》,第1441页。

④ 鲁西奇:《释"蛮"》,《人群·聚落·地域社会:中古南方史地初探》,第47页。

要加强对这部分华夏化土著人群的管理。从钟传年轻时候"不事农业，恒好射猎"来看，其居住地区的生产方式应该正处于从原始的渔猎向华夏化特征的农业转化阶段，钟传所纠集的"夷獠"或者说盘瓠蛮应当是正处于华夏化过程中的土著人群。据史料记载钟传本人以负贩为业，也就是在各地经商，结合他后来治理江西时的文教政策来看，在此过程中钟传本人可能已经高度华夏化了，属于走出土著族群来到华夏化地区的人，只是在唐末乱世之际，钟传选择回到自身族群之中扩展势力并凭借族群的力量一举建立了对江西广大地区的割据。依我在第二章的定义，钟传或可被称为"蛮族土豪"。此类土豪往往有着强大的族群武力支撑，在江西的几大割据势力中，正是有着蛮族背景的钟传实现了最大区域的支配。

与钟传情况类似的还有割据吉州的彭玕，史言彭玕"世居赤石洞为酋豪"，但又言彭玕"少好学，通经传。唐、梁之际，天下阻兵，遂以门籍率群胥"[①]，由此判断彭玕当与钟传类似，属于华夏化程度较高的酋豪，并凭借世为酋豪的地位进入地方行政系统中担任了胥吏。但他也与钟传一样，在唐末乱世时返回乡里募兵，应当就是纠集华夏化程度不高，未迁移到华夏化地区的同族，进而形成武装割据。彭氏势力后来在杨行密势力的压力下进入湖南发展，成为马楚境内最强的土豪集团之一，马楚政权亦不得完全消灭彭氏势力而与其联姻、定盟。

---

① （宋）龙衮撰，张剑光点校：《江南野史》卷6《彭玕传》，傅璇琮等主编《五代史书汇编》，杭州：杭州出版社，2004年，第5195页。

六、马楚平定湖南前各州割据

表 4.6 湖南各州割据势力

州	割据者	出身	武力	割据时间	结局
潭州	闵顼	江西人,安南戍将	安南防秋兵	中和元年(881)至光启二年(886)	为淮西将黄皓所杀,周岳趁乱入据
	周岳	朗州陬溪人,蛮酋	聚诸蛮为土团军	光启二年(886)至景福二年(893)	为邓处讷所杀
	邓处讷	邵州龙潭人,防秋兵	邵州精卒二千①	景福二年(893)至乾宁元年(894)	为刘建锋、马殷所杀
邵州	邓处讷	邵州龙潭人,防秋兵	安南防秋兵	中和二年(882)至景福二年(893)	入据潭州
	蒋勋、邓继崇	邵州豪杰	乡兵,连飞山、梅山蛮为援	乾宁二年(895)至乾宁四年(897)	为马殷所杀
衡州	周岳	朗州陬溪人,蛮酋	聚诸蛮为土团军	中和元年(881)至光启二年(886)	入据潭州
	杨师远	衡州贼帅	土豪武装	约乾宁元年(894)至光化元年(898)	为马殷所杀
道州	蔡结、何庚	道州蛮酋	蛮族、峒獠	约乾宁元年(894)至光化二年(899)	为马殷所杀

---

① 《九国志》卷 11《邓处讷传》,3357 页。

续　表

州	割据者	出身	武力	割据时间	结局
连州	鲁景仁、黄行存	宿州人,从黄巢为盗;连州戍将	黄巢起义军千骑;诱工商四五千人	约乾宁元年(894)至光化二年(899)	为马殷所杀
郴州	陈彦谦	郴州人	发官帑募士,得胜兵四千	约乾宁元年(894)至光化二年(899)	为马殷所杀
永州	唐行旻	零陵人	土豪武装	约乾宁元年(894)至光化元年(898)	为马殷所杀
朗州①	雷满	武陵洞蛮	聚诸蛮为土团军	中和元年(881)至天复元年(901)	子雷彦威继任
	雷彦威	雷满之子		天复元年(901)至约天复二年(902)	为弟雷彦恭所逐
	雷彦恭	雷满之子		天复二年(902)至开平二年(908)	为马楚所败,奔杨行密
澧州	向瓌	石门峒酋	夷獠数千	中和元年(881)至开平二年(908)	降于马楚

①　朗州、澧州虽不属传统的湖南七州,但在唐末割据中主要参与湖南的争夺,在马楚政权时朗州更成为马殷诸子内乱中的重要据点,在马楚政权覆灭后割据湖南地区的也正是朗州土著周行逢等人,因此在此处罗列湖南割据势力时将朗州和澧州纳入在内。

湖南的割据状况亦相对简单,主要以本地土豪的割据为主,其中零星的非本土人士如一度割据潭州的闵顼实际上也是依赖和他同为防秋兵但却是湖南本地人士的邓处讷才实现割据的,连州的割据中,曾从黄巢为盗的鲁景仁也是依靠连州土豪黄行存才实现割据,因此可以说湖南几乎全是本地土豪的割据。

湖南土豪割据的最大特色便是土豪的蛮族背景,与江西相比其蛮族背景更加明显。土著族群武力的支撑,使湖南的蛮族土豪们大多实现了州一层级的割据。从雷满"为人凶悍狡勇,文身断发"[1]及"周岳与(雷)满狎,因猎,宰肉不平而斗,欲杀满"[2]的较为野蛮的行为及史书毫无避讳的洞蛮之类称呼观之,湖南蛮族土豪和土著族群的华夏化程度似乎没有江西的钟传、彭玕等人及所领族群来得高,分布在不同地区的土著族群也难以实现有效整合,这可能限制了他们势力的进一步发展,导致湖南并没有形成如钟传般实现了部分地域割据的蛮族土豪势力。

在湖南诸多蛮族土豪割据中,值得一提的是朗州土豪集团。朗州长期的割据者是雷氏家族,据《新五代史》记载,雷满最初是以组建土团崛起的,"满与同里人区景思、周岳等聚诸蛮数千","择坐中豪者,补置伍长,号土团军,诸蛮从之,推满为帅"[3],若忽略雷满等人的蛮族背景,仅从雷满等人组织土团军的形式来看,雷满统率的土团军实际上是类似杭州八都的土豪武装联盟。土团军组建后,雷满被其时镇抚荆南的高骈招纳,并一度带蛮军跟随高骈转战浙西、淮南,后逃归割据朗州。朗州这种集合诸多土

---

① (宋)欧阳修:《新五代史》卷41《雷满传》,北京:中华书局,1974年,第445页。

② 《新唐书》卷186《邓处讷传》,第5421页。

③ 《新五代史》卷41《雷满传》,第445页。

豪武装的土豪联盟特征,使得朗州具备了较强的实力,成为马楚政权最晚平定的湖南地方割据势力。在雷氏家族被平定后,朗州土豪集团并没有因此走向衰亡,反因被纳入马楚政权而在马楚政治中发挥了巨大影响,特别是在马楚诸子内乱中,朗州土豪集团成为各方争取利用的对象。[①] 朗州土豪集团的强大使马楚政权在后期一定程度上形成了潭州、朗州的二元权力中心结构,而在马楚政权覆亡后取代其割据湖南的也正是朗州土豪集团。

七、鄂岳各州割据

表 4.7 鄂岳各州割据势力

州	割据者	出身	武力	割据时间	结局
鄂州	路审中	前杭州刺史	募兵三千人	中和四年(884)至光启二年(886)	为"安陆贼"周通所逐
	杜洪	鄂州人,俳儿,州将	岳州军队	光启二年(886)至天祐二年(905)	为杨吴所灭
岳州	韩师德	淮南将	淮南军队	中和年间	不详
	杜洪	鄂州人,俳儿,州将	军人集团	中和四年(884)至光启二年(886)	入据鄂州

---

① 彭文峰:《马楚政权统治集团本土化略论》,《湖南大学学报(社会科学版)》2009 年第 2 期,第 109—113 页。

续　表

州	割据者	出身	武力	割据时间	结局
岳州	邓进思	湘阴人,世为土豪	死士千人①	光启二年(886)至天复二年(902)	病死
	邓进忠	邓进思弟		天复二年(902)至天复三年(903)	降马楚,举族迁长沙
蕲州	贾公铎、冯敬章	上蔡人	蔡州军队②	光启三年(887)至乾宁三年(896)	降于杨吴
黄州	吴讨	永兴县民,土团帅	土团军	乾宁元年(894)起	降于杨吴

　　鄂岳的割据情况与淮南、浙西类似,这三个藩镇都是既有一定军事传统,同时又处于南北交汇之地,再加以土豪武装的发展,所以割据势力大致都包括地方军人集团、北来武人和土豪层三者。

　　关于鄂岳割据,值得一提的是鄂岳土豪组织领导的土团军。鄂岳的土团军最初是鄂岳观察使崔绍"募民强雄者"组成的,当然其实际组织者和领导者是鄂岳的土豪,其中尤以永兴土豪吴讨和骆殷领导的土团最为强势,史言:"是时,永兴民吴讨据黄州,骆殷据永兴,二人皆隶土团者也,故军剽甚。"③在吴讨割据黄

---

①　《九国志》卷11《邓进忠传》,第3349页。
②　《九国志》卷2《贾公铎传》:"(公铎)为秦宗权爱将。宗权暴虐不轨,铎谏之不听,反见疑,惧祸及,乃挈家夜与属卒千人出奔。宗权严兵追之,铎且战且走。数日乃渡淮,遇故人冯敬章,导之袭蕲春,破其城,推敬章为帅,铎为牙将,堑城厉兵以自固。"第3242页。
③　《新唐书》卷190《杜洪传》,第5485页。

州后,杜洪对其难以节制,不得不请杨行密派遣朱延寿助其攻灭吴讨。在杀掉吴讨后,杜洪将这支土团军纳入自身势力,仍以骆殷守永兴,"依为心腹",然在杨行密遣李神福进攻鄂州时,骆殷弃城而走,使李神福轻松进围鄂州。从杜洪难以节制吴讨而需借助杨行密力量,同时又将骆殷纳为心腹,李神福在骆殷弃城后"大喜"并声言既得永兴则"鄂半矣"等事来看,这支由永兴土豪吴讨、骆殷领导的土团军,应该是鄂岳战斗力最强的一支部队,正是这支土团军的向背最终决定了鄂岳割据的结局。

八、王潮入闽前各州割据

表4.8　福建各州割据势力

州	割据者	出身	武力	割据时间	结局
福州	陈岩	建州土豪	泉州军队	中和四年(884)至大顺三年(892)	病死
	范晖	陈岩妻弟		景福元年(892)至景福二年(893)	为王潮所杀
建州	熊博①	津吏,被陈岩表为刺史		中和年间至景福年间	为徐归范所杀
	徐归范	建州人		景福年间	据州应王潮

---

① (明)黄仲昭撰:《八闽通志》卷1《地理》:"中和四年,(陈)岩为观察使,镇福州,表郡人熊博为刺史,寓治建阳。未几,岩卒,徐归范据州叛,以应王潮,博遇害,郡遂为王氏所有。"福州:福建人民出版社,1990年,第8页;(宋)徐铉撰,白化文点校:《稽神录》卷1《熊博》:"博本建安津吏。"北京:中华书局,1996年,第3页。

续 表

州	割据者	出身	武力	割据时间	结局
泉州	陈岩	建州土豪	聚众数千人,号九龙军	中和元年(881)至中和四年(884)	入据福州
	廖彦若			中和四年(884)至光启二年(886)	为王潮所灭
汀州	王绪			光启年间	为王潮所杀
	钟全慕	不详		约龙纪至景福间①	附于王潮,世守汀州②
漳州	陈岩③			中和年间至景福年间	归于王潮

福建的割据状况相对简单,主要就是建州土豪陈岩的割据。从陈岩、熊博等建州土豪几乎实现了对福建全境的割据来看,建州很可能是唐末五代之际福建土豪势力最为发达的地区。④ 在王闽政权时仍然可以看到建州土豪的活动,如在王延钧为帝时,建州土豪吴光因不堪闽政权对其财富的掠夺,率众投奔杨吴政

---

① (宋)胡太初修,赵与沐纂,长汀县地方志编纂委员会整理:《临汀志》"郡县官题名"条:"钟全慕,唐昭宗时为刺史,会王潮为威武节度使,景福元年,全慕与建州刺史徐归范俱附潮。"福州:福建人民出版社,1990年,第116页。
② 《临汀志》"郡县官题名"条:"(王)审知喜全慕骁勇有谋略,分汀使世守之。"第116页。
③ 《唐代墓志汇编》景福003《颍川郡陈府君墓志》(第2529页)言陈岩有一孙男为"检校工部尚书守漳州刺史兼御史大夫",则漳州当在陈岩控制之下。
④ 直至宋代,建州仍是福建地区土豪势力最为发达的地区。详可参见佐竹靖彦:《宋代建州地域的土豪和地方行政》,《佐竹靖彦史学论集》,第216—233页。

权,所率人数竟达到了"且万人"①的规模,而在吴光仅引杨吴信州之兵共攻建州后,王延钧竟不得不求助于吴越,颇可表明这位建州土豪的实力。另,从王闽内乱中建州和福州间持续不断的相互攻伐来看,个人猜测建州土豪集团在王闽的内乱中可能也发挥了巨大影响力,正因为建州土豪势力的强大及其与王闽内乱中诸王的勾连,使得王闽政权在后期同马楚政权类似,在一定程度上形成了福州、建州的二元权力中心结构。

此外,割据汀州的钟全慕,据学者考证可能也与江西的钟传一样具有盘瓠蛮的背景。② 由此,似乎也能理解王闽政权为何使其世守汀州了。

第四节　唐末江淮地方割据的整体特点

在上述分地域的考察后,以下再针对唐末江淮地方割据的整体状况总结几点：

（一）土豪层、土豪武装是江淮地方割据的普遍基础。从对各区域的考察来看,县乡一级普遍实现了土豪割据,而在州一级的割据人群中,土豪比例仍然较高,虽尚有北来武人、本地军人集团等人群,但就最后建立政权的杨吴政权、马楚政权和王闽政权而言,无论是北来武人也好还是本地军人集团也好,要想实现长久割据,仍然需要在很大程度上依赖当地土豪层的合作。正如前文所言,杨行密集团与淮南的土豪层有着错综复杂的联系,对地方土豪武装的招纳整合更是杨行密扩展自身力量的重要方

---

① 《资治通鉴》卷 278"长兴四年七月"条,第 9086 页。
② 谢重光:《闽台客家社会与文化》,第 36 页。

式,而由北来武人建立的马楚政权和王闽政权都有一个本土化的过程,其内乱也很大程度上与当地土豪有关,在马楚和王闽政权消亡后取代他们建立割据的正是湖南和福建本地的土豪。在这个层面上可以说,即便在江淮地区的四大割据政权中仅有钱氏吴越政权是由土豪层直接建立,但江淮割据政权建立的普遍基础仍是土豪层。

(二)不同地域的割据呈现出不一样的特点和层次。通过对各区域的考察来看,江淮地区的地方割据依其特点大致可以分为三类:第一类是淮南、浙西、鄂岳这种具有一定军事传统,又处于南北交汇、争夺的地区,其割据势力类型呈现多样化特点;第二类是浙东、宣歙、福建,仅有零星的外来势力,主要以土豪割据为主,但就实力而言又相对较弱;第三类是江西、湖南,这两个地区土豪割据的最大特点便是割据者大多具有蛮族背景。造成江西、湖南与以上地区割据土豪类型差异的原因在于,浙东、宣歙等地属经济较为发达地区,形成了分布广泛、发展成熟的富民土豪,而湖南、江西则属于开发较晚地区,地方上的主要武装力量还是正在华夏化过程中的土著人群(蛮族土豪)。此外,倘若把歙州的程氏土豪、汪氏土豪等认作自梁陈之际的程灵洗、隋唐之际的汪华等传承下来的歙州宗族,那么唐末土豪割据中就聚齐了我在论述南方土豪脉络时提出的蛮族土豪、宗族土豪和富民土豪三种南方土豪类型。

在土豪的割据中亦因地域不同呈现出不同的层次,有些地域的土豪仅实现了县乡割据,有些地域的土豪则实现了州级割据,这主要和土豪武装的组织形式有关。在浙东、浙西、鄂岳、湖南、福建这些土团等土豪团练武装较为发达的地区,①均有实现州级的土豪割据,而在歙州这种主要以土豪自卫武装为主的地区,就难以形成州级的土豪割据而只能局限于县乡甚至岩寨层级。这是因为土团式的土豪团练武装往往是建立在对自卫武装等土豪武装的整合上的,同时土豪层还会采用聚众招募的形式扩大兵源,因此土团等土豪团练武装无论是在规模上还是战斗力上都强于仅为保卫乡里而自发组织的亦农亦兵的自卫武装,这就决定了浙东等地的土豪能实现州级割据,而歙州土豪最多只能实现县乡级割据了。当然,歙州土豪的县乡级割据代表了土豪割据中最普遍的形式,因为就算在各个存在州级土豪割据的地区,也同样同时存在着大量的县乡级土豪割据。此外,在像淮南、浙西这样北来武人及本地军人集团割据较为普遍的地区,州级的土豪割据则相对会受到一定压制,土豪割据更多的局限于县乡层级,或者亦有土豪采取和这两股势力合作的方式以获取上升途径。②

(三)与北方的割据相比,江淮地区的割据呈现出细碎化的特点。北方割据的特点是多以方镇为单位形成较大区域割据,而江淮地区的割据,在四大割据政权形成前主要还是以州为单位实现的,此外更有大量的县乡级割据。针对南北割据的这一异同,陈志坚从军政制度设计层面对这一问题作出了解答,他指出这主要是宪宗元和十四年(819)的军政改革在南北地区的成

---

① 浙东如前文所举平裘甫时王式组织土团军及温州通事朱褒聚兵组织团练,浙西如杭州八都的组建,鄂岳如前文所举永兴的土团军,湖南如雷满、周岳等组蛮组织的土团军,再如王铎亦曾命李系领五万土团军守潭州,福建则如陈岩聚众所组的九龙军,皆说明这些地区是土团等土豪团练武装较为发达的地区。

② 典型者如曲溪土豪刘金、盱眙土豪贾令威率兵投靠杨行密,组成黄头军。

效不同所致。[①] 元和十四年(819)改革的要点在于把原来直属于藩镇的外镇军割属支州,由当州刺史加以领导,在加强刺史军权的同时削弱藩镇的武力基础,经此改革"藩镇的直属兵力只局限于一州之内,和刺史处于对等的地位"[②],在失去管内支州军力支持的情况下,藩镇想以一州之力实现割据的难度加大。宪宗这一改革在藩镇强势的北方地区并没有得到应有的贯彻,倒是在相对恭顺的江淮诸道取得了成功。也就是说在宪宗改革后,江淮地区军事力量的组织是以州县为单位进行的,由此也就决定了在唐末割据中江淮难以形成藩镇级别的割据,而大多以州级割据的面貌呈现。

但是需要看到的是,宪宗此次改革针对的主要是藩镇体制下的军人集团,使得无论是江淮藩镇的藩帅还是各州的刺史,难以凭借一州的军人集团力量实现割据,但在唐末江淮,地方武装力量构成已经发生了很大的变化,各州武装力量的实际控制者甚至都非唐朝廷的藩帅和刺史了,最终实现割据的也并非唐朝廷在江淮的藩帅或刺史。因此在讨论唐末割据的南北异同时,除考虑制度设计的原因外,还需对唐末南北武装力量构成的不同加以考虑。首先需要明确的是,尽管经历了多次的朝藩冲突和改革,北方藩镇在唐后期直至唐末仍保持着强大的以藩镇为单位的地方军人集团。因此其能在唐末唐朝廷控制力下降后,轻而易举地实现以藩镇为单位的割据。江淮地区在唐后期则不相同,首先是宪宗的销兵政策,使江淮的武装力量走向团练化,其次是元年十四年(819)的改革又使江淮的武装力量组织形成

---

① 陈志坚:《唐代州郡制度研究》,第171—178页。
② 日野开三郎:《五代镇将考》,《日本学者研究中国史论著选译》第五卷《五代宋元》,第73页。

以州县为单位的模式,综合起来就是唐后期江淮的武装力量主要是由以州县为单位的团练化武装构成的,相比北方藩镇的地方军人集团可谓既小又弱。随着唐末团练武装的土豪化和自卫武装的兴起,江淮武装力量的主要构成又变更为以州甚至县乡为单位的土豪化团练武装和自卫武装,而土豪武装在组织规模和战斗力上是有其局限的,其实力最多只能实现州县层级的割据,这一点再与宪宗后江淮武装力量以州县为单位构成的制度设计两相结合,就极大地限制了江淮地方割据力量的壮大,使其只能局限于州县层级的割据,而使江淮地区出现细碎化的割据局面。

小 结

在唐朝廷势力退出江淮后,取代唐朝廷填补江淮权力空间的是唐末乱事渐起以来崛起的以土豪层为主的各种新兴武装力量。特别是江淮的土豪层,在经历了唐后期和国家间的艰苦博弈后,通过在唐末乱事中组织和领导地方团练武装及自卫武装,最终以武装割据的形式实现了在江淮政治上的崛起。这在江淮土豪的发展史上有着重要意义,标志着土豪层正式走到了历史的前台。

结　语

　　结语应该是对全书的一个总结,但我并不想这一结语只是对书中各章小结的简单重复,因此在下面的论述中我希望通过对本书研究理念的交代,来实现对本书内容和研究意义的总结。所谓研究理念,照理说应该是在绪论中就加以言明的,但实际上我也是在本书的写作过程中才逐渐明晰了这些理念。而这一研究理念逐渐明晰的过程,不论是对研究内容的理解还是对本人学术经验的增长,都具有重要的意义。

一、地域的差异性与特殊性

　　近年来在中国中古史的研究中,不少学者试图跳出以北方中原历史为主线索的叙述视角,揭示这一叙述视角掩盖下的南方传统,探索出一条"中国历史的南方脉络"①。正如鲁西奇指出的南方社会在居民来源和族群分划、制度设计、民间信仰和仪式、民众生计及经济形态上都有其独特的发展脉络。这就启示

---

　　①　鲁西奇:《中国历史的南方脉络》,《人群·聚落·地域社会:中古南方史地初探》,第 1—22 页。

我在对唐后期江淮地域政治和社会秩序的研究中，要考虑到江淮地区与其他地区的差异性及其本身的特殊性。以藩镇为例，在学者对唐后期藩镇类型的区分中实际上已经考虑到了各地区的差异性，但要更进一步思考的是在这一差异性又造就了它自身发展脉络怎样的特殊性？如江淮藩镇因财源型的定位，而逐渐被唐朝廷打造成了兵力寡弱的恭顺格局，中原藩镇则因防遏型的军事定位逐渐形成了强大的地方军人集团，这种定位的差异性无疑导致了两者发展脉络的特殊性进而在唐末走向了不同的局面。再以土豪为例，以往学者讨论到唐宋间富民土豪阶层时，往往认为均田制崩溃后的"田制不立""不抑兼并"的土地私有产权制度转变，造就了富民土豪层的普遍兴起。但如果我们把关注点放到江淮地区，便会发现均田制是否曾在南方施行本身就是一个颇具争议的问题。事实上自南北分裂以来，南北于经济发展、制度设计等层面上便多有不同，南北制度于隋唐的融合、延续、变迁更是学者聚讼纷纭的话题。在此情况下，南北不同的社会环境使得南北土豪层的发展在普遍性中又带有自身的特殊性，是研究江淮土豪问题时不能加以回避的问题。

二、自上而下和自下而上

安史之乱后藩镇体制的建立使得藩镇成了地方政治的主体，对藩镇空间结构和权力结构的重构成为唐朝廷实现地方控制的重要内容。就江淮而言，为保证对江淮的有效控制和财赋供给，唐朝廷通过自上而下的方式对江淮藩镇的财源型格局进行了构建，构成了安史之乱后江淮地域政治的主要内容，而江淮藩镇在唐末的崩溃也正是唐朝廷这种自上而下重构的格局全面崩溃的结果。另一方面，就在唐朝廷通过藩镇格局重构实现对地方控制的同时,新兴基层社会力量也在悄然兴起,并逐渐以自下而上的方式打破既有的权力结构。就江淮而言,主要是土豪层于地方上的崛起并就利益分配与社会资源的控制与唐朝廷展开多个层面的博弈,最后在唐末实现武装割据。可以说,唐后期的江淮地域政治和社会秩序很大程度上便是由这两股自上而下和自下而上的力量所构建出来的,并最终于唐末交织实现了江淮地方权力结构的新旧更替。在研究唐后期的江淮地域政治与社会秩序时,必须将对这两股自上而下和自下而上力量的考察结合起来,才能得出江淮地域政治与社会秩序变迁的全貌,这也正是本书以朝廷、藩镇、土豪三者为中心进行论述的原因所在。

三、"唐宋变革"视域下的江淮地域政治与社会秩序

在绪论中言及日本学者对土豪层的研究时我曾指出,由于受到内藤湖南"唐宋变革"理论中关于"民众地位变化"观点的影响,日本学者热衷于讨论唐宋间租佃关系的变化并以农民层分解理论来解释唐宋间新型社会的结合原理,农民层分解而来的富商、土豪层和破产农民等所谓"新型的民众"及由此带来的社会阶层结构变化成为他们研究的重点。在江淮地域政治与社会秩序变迁的考察中,江淮土豪层的崛起及他们与国家间的博弈,代表了唐宋变革视域下基层社会力量崛起带来的地方社会阶层及权力结构变迁的典型面貌。因此尽管本书只是重点讨论了唐后期以来江淮土豪的发展和他们在唐末江淮地方权力结构中所扮演的角色,且并不是所有地区都像江淮土豪一样最终以武装割据这种引人瞩目的方式走到前台,但这一讨论实际上是可以代表整个唐宋间以土豪层为代表的基层社会力量崛起的普遍状况的。以北方地区为例,土豪层在唐末五代崛起的一个典型表

现是他们对镇将职位的攫取,史言:"帝(朱温)过朝邑,见镇将位在县令上,问左右,或对曰:'宿官秩高。'帝曰:'令长字人也,镇使捕盗耳。且镇将多是邑民,奈何得居民父母上,是无礼也。'"[①]据日野开三郎的研究,这里担任镇将的邑民实际就是土豪,唐末五代时期镇将的主要来源之一便是土豪层。[②] 从土豪层对镇将职位的攫取及通过镇将身份对县政的掌控来看,与江淮地区一样,土豪层的崛起已经部分改变了北方的地方权力结构,以致作为王朝国家统治者的朱温不得不对此事作出关注。对重新建立了王朝国家秩序的南北政权而言,如何在土豪层崛起后处理好和土豪层的关系并有效地将土豪层纳入王朝国家的秩序之内,仍是他们面临并要加以解决的问题,在经过五代十国的纷扰后,这个任务最终交到了宋王朝手里。基于此,我想以谷川道雄那段著名的论断作为本书的结束:"看一看唐代后半期民众的动向,就会发现那种与唐代贵族相区别的土豪层所领导的民众的地域集团已在历史上明显出现。我们很容易想象出这就是宋以后那种新社会的原型。"[③]一切才刚刚开始。

① 《旧五代史》卷 5《梁太祖纪》,第 83 页。
② 日野开三郎:《五代镇将考》,《日本学者研究中国史论著选译》第五卷《五代宋元》,第 94 页。
③ 谷川道雄著,马彪译:《中国中世社会与共同体》,第 110 页。

参考文献

基本史料

（梁）萧子显：《南齐书》，北京：中华书局，1972年。

（唐）魏徵等：《隋书》，北京：中华书局，1973年。

（唐）李延寿：《北史》，北京：中华书局，1974年。

（唐）姚思廉：《梁书》，北京：中华书局，1973年。

（唐）姚思廉：《陈书》，北京：中华书局，1972年。

（唐）道宣撰，郭绍林点校：《续高僧传》，北京：中华书局，1988年。

（唐）陈子昂著，徐鹏校：《陈子昂集》，北京：中华书局，1960年。

（唐）萧颖士著，黄大宏、张晓艺校笺：《萧颖士集校笺》，北京：中华书局，2017年。

（唐）杜甫著，谢思炜校注：《杜甫集校注》，上海：上海古籍出版社，2015年。

（唐）杜甫著，（清）仇兆鳌注：《杜诗详注》，北京：中华书局，1979年。

（唐）独孤及撰，刘鹏、李桃校注：《毗陵集校注》，沈阳：辽海出版社,2006 年。

（唐）权德舆撰,郭光伟校点:《权德舆诗文集》,上海:上海古籍出版社,2008 年。

（唐）陆贽撰,王素点校:《陆贽集》,北京:中华书局,2004 年。

（唐）沈亚之著,肖占鹏,李勃洋校注:《沈下贤集校注》,天津:南开大学出版社,2003 年。

（唐）杜佑撰,王文锦等点校:《通典》,北京:中华书局,1988 年。

（唐）刘禹锡:《刘禹锡集》,上海:上海人民出版社,1975 年。

（唐）韩愈撰,马其昶校注,马茂元整理:《韩昌黎文集校注》,上海:上海古籍出版社,1986 年。

（唐）吕温:《吕衡州文集》,北京:中华书局,1985 年。

（唐）白居易撰,顾学颉校点:《白居易集》,北京:中华书局,1979 年。

（唐）杜牧:《樊川文集》,上海:上海古籍出版社,1978 年。

（唐）裴庭裕:《东观奏记》,北京:中华书局,1985 年。

（唐）罗隐撰,雍文华校辑:《罗隐集》,北京:中华书局,1983 年。

（唐）陈翰编,李小龙校证:《异闻集校证》,北京:中华书局,2019 年。

（新罗）崔致远撰,党银平校注:《桂苑笔耕集校注》,北京:中华书局,2007 年。

（后晋）刘昫等:《旧唐书》,北京:中华书局,1975 年。

（五代）孙光宪撰,贾二强点校:《北梦琐言》,北京:中华书局,2002 年。

（宋）欧阳修著,李逸安点校:《欧阳修全集》,北京:中华书局,2001年。

（宋）欧阳修、宋祁:《新唐书》,北京:中华书局,1975年。

（宋）薛居正等:《旧五代史》,北京:中华书局,1976年。

（宋）欧阳修:《新五代史》,北京:中华书局,1974年。

（宋）司马光编著,（元）胡三省音注:《资治通鉴》,北京:中华书局,1956年。

（宋）王钦若等编纂,周勋初等校订:《册府元龟》,南京:凤凰出版社,2006年。

（宋）李昉等编:《太平广记》,北京:中华书局,1961年。

（宋）李昉等编:《文苑英华》,北京:中华书局,1966年。

（宋）宋敏求编:《唐大诏令集》,北京:中华书局,2008年。

（宋）王溥:《唐会要》,北京:中华书局,1955年。

（宋）李焘撰,上海师范大学古籍整理研究所、华东师范大学古籍整理研究所点校:《续资治通鉴长编》,北京:中华书局,1995年。

（宋）计有功:《唐诗纪事》,北京:中华书局,1965年。

（宋）王谠撰,周勋初校证:《唐语林校证》,北京:中华书局,1987年。

（宋）郑克编撰,刘俊文译注点校:《折狱龟鉴译注》,上海:上海古籍出版社,1988年。

（宋）徐铉撰,白化文点校:《稽神录》,北京:中华书局,1996年。

（宋）胡太初修,赵与沐纂,长汀县地方志编纂委员会整理:《临汀志》,福州:福建人民出版社,1990年。

（宋）路振撰,吴在庆、吴嘉骐点校:《九国志》,傅璇琮等主编《五代史书汇编》,杭州:杭州出版社,2004年。

（宋）龙衮撰，张剑光点校：《江南野史》，傅璇琮等主编《五代史书汇编》，杭州：杭州出版社，2004 年。

（宋）钱俨撰，李最欣点校：《吴越备史》，傅璇琮等主编《五代史书汇编》，杭州：杭州出版社，2004 年。

（元）马端临撰，上海师范大学古籍研究所、华东师范大学古籍研究所点校：《文献通考》，北京：中华书局，2011 年。

（明）杨慎编，刘琳、王晓波点校：《全蜀艺文志》，北京：线装书局，2003 年。

（明）程敏政辑撰，何庆善、于石点校：《新安文献志》，合肥：黄山书社，2004 年。

（明）黄仲昭：《八闽通志》，福州：福建人民出版社，1990 年

（清）王夫之撰，舒士彦点校：《读通鉴论》，北京：中华书局，1975 年。

（清）顾炎武著，陈垣校注：《日知录校注》，合肥：安徽大学出版社，2007 年。

（清）董诰编：《全唐文》，北京：中华书局，1983 年。

吴廷燮：《唐方镇年表》，北京：中华书局，1980 年。

张泽咸：《唐五代农民战争史料汇编》，北京：中华书局，1979 年。

周绍良、赵超主编：《唐代墓志汇编》，上海：上海古籍出版社，1992 年。

专 著

岑仲勉：《隋唐史》，北京：中华书局，1982 年。

陈明光：《唐代财政史新编》，北京：中国财政经济出版社，1999 年。

陈寅恪：《隋唐制度渊源略论稿》，北京：生活·读书·新知

三联书店,2001年。

陈寅恪:《唐代政治史述论稿》,北京:生活·读书·新知三联书店,2001年。

陈寅恪:《金明馆丛稿初编》,北京:生活·读书·新知三联书店,2001年。

陈勇:《唐代长江下游经济发展研究》,上海:上海人民出版社,2006年。

陈衍德、杨权:《唐代盐政》,西安:三秦出版社,1990年。

陈志坚:《唐代州郡制度研究》,上海:上海古籍出版社,2005年。

崔瑞德等编:《剑桥中国隋唐史》,北京:中国社会科学出版社,1990年。

冻国栋:《中国中古经济与社会史论稿》,武汉:湖北教育出版社,2005年。

方积六:《黄巢起义考》,北京:中国社会科学出版社,1983年。

冯尔康等:《中国宗族史》,上海:上海人民出版社,2008年。

高敏:《中华古史求索集》,北京:中华书局,2005年。

谷川道雄著,马彪译:《中国中世社会与共同体》,北京:中华书局,2002年。

谷霁光:《府兵制度考释》,上海:上海人民出版社,1962年。

谷更有:《唐宋时期的乡村控制与基层社会》,天津:天津古籍出版社,2013年。

何灿浩:《唐末政治变化研究》,北京:中国文联出版社,2001年。

何德章:《魏晋南北朝史丛稿》,北京:商务印书馆,2010年。

何勇强:《钱氏吴越国史论稿》,杭州:浙江大学出版社,2002年。

胡鸿:《能夏则大与渐慕华风——政治体视角下的华夏与华夏化》,北京:北京师范大学出版社,2017年。

胡戟等主编:《二十世纪唐研究》,北京:中国社会科学出版社,2002年。

胡如雷:《唐末农民战争》,北京:中华书局,1979年。

胡宝国:《虚实之间》,北京:社会科学文献出版社,2011年。

黄楼:《唐宣宗大中政局研究》,天津:天津古籍出版社,2012年。

金宝祥:《唐史论文集》,兰州:甘肃人民出版社,1982年。

李碧妍:《危机与重构:唐帝国及其地方诸侯》,北京:北京师范大学出版社,2015年。

李锦绣:《唐代财政史稿》下卷,北京:北京大学出版社,2001年。

吕思勉:《隋唐五代史》,上海:上海古籍出版社,2005年。

林文勋、谷更有:《唐宋乡村社会力量与基层控制》,昆明:云南大学出版社,2005年。

林文勋等:《中国古代"富民"阶层研究》,昆明:云南大学出版社,2008年。

鲁西奇:《人群·聚落·地域社会:中古南方史地初探》,厦门:厦门大学出版社,2012年。

陆扬:《清流文化与唐帝国》,北京:北京大学出版社,2016年。

毛汉光:《中国中古社会史论》,上海:上海书店出版社,2002年。

史念海:《河山集》,北京:生活·读书·新知三联书店,1963年。

石泉:《古代荆楚地理新探》,武汉:武汉大学出版社,2013年。

唐长孺:《三至六世纪江南大土地所有制的发展》,上海:上海人民出版社,1957年。

唐长孺:《魏晋南北朝隋唐史三论》,武汉:武汉大学出版社,1992年。

唐长孺:《魏晋南北朝史论丛》,石家庄:河北教育出版社,2000年。

唐长孺:《魏晋南北朝史论丛续编》,石家庄:河北教育出版社,2000年。

田余庆:《秦汉魏晋史探微》(重订本),北京:中华书局,2004年。

王承文:《唐代环南海开发与地域社会变迁研究》,北京:中华书局,2018年。

王寿南:《唐代藩镇与中央关系之研究》,嘉新水泥公司文化基金会,1969年。

王仲荦:《魏晋南北朝隋初唐史》,上海:上海人民出版社,1961年。

吴洲:《中晚唐禅宗地理考释》,北京:宗教文化出版社,2012年。

吴铮强:《科举理学化——均田制崩溃以来的君民整合》,上海:上海辞书出版社,2008年。

熊德基:《六朝史考实》,北京:中华书局,2000年。

夏炎:《唐代州级官府与地域社会》,天津:天津古籍出版社,

2010 年。

　　谢重光：《闽台客家社会与文化》，北京：人民出版社，2013 年。

　　严耕望：《唐仆尚丞郎表》，北京：中华书局，1986 年。

　　周一良：《魏晋南北朝史论集》，北京：北京大学出版社，1997 年。

　　朱祖德：《唐代淮南道研究》，台北：花木兰文化出版社，2009 年。

　　张国刚：《唐代藩镇研究》（增订版），北京：中国人民大学出版社，2010 年。

　　张达志：《唐代后期藩镇与州之关系研究》，北京：中国社会科学出版社，2011 年。

　　张剑光：《唐代经济与社会研究》，上海：上海交通大学出版社，2013 年。

　　张卫东：《唐代刺史若干问题论稿》，郑州：大象出版社，2013 年。

　　张学锋、王亮功主编：《江苏通史》（隋唐五代卷），南京：凤凰出版社，2012 年。

　　张雨：《赋税制度、租佃关系与中国中古经济研究》，上海：上海古籍出版社，2015 年。

　　堀敏一『唐末五代変革期の政治と経済』汲古書院、2002。

　　日野開三郎『唐代藩鎮の支配体制』三一書房、1980。

　　日野開三郎『五代史の基調』三一書房、1980。

　　日野開三郎『唐末五代初自衛義軍考 上篇』、1984。

　　日野開三郎『唐末混亂史考』三一書房、1996。

佐竹靖彦『唐宋變革の地域的研究』同朋舍、1990。

佐竹靖彦：《佐竹靖彦史学论集》，北京：中华书局，2006 年。

学位论文

曹建刚：《唐代"江东"地域政局研究》，山东大学博士学位论文，2014 年。

李碧妍：《唐镇海军研究》，上海大学硕士学位论文，2008 年。

江玮平：《唐末五代初长江流域下游的在地政治——淮、浙、江西区域的比较研究》，台湾大学硕士学位论文，2007 年。

林至轩：《从能臣到叛臣——高骈与唐末政局研究》，台湾清华大学硕士学位论文，2013 年。

潘子正：《唐僖宗朝前期（873—880）的政治角力分析》，台湾师范大学硕士学位论文，2013 年。

邵明凡：《高骈年谱》，辽宁大学硕士学位论文，2011 年。

杨俊峰：《南朝末年士人的处境及其北迁问题》，台湾大学硕士学位论文，1999 年。

张卉：《从〈桂苑笔耕集〉看唐末高骈镇淮史事》，中央民族大学硕士学位论文，2007 年。

刊物论文

鲍晓娜：《从唐代盐法的改革论禁榷制度的发展规律》，《中国社会经济史研究》1982 年第 2 期。

鲍晓娜：《茶税始年辨析》，《中国史研究》1982 年第 4 期。

陈志坚：《桂苑笔耕集的史料价值试析》，沈善洪主编《韩国研究》第 3 辑，杭州：杭州出版社，1996 年。

陈志坚：《唐末中和年间徐泗扬兵争之始末》，《鲁东大学学报（哲学社会科学版）》2008 年第 5 期。

陈志坚:《火药首次用于工程爆破的新证——以〈天威径新凿海派碑〉为中心》,作者未刊稿。

陈仲安:《试论唐代后期农民的赋役负担》,武汉大学历史系编《史学论文集》第1集,1978年。

戴建国:《南朝庶族地主的发展及其社会影响》,《张其凡教授荣开六秩纪念文集》,上海:上海人民出版社,2009年。

方积六:《唐王朝镇压黄巢起义领兵统帅考》,《魏晋隋唐史论集》第1辑,北京:中国社会科学出版社,1981年。

方积六:《关于唐代团结兵的探讨》,《文史》第25辑,1985年。

方震华:《才兼文武的追求——唐代后期士人的军事参与》,《台大历史学报》第50期,2012年。

韩昇:《南方复起与隋文帝江南政策的转变》,《厦门大学学报(哲学社会科学版)》1998年第2期。

韩昇:《南北朝隋唐士族向城市的迁徙与社会变迁》,《历史研究》2003年第4期。

黄纯艳:《再论唐代茶法》,《思想战线》2002年第2期。

黄楼:《〈平淮西碑〉再探讨》,《魏晋南北朝隋唐史资料》第23辑,2006年。

黄楼:《吐蕃尚延心以河、渭降唐事迹考略——兼论唐末高骈与宦官集团之关系》,《魏晋南北朝隋唐史资料》第28辑,2012年。

黄清连:《高骈纵巢渡淮——唐代藩镇对黄巢叛乱的态度研究之一》,《大陆杂志》第80卷第1期,1990年。

黄清连:《宋威与王、黄之乱——唐代藩镇对黄巢叛乱的态度研究之二》,史语所编《中国近世社会文化史论集》,1992年。

黄清连:《王铎与晚唐政局——以讨伐黄巢之乱为中心》,《史语所集刊》第 63 本第 2 分,1993 年。

黄宽重:《从中央与地方关系互动看宋代基层社会演变》,《历史研究》2005 年第 4 期。

贾志刚:《唐代剑南道军费刍议:以剑南西川为中心》,《魏晋南北朝隋唐史资料》第 19 辑,2002 年。

堀敏一:《藩镇亲卫军的权力结构》,《日本学者研究中国史论著选译》第四卷《六朝隋唐》,北京:中华书局,1992 年。

林昌丈:《社会力量的合流与孙吴政权的建立约论》,《魏晋南北朝隋唐史资料》第 32 辑,2015 年。

李福长、李碧妍:《唐中叶江淮地区县乡吏治的富豪化趋势与农民起义》,严耀中、虞云国主编《中古社会文明论集》,天津:天津古籍出版社,2010 年。

鲁西奇:《制度的地方差异性与统一性:隋代乡里制度及其实行》,《中国社会科学》2017 年第 10 期。

罗新:《王化与山险——中古早期南方诸蛮历史命运之概观》,《历史研究》2009 年第 2 期。

孟彦弘:《论唐代军队的地方化》,《中国社会科学院历史研究所学刊》第 1 集,北京:社会科学文献出版社,2001 年。

彭文峰:《马楚政权统治集团本土化略论》,《湖南大学学报(社会科学版)》2009 年第 2 期。

齐勇锋:《中晚唐赋入"止于江南八道"说辨疑》,《唐史论丛》第 2 辑,1987 年。

日野开三郎:《五代镇将考》,《日本学者研究中国史论著选译》第五卷《五代宋元》,北京:中华书局,1993 年。

山根直生:《唐朝军政统治的终局与五代十国割据的开端》,

《浙江大学学报(人文社会科学版)》2004年第3期。

孙永如:《高骈史事考辨》,《唐史论丛》第5辑,1990年。

唐燮军:《略论吴兴沈氏的没落》,《宁波大学学报(人文科学版)》2004年第3期。

田廷柱《论〈桂苑笔耕集〉的史料价值——兼评高骈其人》,《辽宁大学学报(哲学社会科学版)》1996年第5期。

王仲荦:《〈新集天下姓望氏族谱〉考释》,《敦煌吐鲁番文献研究论辑》第2辑,北京:北京大学出版社,1983年。

吴立余:《略论元和初期李巽的盐法漕运改革》,《清华大学学报(哲学社会科学版)》1986年第2期。

谢元鲁:《秦汉到隋唐四川盆地经济区的能量与信息交换》,卢华语主编《古代长江上游的经济开发》,重庆:西南师范大学出版社,1989年。

杨志玖:《论唐代的藩镇割据与儒家学说》,《南开学报(哲学社会科学版)》1980年第3期。

周殿杰:《肃代之际的江淮和大历财政改革》,《唐史学会论文集》,西安:陕西人民出版社,1986年。

周连宽:《唐高骈镇淮事迹考》,《岭南学报》1950年第2期。

朱德军、杜文玉:《关于唐朝中后期南方"土军"诸问题的考察》,《人文杂志》2008年第1期。

朱德军:《关于唐代中期南方客军诸问题的考察》,《唐史论丛》第11辑,2009年。

朱德军:《中晚唐南方地区军事战略实施动因初探》,《青海社会科学》2010年第4期。

朱德军:《唐五代"土团"问题考论》,《江汉论坛》2014年第9期。

张国刚:《唐代藩镇行营制度考》,南开大学历史系编《中国史论集》,天津:天津古籍出版社,1994 年。

张国刚:《唐代团结兵问题辨析》,《历史研究》1996 年第 4 期。

张国安:《论梁代江湘交广诸州豪强的兴起》,《河南师范大学学报(哲学社会科学版)》1989 年第 2 期。

张邻、周殿杰:《唐代江淮地域概念试析》,《学术月刊》1986 年第 2 期。

张剑光:《唐代藩镇割据与商业》,《文史哲》1997 年第 4 期。

张泽咸:《唐代的衣冠户和形势户》,《中华文史论丛》1980 年第 3 辑。

大澤正昭「唐末藩鎮の軍構成に關する一考察——地域差を手がかりとして」『史林』58 巻 6 号、1975。

大澤正昭「唐末・五代土豪論」『上智史学』37 号、1992。

大澤正昭「唐末・五代の在地有力者について」『柳田節子先生古稀記念 中国の伝統社会と家族』汲古書院、1993。

大澤正昭「唐末から宋初の基層社会と在地有力者 : 郷土防衛・復興とその後」『上智史学』58 号(坂野良吉先生退職記念号)、2013。

渡辺道夫「呉越国の建国過程」『史観』56 冊、1959。

菊池英夫「節度使権力といわゆる土豪層」『歴史教育』14 巻 5 号、1966。

堀敏一「唐末の変革と農民層の分解」『歴史評論』88 号、1957。

栗原益男「唐末の土豪的在地勢力について——四川の韋

君靖の場合」『歴史学研究』243 号、1960。

清木場東「唐末の初期楊行密勢力の社会体系」『鹿大史学』26 号、1978。

清木場東「唐末・五代の土豪集団の解体——呉の土豪集団の場合」『鹿大史学』28 号、1980。

松井秀一「唐代後半期の江淮について——江賊及び康全泰・裴甫の叛亂を中心として」『史学雑誌』66 編 2 号、1957。

松井秀一「唐代後半期の四川——官僚支配と土豪層の出現を中心として」『史学雑誌』73 編 10 号、1964。

伊藤正彦「唐代後半期の土豪について」『史潮』97 号、1966。

伊藤宏明「淮南藩鎮の成立過程——呉・南唐政権の前提」『名古屋大学東洋史研究報告』4 号、1976。

伊藤宏明「唐末五代期における江西地域の在地勢力について」川勝義雄、礪波護編『中國貴族制社會の研究』京都大学人文科学研究所、1987。

中砂明徳「後期唐朝の江淮支配——元和時代の一側面」『東洋史研究』47 巻 1 号、1988。

周藤吉之「唐末淮南高駢の藩鎮体制と黄巣徒党との関係について——新羅末の崔致遠の著『桂苑筆耕集』を中心として」『東洋学報』68 巻 3・4 号合併号、1987。

佐竹靖彦「杭州八都から呉越王朝へ」『東京都立大学人文学報』127 号,1978。

图书在版编目(CIP)数据

朝廷、藩镇、土豪：唐后期江淮地域政治与社会秩
序 / 蔡帆著. —杭州：浙江大学出版社，2021.4(2024.12 重印)
ISBN 978-7-308-21261-8

Ⅰ.①朝… Ⅱ.①蔡… Ⅲ.①江淮流域－地方政府－
政治制度－历史－晚唐②江淮流域－社会秩序－研究－晚
唐 Ⅳ.①D691②D631.4

中国版本图书馆 CIP 数据核字(2021)第 065045 号

朝廷、藩镇、土豪
——唐后期江淮地域政治与社会秩序

蔡帆　著

责任编辑	吴　庆	
责任校对	吴心怡	
封面设计	项梦怡	
出版发行	浙江大学出版社	
	（杭州市天目山路 148 号　邮政编码 310007）	
	（网址：http://www.zjupress.com）	
排　　版	浙江时代出版服务有限公司	
印　　刷	浙江新华数码印务有限公司	
开　　本	880mm×1230mm　1/32	
印　　张	9.75	
字　　数	256 千	
版 印 次	2021 年 4 月第 1 版　2024 年 12 月第 8 次印刷	
书　　号	ISBN 978-7-308-21261-8	
定　　价	58.00 元	